移动互联网营销

策略、方法与案例

滕大鹏 / 编著

人民邮电出版社

北京

U0740224

图书在版编目（CIP）数据

移动互联网营销：策略、方法与案例 / 滕大鹏编著
. -- 北京：人民邮电出版社，2017.5
ISBN 978-7-115-44249-9

Ⅰ．①移… Ⅱ．①滕… Ⅲ．①网络营销 Ⅳ.
①F713.365.2

中国版本图书馆CIP数据核字(2017)第020078号

内 容 提 要

本书系统、全面地介绍了移动互联网营销的思维模式、落地战术与实用方法。全书共9章，主要内容包括移动互联网与移动互联网思维、O2O与移动支付、APP营销、微博营销、微信营销、社交媒体营销、自媒体营销、软文营销、事件营销。

本书适用人群：想通过网络创业的人士、个人站长、网店店主、想转行或从事网络营销行业者、想在职提升的从业人员、想通过网络拓展业务的传统企业管理人员等。

◆ 编　著　滕大鹏
　　责任编辑　许金霞
　　责任印制　杨林杰

◆ 人民邮电出版社出版发行　北京市丰台区成寿寺路 11 号
　　邮编　100164　电子邮件　315@ptpress.com.cn
　　网址　http://www.ptpress.com.cn
　　北京天宇星印刷厂印刷

◆ 开本：700×1000　1/16
　　印张：18.75　　　　　　　　2017 年 5 月第 1 版
　　字数：354 千字　　　　　　 2025 年 8 月北京第 19 次印刷

定价：49.80 元

读者服务热线：(010)81055256　印装质量热线：(010)81055316
反盗版热线：(010)81055315

前言

Preface

移动互联网迅速发展是大家有目共睹的。截至 2016 年，我国移动互联网用户数已达到 9.8 亿，微信月活跃用户也已达到 8.06 亿，2016 年天猫"双十一"的 1207 亿交易额中移动端占比 82%。

对于企业而言，移动互联网早已不是一句口号，而是一种真实的存在。移动互联网带来的变化是颠覆性的，这对企业既是挑战也是机遇。有些企业认为，只要开发一个 APP 就可以拥抱移动互联网了，我认为这种思路是不正确的。移动互联网最该解决的是场景化应用和围绕 LBS 提供服务，这也是移动互联网与传统互联网最大的区别。至于是否是通过独立 APP 完成的服务，并没有那么重要。目前很多企业的服务都是通过微信公众号完成，如国家电力通过微信公众号为用户提供了完善的服务，很多服务是我们平时去窗口才能获得的。O2O 用血的教训告诉我们，APP 的推广成本非常高。

我和我的团队经历了互联网的兴起，也经历了从互联网向移动互联网转变的过程。在这个过程中，我们不断总结经验、教训，并整理成文字，也经常与行业内专家沟通，互相切磋，终成此书。

我们不缺少对理论的了解，缺少的是实操经验。本书结合行业最新发展现状，按照各营销策略将零散知识归纳总结，从多方面解读移动互联网营销。书中经验都是从实践中不断摸索、总结出来的，并非理论性的泛泛而谈。在写作过程中，我将这些经验用深入浅出的方式展现给大家，同时结合生动的案例，让各位读者在知其然的同时也知其所以然。另外，我个人比较崇尚"授人以渔"，就像我们上大学，学习的不仅仅是知识，更多的是获取知识的能力。所以本书除了告诉大家移动互联网营销要怎么做以外，还会告诉大家为什么要这么做，这么做的思路是什么、目的是什么，以便大家更好地理解，在学会怎么操作的同时，也学会如果遇到同类问题，应该用什么样的思路和方法解决。当然，也建议大家在学习方法的同时认真分析，是否还有更有效的方法也可以达到同样目的。

本书结合 O2O、微博、微信、社交软件、自媒体等目前移动互联网最新热点，通过相关真实案例进行讲解，摒弃已被淘汰的产品和方法。移动互联网主流产品基本都可以在本书中找到使用方法，以及如何利用这些产品进行营销的思路和流程。

如果你想成为一名自媒体作者，或者自媒体营销专家，我建议你也认真阅读一下本书，本书有几章节内容与此相关，其中大量的经验是我实践过程中总结的。随着以"今日头条"为首的自媒体平台不断发展，各大平台对自媒体作者的争夺和鼓励也到了前所未有的地步，如果你想成为其中一员，现在是非常好的机会。即使你很头疼写作也没关系，本书中有写作速成方法，这些方法是我们基于 20 多年平面媒体经验独家总结出来的，这种方法也成功地培养了多个优秀的平面媒体主编。在此之前，我利用公众号进行了小范围写作培训，反响非常好，对于提高写作水平帮助非常大。只是时间有限，写作培训只进行了几期就中断了。

在写这本书的过程中，有朋友问我，现在互联网、移动互联网这么发达，图书还有人看吗？这个问题我也思考过，我的观点如下。

虽然现在视频、音频等多媒体都已成熟，甚至 VR、AR 都已经开始应用，但文字依然是文化传承最好的方式。我们通过互联网、移动互联网的阅读都是浅阅读，作者在写文章的时候也是泛泛而谈，不会一步一步告诉大家怎么操作。只有翻看图书的时候，大家才会静下心来认真阅读，所以图书的价值是不可替代的，也只有图书才能深入浅出地将很多问题说明白。

在写这本书之前，我与两个朋友一起合作运营的微信公众号"坤鹏论"，各位读者在阅读本书的同时，也可以关注一下这个公众号。

写作并不能局限于自己现有的知识，而是要不断学习，取长补短，只有这样写出来的文章才有内容，不枯燥。所以写作是快速进入一个陌生领域的捷径，没有之一。这其中，要感谢封立鹏先生，作为朋友兼兄长，确实是我写作的良师。

本书能够得以出版，还要感谢"推一把"营销学院创始人江礼坤先生，作为多年好友，他为本书的出版做出了非常大的贡献。同时，还要感谢多年来与我一同共事的同事们，感谢你们给予我的帮助与支持。

滕大鹏

2017 年 1 月

Contents 目录

第 1 章   移动互联网与移动互联网思维 ···················· 1

1.1   概述 ·· 1

1.1.1   移动互联网发展现状 ······································ 2

案例 1-1：中国移动互联网市场有多大 ······················ 2

1.1.2   移动互联网发展前景 ······································ 3

1.2   移动互联网入口——二维码 ······················· 4

1.2.1   获取用户 ·· 5

案例 1-2：二维码让传统户外广告焕发新机 ·············· 5

1.2.2   互动广告 ·· 6

案例 1-3："维多利亚的秘密"的秘密 ····················· 7

1.2.3   内容互动 ·· 7

1.2.4   活动促销 ·· 9

1.2.5   防伪溯源 ·· 10

1.2.6   数据分析 ·· 11

1.2.7   会员管理 ·· 11

1.2.8   移动电商 ·· 12

案例 1-4：二维码让地铁一秒变超市 ························· 12

1.3   传统行业移动互联网营销思路 ··················· 13

1.3.1   工业制造型企业移动互联网营销思路 ··············· 13

1.3.2   消费品企业移动互联网营销思路 ······················ 15

1.3.3   连锁加盟类企业移动互联网营销思路 ··············· 17

1.3.4   酒店餐饮类企业移动互联网营销思路 ··············· 18

1.4   移动互联网思维 ······································· 21

1.4.1   用户思维 ·· 21

案例 1-5：阿芙精油玩直播，销量上升 700%，粉丝增 26 万 ··· 23

1.4.2   免费思维 ·· 23

案例 1-6：免费坐大巴却盈利上亿的秘密 ·················· 26

1.4.3   社群思维 ·· 27

案例 1-7：社群思维在旅游行业的运用 ····················· 29

　　　1.4.4　产品思维·····29
　　案例1-8：产品思维不到位让各大厂商手机越来越像·····30
　　　1.4.5　自媒体思维·····33
　　　1.4.6　跨界思维·····34
　　案例1-9：雷军跨界做手机，推动了国内智能机的发展·····35
　　案例1-10：周鸿祎跨界做杀毒软件搅局安全领域·····35
　　　1.4.7　大数据思维·····36
　　案例1-11：阿里大数据助公安机关破案·····37

第2章　O2O与移动支付·····39

2.1　O2O·····39
　　案例2-1：煎饼铺子年入500万元的秘密·····42
2.2　O2O的4种模式·····43
　　　2.2.1　Online to Offline 模式·····43
　　案例2-2：正在颠覆家具行业的新居网·····46
　　案例2-3：美乐乐的家具O2O模式·····50
　　　2.2.2　Offline to Online 模式·····51
　　案例2-4：乐彩生活便宜城的另类O2O·····52
　　　2.2.3　Offline to Online to Offline 模式·····54
　　　2.2.4　Online to Offline to Online 模式·····54
　　案例2-5：一个失败的酒类O2O案例·····55
2.3　移动支付·····56
　　　2.3.1　移动支付的4种方式·····56
　　　2.3.2　移动支付的5种类型·····57
　　　2.3.3　移动支付能快速崛起的5个原因·····59
2.4　移动支付工具·····60
　　　2.4.1　支付宝·····60
　　　2.4.2　微信支付·····61

第3章　APP营销·····62

3.1　概述·····63
3.2　APP营销适合什么样的企业·····63
3.3　APP营销的5个策略·····64
　　　3.3.1　APP广告·····64
　　案例3-1：微信朋友圈广告·····64
　　　3.3.2　推广平台·····65
　　案例3-2：耐克的 Nike+ Running 和星巴克闹钟·····65

3.3.3　服务工具 ··· 67

案例3-3：宜家APP让你在手机上进行家具摆放设计 ··················· 67

3.3.4　销售渠道 ··· 68

案例3-4：连锁酒店集团铂涛会的自我颠覆 ····························· 69

3.3.5　创意营销 ··· 70

案例3-5：两个APP创意营销案例 ·· 71

3.4　APP营销的4种模式 ·· 71

3.4.1　广告营销 ··· 71

3.4.2　APP植入 ·· 72

3.4.3　用户营销 ··· 73

3.4.4　内容营销 ··· 73

案例3-6：支付宝十年账单 ··· 73

3.5　APP营销的11个手段 ··· 74

3.5.1　入驻应用推荐平台 ·· 74

3.5.2　排名优化 ··· 75

3.5.3　发码内测 ··· 75

3.5.4　线下预装 ··· 76

3.5.5　软文营销 ··· 77

3.5.6　限时免费 ··· 77

3.5.7　资源交换 ··· 77

3.5.8　付费广告 ··· 77

3.5.9　APP测评网站 ··· 77

3.5.10　KOL运营 ·· 78

3.5.11　线下地推 ·· 78

第4章　微博营销 ··· 79

4.1　概述 ··· 80

4.2　微博营销的4个作用 ·· 81

4.2.1　使公司形象拟人化，提高亲和力 ······································ 81

4.2.2　拉近与用户之间的距离，获得反馈与建议 ····························· 82

4.2.3　对产品与品牌进行监控 ··· 82

4.2.4　引发或辅助其他营销手段 ··· 82

4.3　微博营销的9种策略 ·· 82

4.3.1　建立官方微博 ·· 82

4.3.2　微博自媒体营销 ··· 84

4.3.3　微博事件营销 ·· 85

案例4-1：51信用卡微博植入营销 ··· 85

4.3.4 微博活动营销 ··· 86

4.3.5 微博精准营销 ··· 86

4.3.6 微博"粉丝通"广告 ·· 89

4.3.7 微博大数据营销 ·· 90

4.3.8 微博舆情公关 ··· 90

案例 4-2：王思聪送女网友终身免费爆米花 ······················· 91

4.3.9 微博矩阵营销 ··· 92

4.4 微博内容的建设和运营 ··· 92

4.4.1 微博定位 ··· 92

4.4.2 内容定位 ··· 93

4.4.3 策划差异化的内容 ·· 94

4.4.4 内容运营计划 ··· 95

4.5 提升微博粉丝的 15 种方法 ·· 95

案例 4-3：微博第一大号是如何炼成的 ······························· 98

案例 4-4：微博运营计划实例 ··· 99

4.6 微博营销的 9 个原则 ·· 101

4.7 微博营销的 9 个技巧 ·· 103

案例 4-5：可口可乐"换装"活动 ······································ 103

4.8 微博借力营销 ··· 106

案例 4-6：搬家也可借力 ·· 106

4.8.1 借力品牌营销 ·· 107

4.8.2 借力渠道营销 ·· 107

4.8.3 借力事件营销 ·· 107

案例 4-7：五环变四环借力营销 ··· 107

案例 4-8：李娜退役借力营销 ·· 109

4.9 微博刷数据 ·· 110

第 5 章 微信营销 ··· 112

5.1 概述 ··· 113

5.2 微信能帮我们解决什么问题 ·· 113

5.3 公众号的应用 ··· 115

5.3.1 公众号之订阅号的应用 ··· 115

5.3.2 公众号之服务号的应用 ··· 117

案例 5-1：服务号在不同行业里的应用 ································· 118

5.3.3 公众号之企业号的应用 ··· 120

案例 5-2：企业号的应用 ·· 120

案例 5-3：企业号解决连锁店的巡店问题 ····························· 122

5.3.4 组合使用，集群作战 ············· 124

案例 5-4：公众号在医院中的应用 ············· 125

5.4 公众号的定位 ············· 126

5.4.1 订阅号、服务号 OR 企业号 ············· 126

5.4.2 品牌型公众号 ············· 127

5.4.3 "吸粉"型公众号 ············· 127

5.4.4 销售型公众号 ············· 128

5.4.5 服务型公众号 ············· 129

5.4.6 媒体型公众号 ············· 129

5.4.7 矩阵型公众号 ············· 130

5.4.8 混合型公众号 ············· 131

5.5 公众号的建设 ············· 131

5.5.1 取名的禁忌和技巧 ············· 131

5.5.2 企业公众号设置技巧和要点 ············· 133

5.5.3 公众号介绍设置要点 ············· 133

5.5.4 公众号栏目菜单设置要点 ············· 133

5.5.5 自定义回复的设计要点 ············· 134

5.5.6 公众号的认证 ············· 137

5.6 公众号的运营 ············· 138

5.6.1 做好公众号内容的 5 个秘籍 ············· 138

5.6.2 手把手教你写出 10 万+的文章 ············· 144

5.6.3 能引起公众号粉丝用户转发的 8 个要点 ············· 147

5.6.4 给公众号内容取个好标题的 16 个妙招 ············· 149

5.6.5 设计公众号互动内容的 10 种方法 ············· 150

5.6.6 在公众号中植入广告的 7 个技巧 ············· 152

5.6.7 公众号内容推送时间的 4 个要点 ············· 154

5.7 公众号的推广 ············· 154

5.7.1 现有资源导入 ············· 154

5.7.2 内容推广 ············· 155

5.7.3 排名优化 ············· 156

案例 5-5：公众号优化也能日进万元 ············· 156

5.7.4 个人号辅助 ············· 157

5.7.5 活动推广 ············· 158

5.7.6 公众号互推 ············· 158

5.7.7 公众号导航 ············· 158

5.7.8 推广返利 ············· 158

案例 5-6：两个月吸引 60 万粉丝 ············· 158

5.8　个人微信号营销 ·· 159
　　5.8.1　个人微信号的价值 ··· 160
　　案例5-7：传统企业利用公众号迅速提升业绩 ························· 160
　　5.8.2　11 种微信类方法 ·· 161
　　5.8.3　18 种互联网类方法 ·· 163
　　5.8.4　7 种线下类方法 ··· 167
　　5.8.5　11 种其他类方法 ·· 168
　　案例5-8：月入近百万的微信营销妙招 ·································· 169
　　5.8.6　微信朋友圈的价值 ··· 170
　　5.8.7　经营朋友圈的 8 种内容 ··· 171
　　案例5-9：顺丰老总一个朋友圈，顶一亿广告费 ····················· 172
　　5.8.8　朋友圈千万不能犯的 3 个错误 ··· 174

第 6 章　社交媒体营销 ··· 175

6.1　概述 ··· 175
6.2　QQ 营销 ·· 176
　　6.2.1　QQ 营销的特点 ·· 176
　　6.2.2　QQ 适合什么样的推广 ··· 177
　　6.2.3　QQ 优化法 ·· 178
　　6.2.4　QQ 群精准营销法 ·· 179
　　6.2.5　QQ 群推广法 ·· 181
　　6.2.6　QQ 鱼塘营销法 ·· 185
　　6.2.7　QQ 空间营销法 ·· 188
　　6.2.8　手机 QQ 营销法 ·· 190
　　6.2.9　如何查找目标群 ·· 192
　　6.2.10　加群注意事项 ··· 193
　　6.2.11　QQ 设置技巧 ··· 193
　　6.2.12　QQ 沟通技巧 ··· 196
　　6.2.13　其他可以利用的 QQ 功能 ··· 198
　　6.2.14　付费营销手段 ··· 198
　　6.2.15　营销成功的核心 ··· 199
　　案例6-1：QQ 群营销成功案例 ··· 199
6.3　陌陌营销 ··· 200
　　6.3.1　概述 ··· 200
　　6.3.2　陌陌的特点 ··· 201
　　6.3.3　陌陌营销要怎么做 ··· 201
　　6.3.4　陌陌营销适合的产品 ··· 202

6.3.5 如何利用"到店通"进行营销 ········202
案例 6-2：花店靠陌陌带来 50%生意 ········204

6.4 脉脉营销 ········205
6.4.1 概述 ········205
6.4.2 脉脉的 4 个功能 ········206
6.4.3 脉脉的 3 个特点 ········206
6.4.4 设置好自己的名片 ········207
6.4.5 使用间接关系拓展人际关系 ········207
6.4.6 使用脉脉换工作 ········208
6.4.7 使用脉脉招聘 ········208
案例 6-3：通过脉脉招聘 ········209
6.4.8 脉脉营销进阶九步曲 ········209

第 7 章 自媒体营销 ········211

7.1 概述 ········211
7.2 主流的自媒体平台 ········212
7.2.1 微信公众平台 ········213
7.2.2 今日头条 ········214
7.2.3 网易号媒体开放平台 ········215
7.2.4 搜狐自媒体平台 ········216
7.2.5 企鹅自媒体 ········217
7.2.6 百度百家 ········217
7.2.7 北京时间 ········218
7.2.8 知乎专栏 ········219
案例 7-1：产品外包装也是自媒体 ········220
7.3 如何建立自媒体 ········222
7.3.1 微信公众号申请 ········222
7.3.2 申请今日头条 ········224
7.4 自媒体定位 ········226
7.4.1 5 类自媒体定位 ········226
7.4.2 7 类自媒体误区 ········226
7.5 自媒体写作速成 ········229
7.5.1 三步成文法 ········229
案例 7-2：既是追逐利益为何把钱贷给无收入来源的大学生 ········231
7.5.2 最受欢迎的 15 种自媒体内容类型 ········236
7.5.3 自媒体标题速成的 19 条秘技 ········239
7.5.4 自媒体原创 3 个捷径 ········240

7.6 自媒体营销策略 ··· 242
    7.6.1 自媒体营销核心 ··· 242
    7.6.2 内容营销 ·· 244
    案例 7-3：杜蕾斯自媒体的成功之秘 ······················ 245
    7.6.3 借势营销 ·· 247
    案例 7-4：借《超级女声》知名度营销 ···················· 247
    案例 7-5：借名创优品知名度营销 ························· 248
    案例 7-6：加多宝借汶川地震捐款营销 ···················· 249
7.7 植入广告营销 ··· 249
    7.7.1 广告植入类型 ··· 249
    7.7.2 广告植入的 6 个技巧 ···································· 251
    案例 7-7：知乎 live 与在行分答：被误解的共享经济 ······ 253
7.8 自媒体盈利方式 ··· 255

第 8 章 软文营销 ··· 258

8.1 概述 ··· 258
    8.1.1 软文营销的核心 ··· 259
    8.1.2 软文内容的 3 个属性 ···································· 260
    8.1.3 软文营销的 6 个特点 ···································· 260
    8.1.4 软文营销的 7 种形式 ···································· 261
8.2 软文的写作技巧 ··· 262
8.3 软文营销的注意事项 ··· 263
    案例：京东"新零售" ·· 264

第 9 章 事件营销 ··· 272

9.1 概述 ··· 273
9.2 事件营销的作用 ··· 274
9.3 事件营销的 4 个要素 ··· 275
    案例 9-1：最后一天打 1 折 ·································· 276
9.4 事件营销的 8 个内容策略 ··· 277
    案例 9-2：网友借《江南皮革厂倒闭》事件大量销售钱包 ··· 279
9.5 事件营销的 9 个操作要点 ··· 281
    案例 9-3：柏拉图 APP 微信 7 天吸粉 1 000 万 ············· 284
9.6 简单的事件营销方案 ··· 286
9.7 事件营销的 9 个特点 ··· 286

1

第1章
移动互联网与移动互联网思维

本章的主要内容包括移动互联网概述、现状及发展。通过本章的学习，读者可以对国内移动互联网建立认识，对移动互联网从理论到实践有初步了解。

本章关键词：移动互联网

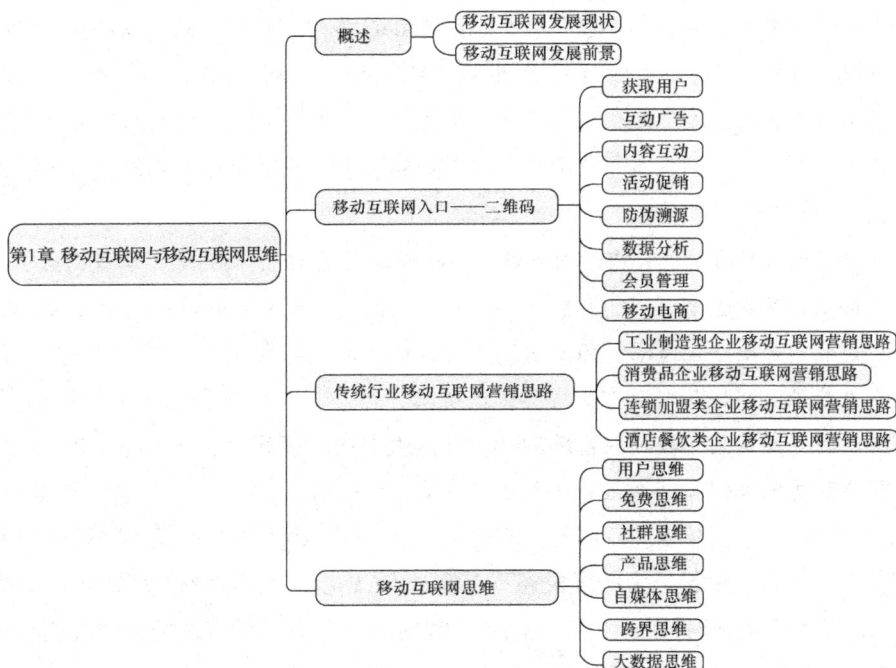

```
                              ┌─────────┐  ┌──────────────────┐
                              │  概述   │──┤ 移动互联网发展现状 │
                              └─────────┘  ├──────────────────┤
                                           │ 移动互联网发展前景 │
                                           └──────────────────┘
                                                 ┌──────────┐
                                                 │ 获取用户 │
                                                 ├──────────┤
                                                 │ 互动广告 │
                                                 ├──────────┤
                                                 │ 内容互动 │
                              ┌────────────────┐ ├──────────┤
                              │移动互联网入口──二维码│─┤ 活动促销 │
                              └────────────────┘ ├──────────┤
                                                 │ 防伪溯源 │
                                                 ├──────────┤
┌──────────────────────┐                        │ 数据分析 │
│第1章 移动互联网与移动互联网思维│                    ├──────────┤
└──────────────────────┘                        │ 会员管理 │
                                                 ├──────────┤
                                                 │ 移动电商 │
                                                 └──────────┘
                                     ┌───────────────────────┐ ┌──────────────────────────┐
                                     │传统行业移动互联网营销思路 │─┤ 工业制造型企业移动互联网营销思路 │
                                     └───────────────────────┘ ├──────────────────────────┤
                                                               │ 消费品企业移动互联网营销思路   │
                                                               ├──────────────────────────┤
                                                               │ 连锁加盟类企业移动互联网营销思路 │
                                                               ├──────────────────────────┤
                                                               │ 酒店餐饮类企业移动互联网营销思路 │
                                                               └──────────────────────────┘
                                                 ┌──────────┐
                                                 │ 用户思维 │
                                                 ├──────────┤
                                                 │ 免费思维 │
                                                 ├──────────┤
                                                 │ 社群思维 │
                              ┌────────────────┐ ├──────────┤
                              │ 移动互联网思维   │─┤ 产品思维 │
                              └────────────────┘ ├──────────┤
                                                 │ 自媒体思维 │
                                                 ├──────────┤
                                                 │ 跨界思维 │
                                                 ├──────────┤
                                                 │ 大数据思维 │
                                                 └──────────┘
```

1.1 概述

移动互联网就是将移动通信和互联网二者结合起来，成为一体，是指互联网的技术、平台、商业模式和应用与移动通信技术结合并实践的活动的总称。

其实这是比较概念性的说法，而直观的说法就是，使用手机、iPad等移动设备上网，就叫移动互联网。与使用PC上网的传统互联网相比，移动互联网最大的优势是便利性。我们可以随时随地拿出手机，但不太可能随时随地拿出电脑。

1.1.1 移动互联网发展现状

2015年中国移动互联网用户规模达到7.9亿人，较2014年增长了8.4%。7.9亿是个什么概念？2015年世界人口排名第三的美国，总人口数量是3.07亿，第四的印度尼西亚是2.4亿，第五的巴西是1.98亿，中国移动互联网用户数要比世界人口排名第三、第四、第五的国家总人口数加到一起还要多。即便这样，中国移动互联网用户数仍然没有达到上限，工信部最新数据显示，截至2015年12月底，我国手机用户数达13.06亿户，手机用户普及率达95.5部/百人。预计到2018年，中国移动互联网用户规模将达到8.9亿人。这个市场，你说大不大？

案例1-1：中国移动互联网市场有多大

笔者曾在计算机世界传媒集团上过班，它是IDG在中国投资的第一家公司，所以IDG总部很重视，经常会有一些美国IDG的互联网副总裁来集团做经验分享。他们不止一次地说到羡慕中国互联网公司。我们就很奇怪，按理说，美国是互联网兴起的地方，美国互联网的普及率以及互联网的发展水平要比中国不知道高多少倍，为什么他们这么羡慕中国的互联网公司呢？

有一次我们实在没忍住，终于向一位来分享经验的IDG美国高级副总裁提出了这个疑问。当时那位高级副总裁说："在美国，如果想做成一家伟大的公司，就必须要走国际化这条路，如果不走国际化道路，你是永远不可能做大的。但在你们中国就不一样，你们有庞大的用户基础，即使你们没有走国际化这条路，你们也能做出伟大的公司。"

当时中国互联网用户数还没有美国多。当然现在这个数量完全是中国领先，从理论上讲，中国的优势已经扩大到美国无法超越的地步。

有人会觉得，中国移动互联网普及率已经这么高了，后期增长会不会出现乏力的现象呢？至少目前来看，增长乏力的现象还不存在。2015年，中国移动互联网市场规模达到30 794.6亿元人民币，增长129.2%。预计到2018年，中国移动互联网市场规模有望达到76 547亿元人民币。2015年，移动购物依然是中国移动互联网市场中占比最高的部分，占比达到67.4%。移动生活服务则是市场份额增长最快的大类，移动旅游、移动团购和移动出行领域是移动生活服务增长的主要来源。

1.1.2　移动互联网发展前景

有分析认为，目前国内整个移动互联网依然处于快速发展阶段，主要表现在以下几个方面。

1．移动互联网加快传统行业转型升级

"互联网+"上升到国家战略高度，使得移动互联网与传统行业的结合变得更为紧密。尤其是在泛生活服务领域，出行、旅游、教育、招聘、医疗等传统行业都在借助移动互联网的平台优势进行商业模式的转型升级，目前看来，这些领域的转型升级还处在初级阶段，远远没有达到普及的程度。

除这些领域外，未来将有更多的传统行业，包括国家高度关注的供给侧改革中的相关行业也将借助互联网和移动互联网实现产业的转型升级。这些改革都将为互联网和移动互联网创造非常大的市场空间。

2．移动出行借助移动互联网成长

随着滴滴、Uber、易到用车、神州专车、天天用车等移动互联网用车软件之间的大战，移动出行在移动互联网行业逐渐成长。虽然笔者并不认同滴滴、Uber 等属于共享经济范畴，但这并不影响其对国内移动互联网普及的贡献。随着滴滴开始向专车、商务用车、无人驾驶等领域发展，未来在移动出行领域，移动互联网将发挥更大作用，其增长势头也将更加迅猛。

3．生活缴费促进移动互联网发展

与生活密切相关的水费、电费、煤气费、通信费等目前都逐步开始支持网络直接支付。这些领域单月费用虽然并不大，但都是基础生活支出，是每个月不得不支出的费用。目前习惯于通过移动互联网完成生活缴费的用户群仍然还以一、二线大城市居多，并且以80 后、90 后的人居多。随着电网改造的不断深入，以及大家对移动互联网便捷性的了解，生活类缴费的发展，将会有进一步的提升。

4．移动支付的应用还远远不够

移动支付、P2P 金融成为 2015 年互联网行业的热门搜索词，互联网巨头基本都完成了各自的移动支付产品建设，如支付宝、微信支付、百度钱包、京东钱包等，实现了移动互联网生态建设的重要一步。但在与线下相结合方面，截止到 2016 年，各家算是刚刚起步阶段。目前包括物美、家乐福等很多线下连锁超市，都支持微信、支付宝结账。但据笔者观察，从使用度来看，它们还远没有达到普及的程度，基本上也是年轻人使用的居多。线下消费市场是非常大的市场，移动支付在这方面的渗透率还远远不足，未来的发展空间非

常大。

5. 移动应用爆发性增长，向平台化和垂直化双向发展

2015 年是移动应用爆发性增长的一年，不论是应用的数量还是覆盖领域都达到指数级增长。从"易观千帆"的监测数据来看，其覆盖领域从 2014 年的 40 多个增长到 270 多个，应用数量也从 2014 年 7 月的 1 700 多个增长到目前的 30 000 多个，可见移动应用市场的活跃度非常之高，覆盖的领域也更加广泛。

移动应用呈现平台化和垂直化的双向发展趋势。一方面，互联网巨头通过超级 APP 大范围地覆盖用户，围绕自身核心资源打造生态。超级 APP 逐步成为平台化、OS 化的产品，通过连接各类应用、场景，成为移动互联网应用服务的中枢。例如，截止到 2015 年年底，微信在移动互联网领域的月均活跃用户覆盖率达到 87.9%，通过微信可与购物、游戏、视频、音乐、旅游、金融等多种应用和场景连接，微信已然成为一个平台化应用。

另一方面，随着行业互联网化的进程深入发展，带动中长尾应用根据场景不断裂变，向着垂直领域的专业化、精细化应用发展。例如，旅游行业的互联网化根据用户需求场景不同可以拆分出火车票预订、旅游攻略、旅游工具、航空服务、酒店预订等多个细分场景，而这些细分场景还可以继续向下裂变到更精细化的场景，这些不断裂变的场景就给了中长尾应用更多的发展空间，这也是移动应用数量能持续保持高增长的主要原因。

1.2　移动互联网入口——二维码

二维码起源于日本，原本是 DensoWave 公司为了追踪汽车零部件而设计的一种条码。它是用特定的几何图形按一定规律在平面上分布的黑白相间的图形。二维码呈正方形，一般有黑白两色。在 3 个角落，印有较小的"回"字形正方图案。这 3 个角落是帮助解码软件定位的图案，使用者不需要对准，无论以任何角度扫描，资料都可被正确读取。

由于二维码不仅能够用来储存表单、文字资料，更可以用来储存影像资料，而且储存量大、信息方便携带、复制成本低廉，且抗损性较高，不会有病毒、消磁、损坏、容量不足等问题，所以更拓展了其应用领域，逐渐开始流行。

随着移动互联网和智能手机的发展，二维码得到了快速的普及，因为消费者习惯了移动上网，消费者逐渐习惯通过扫描二维码来获取信息、参与活动，如大家最熟悉的扫描微信二维码关注微信公众号、添加好友（见图 1.1）。

其实在二维码的应用上，不仅仅只是获取信息、添加微信好友这么简单，应该说几乎没有哪个行业和领域不适合二维码，如票务管理、会议流程及会务管理、资产管理、文件管理、门禁及出勤管理、医疗管理、物流业管理、邮件及运输管理、生产管理、原物料管、

仓储及物联管理、证照应用管理、车辆管理等，不胜枚举。但是鉴于本书的主题，在这里重点和大家说一下二维码在移动互联网营销中的应用。

图 1.1　笔者的微信二维码

1.2.1　获取用户

企业在户外投放广告，用户看到了广告牌，企业如何快速获取用户的信息，并与这个用户建立联系呢？传统的方式是让用户给企业打电话或是发邮件，但是这种做法既不方便，又不一定能够获取到用户详细的资料并建立长期联系。

有了二维码后，这个问题得到了解决。通过二维码，我们可以延伸推广渠道，随时随地进行推广，争取用户。如现在很多企业都在尝试运营微信公众平台，传播公众号的二维码，将二维码印到包装盒、名片上，印在广告、宣传单、户外广告上等。

除了微信外，如果我们有 APP、表单系统、会员系统，也可以把它们做成二维码进行传播。下面来看一个案例。

案例 1-2：二维码让传统户外广告焕发新机

2013 年"十一"期间，微博、微信上关于"沈阳中街惊现巨型二维码"的话题，被广泛转发、讨论。原来在"十一"期间，沈阳最热闹商业街中街的十字楼口，一幢楼上出现了一幅巨型二维码，整个二维码广告高约 23 米，宽约 22 米，整个画面只有一句简洁的广告语，十分惹眼，引发过往路人纷纷驻足用手机扫描二维码，或拍照发布微博（见图 1.2）。

而扫描二维码之后，用户会进入到一个微信公众号中，该公众号属于风尚自媒体，主办方为沈阳某房地产公司。据了解，仅"十一"长假期间，已有近万用户通过扫描二维码关注该公众号。

案例点评：

传统广告的效果日益下降，而将二维码这种新兴技术与传统广告相结合，无疑会让传统广告焕发新机，产生不一样的宣传效果。如本案例中的户外广告，以往的作用更多的是品牌展示，虽然有的广告也会在上面印上电话或网址，但是直接能打电话或访问网站的用户，并不是很多。案例中的商家将之稍微一改，便吸引来了一万多个用户，且这一万个用户是与商家建立了联系的，是可以进行长期沟通和被影响的。

图 1.2　沈阳中街巨型二维码

1.2.2　互动广告

以往的广告都是死板的，而且广告的信息承载量也有限，而与二维码结合后，企业可以无限增加广告的内容，并且还可以让广告变得有声有色，活灵活现。

如企业可以在杂志、报纸、广告牌等广告上面加入二维码，用户看完广告后，如果想了解更多信息或是享受更多服务，直接扫描二维码就可以跳转到企业网站或是微信公众号中。

扫描二维码跳转到官方网站，是一种比较"懒"的做法，如果再个性化一点，用户扫描二维码后，企业可以为其呈现详细的、图文并茂的介绍，包括文字、图片、视频、动画等。甚至再深入一点，我们专门请一个美女录一段趣味性、互动性强的讲解视频，视频中再配有各种动画效果。用户扫描完二维码后，手机中就出现一个美女一对一地进行讲解，甚至里面可以再设置一些互动的操作。例如，用户和美女一问一答，用户问的问题不同，美女介绍的内容也就不同。这相当于企业多了一个"虚拟业务员"，24 小时随时随地与用户互动，进行讲解。

案例1-3:"维多利亚的秘密"的秘密

著名内衣品牌"维多利亚的秘密"做了一个很有范儿的户外广告,在各大商场门口挂出了美女图片,重点位置都被二维码所遮盖,广告文案更是赤裸裸地充满诱惑——"Reveal Lily's secret"(Lily的真实秘密),只有当你拿手机扫描了才可以看到二维码下藏着怎样的秘密。这样的二维码极大地满足了人们的窥探心理,让用户急不可待地拿起手机扫描二维码,而扫描后展现的内衣秀会让人啧啧称奇,同时也展现了"维多利亚的秘密"的品牌精神(见图1.3)。

图1.3 "维多利亚的秘密"的二维码广告

案例点评:

其实这个案例正如其品牌名字"维多利亚的秘密"一样,它抓住了消费者内心的"秘密",而这也是我们进行营销策划、创意策划时的关键所在。能不能抓住用户内心真正的需求,给他/她真正想要的,这才是营销的精髓。

本案例中,二维码位置的设置抓住了人的好奇心、窥探心理。除了这些,人们还有贪小便宜的心理、从众的心理、好面子的心理等,这都是进行策划时可以入手的地方。

1.2.3 内容互动

通过二维码还可以实现各种传统内容形式的互动,如报纸杂志。互联网出现后,首当其冲的便是以报纸杂志为代表的传统媒体。这种冲击,不仅是因为互联网的内容量更大、获取方式更便捷,还有其阅读方式的改变。如在互联网上看新闻,我们可以去点赞、去评论,可以看很多延伸内容,但报纸是根本无法实现这种效果的。这种习惯的改变是最可怕的,像笔者现在看报纸时,总是情不自禁想去用手点击评论。

而有了二维码后,这种操作便成为可能。例如,看了某篇新闻后,扫描新闻后的二维码，用户就可以对该新闻进行评论，以及阅读相关的其他文章，甚至是观看相关视频（见图1.4）。

图1.4 报纸上的二维码

　　除了报纸杂志外，传统媒体还包括电视。虽然电视相对于纸媒互动性强了，但是在与用户的互动方面还是不足。早期的互动方式是写信，后来是打电话。有了手机后，又增加了发短信的方式，但是这些方式都相对来说比较烦琐和有局限性。有了二维码后，电视台可以直接将二维码显示在电视屏幕上。这样不但省去了主持人的一番详细介绍，而且还节省了电视屏幕上的播放空间。更值得一提的是，二维码能够更加方便观众主动参与互动，只需要扫描二维码就可以互动，无需再编辑短信，甚至可以让观众在扫描二维码之后，直接与节目组、其他观众或是广告厂商进行互动（见图1.5）。

图1.5 电视上的二维码

企业在设计说明书、包装盒的时候也可以加入二维码。当用户扫描二维码后，企业可以用图文并茂、自动有趣的文字、图片，甚至视频，向用户介绍产品的特色、企业文化、产品的原料、功能、功效，甚至是客户见证等，这要比单纯而枯燥的文字有效得多。尤其是一些科技含量比较高的产品，仅仅是靠文字介绍不一定能将产品原理解释清楚，而且文字有时也不便于用户的直观理解（见图1.6）。

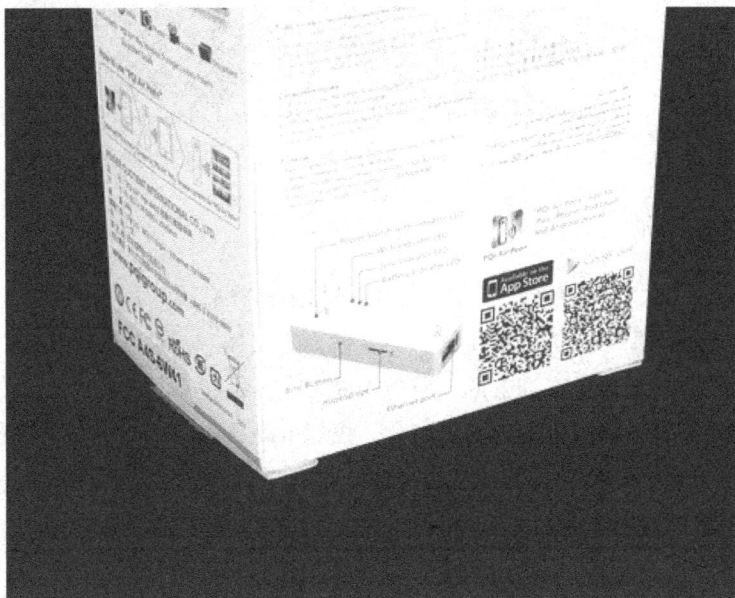

图1.6 产品包装上的二维码

1.2.4 活动促销

促销活动，历来都是商家必用的营销利器。二维码的出现，可以延伸活动的范围，增强活动的互动性，增加活动的效果。如我们可以做一个手机版的抽奖程序，然后将活动二维码印在广告上、宣传单上，用户只需扫描二维码，就可以随时随地参与抽奖。

除了活动外，企业还可以与优惠券结合。这种二维码优惠券与传统纸质优惠券相比，成本低、便于保存、使用方便、安全环保；相对于传统电子优惠券来说，能有效控制优惠券的发布数量、不可重复使用，从而真正发挥优惠券本身的促销作用。而商家在电子优惠券被使用后，能保留有效相关凭证，有利于查账和核对。最重要的是二维码可以实现线上、线下商家以及手机端用户的相互带动。如在线下门店发放线上优惠券，在线上发放线下优惠券等（见图1.7）。

同时在做促销活动或发放优惠券时，我们还可以引导用户将活动、优惠券信息等转发到他的微博、朋友圈等，这实现了企业的二次营销。

图 1.7　商场通过二维码发放天猫旗舰店代金券

1.2.5　防伪溯源

消费者在购物时，都不希望买到假货，但是目前还没有哪个国家可以彻底杜绝这个问题。假冒伪劣产品不仅会让消费者受损，更会使商家受损。

以前，一些厂商开通了查询电话，但是这种方式，用起来不方便，而且如果查询的人多，厂商也需要投入大量的人力物力。如今，我们可以通过二维码来防伪溯源。通过二维码将企业生产、仓储、物流等环节的信息全程记录下来，让消费者可以看到一个十分健全、有据可查的产品信息。这不但方便消费者查询防伪信息，能够放心购物，而且对企业来说，整体上降低了成本，增强了质量监控措施。

现在食品安全是大众最关心的问题之一，对于农业企业来说，就可以在出售的蔬菜包装盒上打印二维码，以这个二维码作为该蔬菜的"身份证"。通过扫描这个二维码，让购买者清楚地知道该蔬菜的产地、货源、生产日期，甚至是施肥次数。这样一来，消费者就能放心地购买该蔬菜，而企业也等于实现了完全透明化的营销，消费者也不必再为买到假冒伪劣产品而担心。实际上现在一些企业已经在这么做了（见图 1.8）。

图 1.8　蔬菜上的二维码

此外，艺术收藏领域，也是假货的重灾区，其完全可以与二维码结合。如书画家在创作完一幅作品后，在落款处放上一个防伪和溯源的二维码，可将此作品的创作背景、原始信息、作品细节等内容放进二维码。

1.2.6 数据分析

现代企业越来越关注数据的重要性，尤其是随着互联网的发展，我们全面进入了大数据时代。而大数据的前提是有足够多的数据，尤其是用户数据。以往，企业想获取足够多的用户数据，是比较困难的一件事，而且还需要不小的成本和投入，尤其是还要请专业的数据调研公司，花费不菲。

而通过二维码，企业可以快速收集用户的数据，如来源、关注点、反馈意见、使用体验等信息，实现对营销过程中的渠道效果、兴趣所向、时间分布、客户满意度等数据的收集，多纬度、多角度进行精准的数据统计以及详尽的数据分析，从而实现营销效果的量化，挖掘商业机会。

具体实现的方式主要有以下两种。

第一种方式，针对不同的产品、不同的销售区域、不同的销售地点、不同的活动主题，生成不同的二维码，这样就能快速了解相关的信息。例如，一家企业的产品是面向全国销售，主要是走商超，那理想状态下，其可以在供货时，在供应给每一家商超的产品上都贴上专属二维码，而且不同的产品二维码也不同。这样就能快速知道不同的产品在全国各省、市、区、县的各具体超市的销售情况，进行各种数据分析和比较。当然，如果实现起来比较难，企业也可以以地区为单位生成。

第二种方式，通过二维码做用户调查。以往企业做用户调查，要么走上街头发放调查问卷，要么与相关的媒体合作，要么找专业的数据调研公司。而现在有了二维码后，企业完全可以在产品的包装、说明书等地方设置一个有奖调查的二维码。这样不但节省了成本，而且参与调查的人，绝对是真实而精准的，得来的数据也是真实而有效的。

1.2.7 会员管理

会员系统，是增加用户黏性、提升复购的利器。而以往企业去发展会员，基本上都需要用户填写烦琐的登记表，而且很多企业的会员系统其实就是一本厚厚的会员通讯录。

与二维码结合后，用户扫一扫即成为会员，非常方便快捷，而且企业随时随地都可以发展用户成为会员。同时用户成为会员后，可以通过手机查询积分、下载二维码优惠券、参与促销活动等。

甚至我们可以结合二维码，针对会员提供个性化的 VIP 服务。在美国，很多服装店对一些没有时间购物却要求"百变"的女性提供特殊的一对一服务，而这种方式就是通过二维码实现的。具体形式：每个服装店的搭配师，都有一个专属二维码，这个二维码中包含了该搭配师的一系列客户及搭配师的资料、专长等。当然，每个客户也都有一个二维码，在这个专属二维码中，客户可以自动扫描查看搭配师的工作情况和时间安排。

搭配师也可以扫描二维码来为客户建立一个一对一的专属档案，包括客户的身高、职业、气质、性格等。这样详细的数据，会让企业在对客户进行服务时更加游刃有余，让客户满意。

1.2.8 移动电商

二维码还可以实现扫一扫付款，基于此，通过二维码，企业可以成为真正的"移动电商"。这里说的移动电商，不是在手机上开个商城，而是在任何可以印上二维码的地方设点销售。

在韩国，零售巨人 Tesco 公司在熙熙攘攘的地铁站里推出了"移动超级市场"，消费者能够迅速地扫描选购需要的商品。晚上，当他们回到家中时，这些货物早已送达，凭借这一举措，Tesco 迅速成为韩国在线零售业务的领跑者。

案例 1-4：二维码让地铁一秒变超市

在国内，1 号店率先进行了这方面的尝试，推出了"无限 1 号店"。在一些城市的地铁中，1 号店将地铁内的广告牌、地铁屏蔽门变成了自己的零售店铺，在广告箱上面"摆"满了各种日常生活用品。每个商品下面都有一个对应的二维码，客户只需要用手机在联网的状态下扫描一下二维码，就可以实行现时购物，全程购物不超过 1 分钟（见图 1.9）。

图 1.9 1 号店地铁广告牌效果展示

而且针对不同的时间段，1号店还会推出不同的产品和主题。如在元旦和春节期间，"无限1号店"以"年货"为主题，从1号店的15万种商品中优选出约168种商品，设置营养保健、食品饮料、美容护理、厨卫清洁、母婴玩具、消费电子六大货架，为都市白领上班族提供年货礼包的丰富选择。

这些商品选取的都是新年期间需求量较高的明星产品，并做了各地特色商品推荐，便于用户购买新年所需物品。其中，特别增加了保健类礼品推荐装，过年送亲友和家人都很方便，为来不及购买年货的上班族提前准备好年货，还可以直接送货上门，无须带着大包小包长途跋涉。

同时，每个独立货架上还特别设计了限量领购的"0元商品抢购区"，可以让消费者更好地体验掌上购物的乐趣。

1号店采取的这种方式，让越来越多的人体验到了1号店的"酷感"，给客户带来了方便。当然，与此同时这个品牌也随之深入人心，销量更是得到了增长。据了解，在推出无限1号店一期一个月的时间，1号店手机应用"掌上1号店"的下载量就同比增加了一倍多。

案例点评：

虽然1号店最终因失败并入京东，但它这次营销活动仍值得我们学习。

其实，有时候创新并不难：在别人的基础上，进行二次创作，或是将国外的案例借鉴到国内，也是一种创新。

此外，在这个案例的基础上，我们再延伸一下，可不可以在产品的说明书、包装箱、包装盒上、在宣传单上，甚至在产品上（如鼠标垫），开设这样的"商城"呢？

关于二维码的内容，就写到这儿。如果大家想深入了解和学习二维码营销，可以买一本这方面的书来学习。其实目前在我国，二维码还处于发展阶段，其更多的应用方式和创意、价值，还有待大家在实践过程中不断挖掘。

1.3　传统行业移动互联网营销思路

移动互联网的普及为各行各业都带来了改革升级的空间和机遇。除与互联网关系密切的行业以外，很多传统行业也可以在移动互联网影响下做更好的营销工作。

笔者专门写本小节，是希望本节内容能够给大家一些启发，对于非互联网行业如何利用移动互联网提供一些思路和想法，在具体运作过程中需要举一反三。

1.3.1　工业制造型企业移动互联网营销思路

很多工业制造型的企业（如生产机械设备的企业），都感觉很难与移动互联网结合，因为工业制造型的企业往往都是针对企业用户，目标人群单一、有限。

其实对于工业制造型企业来说，与移动互联网最难结合的是商业模式，这类企业就不像餐饮企业，可以直接做 O2O；也不像消费品可以直接做微商，目前对于工业制造型的企业来说，确实还没有一个成熟的新模式。

但是除了商业模式外，在其他方面还有很多结合点。其实无论什么类型的企业，想与移动互联网结合，首先要理清移动互联网能帮助我们解决什么问题，我们想通过移动互联网实现什么目的。对于工业制造型企业来说，可以从以下几个层面入手。

1. 通过移动互联网推广引流

大部分企业，都可以通过移动互联网引流，引流的渠道和方法也都差不多，关键是操作的策略。对于工业制造类企业，目标用户比较单一和集中，所以引流时关键是要围绕精准二字做文章。

（1）QQ 群：工业制造类的目标用户，基本上都是企业，而每个行业基本上都有本行业的 QQ 群，所以通过群寻找目标用户是一个不错的方式。

（2）微信群：微信由于其便捷性，用户的活跃度和使用率，越来越高，甚至要高于 QQ，所以微信群也是一个不错的选择。如笔者在讲课过程中就发现，很多 50 岁左右的企业家，平常不怎么上 QQ（甚至有的都没有 QQ）、不上网看小说、不听音乐，也不玩网络游戏，但是微信玩得却比一些年轻人还要投入。

（3）LBS 推广：如果目标用户有地域特征，那可以采用 LBS 推广方式。

（4）移动广告：通过广点通、微博粉丝通等可以实现精准推广效果的移动广告联盟投放广告，也是一个不错的选择。或者也可以选择一些相对精准的 APP、微信公众号、微博号等进行广告投放。

（5）微信公众号：如果企业有条件，可以建一些主题公众号来吸引粉丝。例如，我们的目标客户是服装企业，那就可以建立以提供服装行业资讯、服装企业经营经验、技巧等为主要内容的公众号，以此来吸引潜在用户。

（6）软文推广：如果厂商具备写作能力的话，撰写一些软文也是不错的选择。软文一定要针对用户的需求来写。通常对于行业人员来说，经验分享、行业点评、技术分析类文章比较受欢迎，之后再将文章通过公众号发布，并引导用户转发至朋友圈。如果有预算，我们还可以选择一些目标用户群匹配的公众号进行付费发布。

2. 维护关系提升转化

对于工业制造类企业来说，订单额都比较大，所以成交周期都比较长。而且无论是成交用户，还是未成交用户，都需要花大量的时间和精力去维护关系。而移动互联网，可以帮助我们更好地维护客户关系，提升转化。在此环节，我们主要是通过微信个人号来完成。具体思路如下。

（1）每个业务员配备一部智能手机，并开通个人微信号。

（2）使新老用户均加入个人微信号。

（3）通过个人微信号的朋友圈来维护新老客户关系、引导成交和复购。

3. 售后服务

对于工业制造类企业来说，其产品往往都需要做大量的售后服务工作，而且售后服务也是客户比较看重的地方。比如说对于生产大型设备的企业，其设备的使用，需要给客户培训，设备的维护需要给客户指导，设备出了故障需要去维修或是指导用户维修。但是有的时候由于人力的问题，或是时间和距离的问题，企业并不一定能够及时解决，或是完美解决用户的问题。而现在通过移动互联网，企业可以在一定程度上提升服务质量，解决一些服务上的难题。下面给大家几个思路。

（1）在线培训系统。将产品的使用方法、维护保养技巧、日常故障解决等拍成视频，放进企业公众号，让用户自行学习。

（2）自动解答系统。通过公众号的关键字回复等功能，将产品使用说明及常见问题等，做成自动解答。

（3）专家会诊系统。如果用户在学习和使用产品中遇到了问题，可以随时随地将他们的问题以图文的方式进行详细描述并通过手机提交，之后由厂家的在线技术人员进行会诊和答疑。

（4）行业资料下载。企业平常注意搜集一些客户的使用经验、心得、解决方案等，放在公众号中或是移动网站中供用户下载。如果有精力，搜集的范围可以再广一些，行业内的一些资料也可以多多搜集提供给用户。其实搜集这些资料几乎没什么成本，但是对于用户，却是非常有价值的增值服务。

1.3.2　消费品企业移动互联网营销思路

消费品企业相对于工业制造型企业，与移动互联网的结合空间更大一些，从商业模式，到具体的推广，都可以结合。

1. 微商模式

微商模式是移动互联网中出现的一些新玩法，尤其适合大众消费品，所以对于消费品企业来说，一定要好好研究和抓住这个机会。

微商模式主要有3种：多级代理模式、单级代理模式和无代理模式。对于像化妆品这种利润较高、受众较广的产品，可以采用多代理模式；对于利润空间较低的，可以采用单级代理模式；对于产量有限、受众较窄，且利润有限的，则可以采用无代理模式。

微商模式想成功，有以下3个关键元素。

（1）产品品质。产品的质量一定要好，这是基础，只有好产品才能赢得用户口碑，产生回头客。同时在产品品质好的基础上，还要有一定的差异化和卖点。

（2）代理商利润空间。这是吸引代理商的关键，当然，如果是品牌知名度够大、够强势的话，利润空间少一些，也会有人代理。但是如果是非知名品牌，那利润空间很关键。

（3）厂家扶植力度。其包括厂商的培训支持、宣传素材支持，厂商的宣传力度和广告投放力度等。

对于没有专业团队的厂商，可以考虑找专业的人士或团队合作，请他们做操盘手。

2. 引流

消费类产品在引流方面有天然的优势，因为其直接面向终端消费者，每年覆盖到的消费者数量已经非常可观。如一些非知名的白酒品牌，一年都销售上百万瓶。

所以对于消费类产品来说，在引流环节首先重点研究的是如何将已有消费者引导进入企业的微博、微信等互动平台。这里重点推荐微信公众号。

首先，我们要在各种产品包装及使用说明书上下功夫。很多企业也都开设了公众号，并在产品的包装袋、包装盒、产品说明书等位置印上了二维码，但是这样做的效果是极其有限的。想让用户关注你的公众号，关键是要告诉用户有什么好处。这里给大家一些思路。

（1）关注公众号，免费成为会员。然后针对会员策划一些较有诱惑力的增值服务。

（2）设置积分系统。如对于生产饮料的企业，购买一瓶饮料，即获得相应的积分（用积分兑换码换，这个兑换码可以印制在饮料瓶盖内）。或者通过积分换取相应的福利，如最高奖为奔驰。

（3）通过公众号，来获取相应的服务。如可以提供给用户商品免费保养福利。笔者就通过4S店的微信公众号得到过好几次免费服务，而且只有微信公众号上有。这种情况下，你说笔者是否愿意长期关注4S店的公众号呢？

3. 自媒体

如前所述，消费品企业的用户群基数比较大，所以如果能有效运用上面说的策略和方法，将这些用户引导进微信公众号或微博，那随着粉丝数量的增长，企业便相当于拥有了自己的自媒体。

关于自媒体方面的内容，本节不做过多介绍，本书第7章专门介绍自媒体及自媒体营销。

4. 服务

除了建设自媒体外，我们还可以通过移动互联网来为用户提供服务，比如常见的在线投资、在线解答客户的问题、产品真伪查询、产品溯源等。

1.3.3　连锁加盟类企业移动互联网营销思路

任何模式和策略的设计，都是围绕目标和结果来设计，都是为了解决问题。而连锁加盟类的企业，主要解决的问题有两个：一是如何吸引更多的加盟商，吸引的核心是要增加项目的吸引力；二是如何留住加盟商，留住的核心是要给加盟商更多支持，更好地帮助他们赚钱。

所以连锁加盟类企业在与移动互联网结合时，重点是围绕这两点来进行规划。

1. 模式

很多企业都在寻求转型的突破口，寻找新的模式。而连锁加盟类的企业，有个天然的优势，就是全国的门店特别多，遍布全国，有强大的地面优势。这样的资源，再加上移动互联网的优势，其实很容易实现 O2O 模式或平台模式。

而且 O2O 模式，也能解决前面说的两个问题。实际上几年前，我们就帮助过一些连锁加盟企业设计过类似的模式，非常有效。下面就说说当初我们的设计思路。

2. 总部定位

连锁加盟类企业在设计模式时，一定要注意一个问题：解决好利益问题，不能让加盟商感觉是在和他们争利。在这个问题上，我们要总结著名服装品牌李宁的前车之鉴：早几年其大力转型电子商务时，结果"一切皆有可能"的李宁，却在这件事栽了跟头。其失败的一个重要原因，就是没解决好和经销商的分利问题。当时李宁自己建立了电商平台和渠道，而在这些平台和渠道的商品售价，远远低于线下实体店的售价，甚至有经销商反映，一些产品在网络上的售价，比他们的批发价还低。

一些企业迟迟难转型的问题就是出在加盟商、代理商身上，曾经就有企业主向笔者反映，其想转型，但是代理商和加盟商反对，以停止合作为要挟，原因就是怕影响到他们的利益。

要解决好分利问题，首先是要明确各自的角色和定位。对于总部来说，角色和定位是去扶植代理商、加盟商，他们赚到钱了，总部才能做大，才能更好地吸引其他代理商。基于此，总部首先要做的是品牌推广和口碑推广，将品牌和口碑做起来，是对代理商最大的支持。

同时也要做流量方面的推广，但要注意，这些流量应该分流给代理商和加盟商，总部千万不要自己做直销。总部可以在现有平台上开发一个功能：识别每天来的流量、咨询人、订单的地域，然后将他们直接分发给相关地区的代理商、加盟商。同时这个平台应该是透明的，所有的代理商、加盟商可以在后台看到每天的流量、订单情况等。

这样做，就彻底解决了代理商和加盟商的利益问题，不但一点没有影响到他们的利益，反而是在帮他们去推广和带订单。甚至在招代理商和加盟商时，总部还可以将此作为一个亮点来宣传。

3．分部定位

对于分店或分公司，其定位是以针对本地区的用户推广引流为主，其次是品牌和口碑的推广。

这个引流包括通过各种移动互联网手段来引流，如微信、微博、QQ 等；同时也包括线下的推广渠道引流，如门店、易拉宝、宣传单等。

在这里，笔者建议门店店员全员营销，将所有的人都动员起来。实际上像国美、苏宁等一些知名企业，已经在做这方面的尝试和努力。国美 2015 年的目标是鼓励员工开设 10 万多家微店，而目前国美集团旗下员工的数量就是 10 万人左右，几乎相当于一人一店。

分店、包括员工带来的流量，建议引到公司统一的平台，如微信公众号。但是这个环节要注意，不同公司、不同员工带来的流量，一定要进行标识和区分，之后只要是这个客户产生消费，那相应的员工就可以获得提成，这样大家才有动力。要实现这个功能实际很简单，如利用微信公众号，我们就可以通过第三方的工具，或是二次开发，让每一个员工拥有一个自己独有的二维码，通过该二维码，就可以识别和记录是谁带来的客户。

4．服务

平台的设计方面，除了要对内解决分利问题外，对外主要是结合本行业及企业特点，为用户提供服务，增加用户体验。比如说按地理位置查找附近的门店、查找最近的服务人员，在线投诉、报修、参加各种会员活动等。

另外还要策划一些能够产生互动、留住用户的内容，例如活动、小游戏、抽奖等。

当平台的用户足够多时，就可以考虑转型做平台或是进行生态圈的延伸。

1.3.4　酒店餐饮类企业移动互联网营销思路

酒店餐饮企业是与移动互联网最容易结合的企业类型之一。通常情况下，可从以下几个方面结合。

1．引流

先说餐饮企业，餐饮企业本身就有现成的用户群，每天来的顾客，如果维护好关系，能够让其经常来光顾，那生意就差不到哪儿去。但是在以前，没有一种工具或方法，可以解决这个问题。有实力一些的餐饮企业，可能会有 CRM 系统，会留下用户的手机号，通过短信来互动，但是效果并不好。而现在有了移动互联网，这件事就变得容易多了，通过微信公众号来维护是最简单的。

所以在引流方面，首先我们应该通过各种策略将每天的顾客吸引到移动互联网平台（如微信公众号）。餐饮企业引流的策略也是比较多的，如关注公众号获取免费 Wi-Fi 密码、关注公众号送小菜、注册公众号成为会员、会员打折等。

除了将每天的顾客引进平台外，在线下发传单、做活动时，也要加入引流的策略，甚至在店门口，都可以考虑放置一个引流用的大型易拉宝，将路过店门口的人都引进自己的平台。

除了线下外，线上渠道也不能放过。

（1）LBS 推广。像微信、陌陌、手机版 QQ 等这类工具，都有查找附近的人、附近的活动、附近的群等功能，对于餐饮企业，利用这类工具做推广非常的适合，而且完全免费。

（2）各类群。现在"吃货"越来越多，每个城市有各种吃货群，也有很多同社区的交流群、玩乐群等。在这些相关的群做推广，也是非常不错的选择。这些群包括微信的、QQ的、陌陌的等。

（3）团购。团购平台是非常好的引流平台，对于人气不足的店，可以选择在团购平台增加曝光度。虽然现在早已过了"千团大战"的年代，但像大众点评团、糯米网等，仍然是餐饮业必须占领的获客平台。

再说说酒店，在线下引流方面，酒店同餐饮企业一样，要将已有用户尽可能引导进平台，或是转化成会员。转化的策略和方法也都差不多，如会员打折等。

在线上方面，酒店相对来说局限性就比较大了。因为理论上，酒店的目标用户群是出差、旅游、度假的人，而这类用户从地域上来说，每个省都有；从年龄上来说，每个年龄段也都有，在这种情况下，就很难找到一个目标用户群特别集中的渠道。所以酒店的推广在渠道选择方面，往往局限性比较大，基本就集中在各种旅游及酒店预订类的网站上，如去哪儿、携程等。

在渠道比较局限的情况下，笔者建议多在策略上动动脑筋，可以考虑软文营销，首先，对酒店进行定位，提炼和包装卖点，突出差异化和特色；其次选择渠道，进行传播。

2. 售前服务

在以往，酒店餐饮几乎是没什么太多售前服务好做的，基本上也就是打电话订房或是订位。但是有了移动互联网之后，我们可以提供更多、更便利的售前服务。好的售前服务，可以有助于提升转化率。对于餐饮企业来说，可以提供在线预约订座、在线选座、在线点餐、在线喜好的选择和订制（如位置要选哪儿、要放置什么特别的物品和调料等）。

同时我们还可以将企业的背景、故事，菜品的照片、特点等进行展示。

酒店的思路也差不多，但是具体服务内容有差异，毕竟产品不同，用户的需求不同。酒店类可以提供的售前服务首先肯定是订房了；其次是需求订制，例如有的客人喜欢软枕头，有的喜欢硬枕头，这个可以在预订时提交（目前貌似这么做的还不多，但用户确实有这个需求）；如果是一些高档酒店，可以考虑提供预约接送服务（使用专车的成本也非常低）。

除此之外，如果酒店的内外部环境不错，那可以在售前进行充分的展示。如果预算充足，甚至可以制作成 3D 效果，好的内外部环境，绝对是吸引用户的一大亮点。

3. 售中服务

餐馆没有太多的售中服务可以做，但是酒店类的可以策划一些。用户入住酒店后，可以针对用户的需求提供一些服务，具体可以根据酒店的定位来策划。如果目标用户是来旅游的，那可以通过线上平台提供一下当地的旅游资讯、特产导购等；如果是那种面积比较大的休闲度假酒店，则可以在公众号或是 APP 平台中，嵌入酒店的内部地图（面积较大的度假山庄，方向感差的人在其间很容易迷路）；同时对于休闲度假类的酒店，还可以策划一些互动游戏，将全酒店的人都发动起来，如做寻宝游戏等。

4. 口碑引导

口碑营销，是最好的营销手段之一。在口碑营销方面，餐饮企业有先天优势，因为它们每天都在和顾客面对面地沟通、提供服务，而且这种服务是即时性的。所以如果在消费过程中适当引导，用户可能就会帮助我们提升口碑，如在店里可以做一个长期的活动，用户在消费完，如果感觉菜品不错，然后在朋友圈晒照片和点评的话，就可以打折或送小吃。

另外大众点评网也要好好利用，那里也是宣传推广及引流的绝佳平台，刚刚说的策略，同样适用于大众点评网。如顾客在大众点评网对该店进行点评，同样打折或送小吃。

酒店在这方面的优势虽然不如餐饮企业，但是以上思路也可以借鉴和利用。

5. 售后服务

虽然现在许多企业越来越注重服务及用户体验，但是一些企业只注重了用户消费阶段内的服务体验，用户消费完之后，就不再提供了。如酒店餐饮行业，一些企业认为用户在这里消费时，要服务好；用户离开酒店或餐厅回家了，就和我没关系了。其实这个观点是错误的。

在粉丝经济大行其道的当下，如何才能让用户成为企业的粉丝？其实这个问题的答案，就和现实中两个人交朋友或是谈恋爱一样。感情要加深，就需要不断的交流、沟通和互动。就算两个人感情再好，但是 10 年不见面、不联系，感情也会慢慢变淡。

企业和用户之间也一样，用户在你这儿消费的过程体验再好，但是一年之后，也会将你淡忘。所以如果想让用户成为企业的粉丝，想让用户复购和转介绍，那就需要在用户消费完之后，还要创造更多的沟通机会。例如以下思路。

（1）体验建议。对于餐厅，首先可以让用户对吃过的菜进行点评，也可以让其去提交自己希望吃到的菜品，以此来扩大菜品的种类，同时根据用户的需求来研发新产品，让餐厅的菜品越来越符合用户的口味和需求。除了菜品外，餐厅的环境、服务员的服务质量，也可以让用户提出改进意见。对于酒店，改进的内容则是房间的舒适度等。

（2）会员卡功能。这个是常规功能，不再赘述。

（3）积分功能。可以参照信用卡的积分规则，每消费一次，就获得相应积分，之后通过积分换取礼品、折扣或是菜品等。

（4）活动。搞活动是与用户沟通、互动和拉近感情的一种非常好的手段，同时可以通过活动来刺激用户到店、提升口碑及转介绍。具体策划什么活动，请根据自身的实际情况来定。比如对于餐饮企业，可以考虑搞一个吃友团或是粉丝团，然后经常搞一些新品试吃、免费厨艺培训、厨艺比拼等。

如果预算充足，那还可以经常搞一些线上抽奖活动，比如说每周送一部苹果手机，会员们应该会非常喜欢的。

策划活动，是需要创意的，而很多人一提创意就头疼。其实在这里笔者要告诉大家，寻找创意也是有方法可循的。如在网上进行相关创意搜索，根据别人的创意点再进行思考，就很容易产生灵感。百度文库就是一个不错的工具，里面的资料十分丰富，有助于思路的拓展。

1.4 移动互联网思维

移动互联网思维，是一种多维网络状的生态思维。这种生态思维，以节点彼此连接，形成大小不同的生态圈，不同生态圈之间也彼此连接形成更大的生态圈，更大生态圈再彼此连接，形成更大的生态系统。所以在移动互联网中，我们经常提到"圈子""社群"，这是非常典型的移动互联网思维，移动互联网让网络无处不在。

1.4.1 用户思维

用户思维是移动互联网思维的核心，一切的一切都围绕用户展开。其实不仅是移动互联网思维，营销、管理、商业模式等一切的核心都是用户！为什么说一切的核心是用户呢？道理很简单，我们企业做营销、做管理，最终的目的是为了什么？其实就两个字——利润。应该说企业做的一切工作都是为利润服务，如果企业没有利润，其他的都是空谈！那谁来为企业的利润买单呢？只能是我们的用户，所以说一切的核心都是用户，说白了移动互联网思维的核心就是研究如何让用户买单，而且不仅要让用户买单，还要让用户买得爽，甚至是哭着喊着买，只买还不够，还要成为你的粉丝，持续不断地买。

可能有人说了，这个用户思维不新鲜呀，没有移动互联网之前，很多商家就在喊"客户就是上帝"，而且喊了好多年。这话没错，但是严格来说，那个时候的商家真的就只是喊喊，没有几家企业去认真研究并付诸实践。甚至一些无良的商家嘴上把客户当上帝，内心却并不是这样想的，时常做出损害客户利益的事情。

这里暂且不深论一些商家是怎么实践的，仅就"客户就是上帝"这个价值导向本身来说，就和用户思维的导向不太一样。客户就是上帝强调的是"客户"，顾名思义，客户的意思就是要把消费者变成你的客人，其核心是"成交"。以前企业做的一切工作，其实都是围绕成交进行的。产品生产出来后，挖掘或是包装一些卖点，然后通过广告、促销等手段卖给客户，交易结束了，关系基本上也就结束了。如果产品有了问题，商家是不希望你去找他的。这种价值导向的产生，是因为以前物质匮乏，信息高度不对称，消费者的意识及企业的经营理念也都比较原始。

用户思维的核心是用户，其核心在于"用"，也就是说消费者买了你的产品，开始尝试使用时，你们的关系才刚刚开始建立。你要让用户在后续使用产品的过程中用得满意，这就是所谓的体验至上。而这个体验至上，让用户用得满意还只是一个开始，终极目的是让用户最后转变成你的粉丝，最终实现粉丝经济。为什么价值导向会发生这种变化呢？为什么要反复强调粉丝和粉丝经济呢？

一个企业要生存和持续发展，一定要有竞争力，而企业最大的竞争力是什么呢？可能有人说是产品，也有人说是技术，其实都不是，答案是品牌。因为从消化者心理学的角度来说，品牌会对消费者的购买决策起到非常重要的作用。市场营销学中的"第一法则"很好的诠释了这个问题：当两个产品的条件差不多时，比如说价钱差不多，那消费者往往会选择品牌。所以，做营销追求的目标是"品牌"。有了品牌之后，再做营销就是为了维护品牌。营销大师科特勒也是这么说的。

但是有了移动互联网之后，情况发生了变化，移动互联网颠覆了许多行业，同样也颠覆了营销行业。在移动互联网时代之下，即使有品牌也不一定卖得好，因为移动互联网将我们带进了一个品牌泛滥的时代。

笔者走过许多城市，发现其中不少城市都有自己本土的啤酒品牌。在以前，它们都发展得很好，各占一席之地，相安无事。互联网的出现打破了地域限制、消除了各种信息不对称，它将所有的产品拉到同一个平台上竞争，假设全国有 3 000 个啤酒品牌，再假设它们都在淘宝上开店销售，那用户在淘宝搜索啤酒时，这 3 000 个品牌就全都出来了，那用户会选择哪一个呢？基于"第一法则"，大部分消费者只会选择知名度最高，或是销量最高，或是评价最好，或是信誉度最高的那几个品牌。移动互联网的出现，又将互联网给颠覆了，随时随地可以购买是移动互联网的优势，但碎片化时间又意味着你要在更短的时间内将信息传递给用户，这就不能像互联网那样"慢慢说"，而是要提炼、精简，在最短的时间内把用户最关心的核心问题说明白。

互联网讲究"721"法则，行业"老大"占70%的市场份额，"老二"占20%的市场份额，其他人占剩余的 10% 的市场份额。移动互联网与互联网存在着差异，移动互联网更讲究用户的品牌忠诚度，所以"粉丝经济"应运而生。在移动互联网时代下，光有品牌不行，你的品牌还要有粉丝，在移动互联网时代，只有拥有粉丝的企业，才能活得长久。"粉丝经济"的出现是偶然，但也是必然，是顺应时代的产物。

案例 1-5：阿芙精油玩直播，销量上升 700%，粉丝增 26 万

精油作为一个小类目，在淘宝上的销售并不高，阿芙精油进入淘宝以后，迅速占领精油类目的市场，连续多年在精油类目中保持销量第一。阿芙精油充分发挥了用户思维，不仅客服人员 24 小时无休轮流上班，还把客服分为"重口味""小清新""疯癫组""淑女组"等风格，以适应不同类型的用户。同时，还会在包裹中放一些让人非常惊喜的赠品，如可以收藏也可以送人的"2012"船票等。推出的一些服务也会让用户眼前一亮，例如至尊包邮卡是一个卡状的 4GB U 盘，用户还可以花 59.9 元购买终生免邮服务。阿芙设有"首席惊喜官"，不断研究用户，设计用户喜欢的环节和礼品。

2016 年以后，随着直播开始走进移动互联网，阿芙精油也开始玩起了直播。

阿芙在开始直播前就在微博、微信等渠道提前预热。直播前夕，阿芙精油课代表刘昊然在微博话题中已吸引 8 000 多万阅读量，12 万讨论量。从产品逻辑上看，一般社交直播 APP 往往由粉丝打赏主播，而阿芙在天猫直播期间共为粉丝派发约 3 万个红包。

在现场，专业的摇臂摄像机架在灯光球场外，两位主持人全程保持与观众互动，另有串场的表演团队，直播主角有专门的话术和剧本，这让直播看上去更像是一档"真人秀"电视节目，避免冷场的尴尬。整个直播下来，当天的销量提高了 700%，更为重要的是，这次直播为阿芙带来了 26 万新粉丝。

案例点评：

移动互联网中，消费者已经不再是买完即走，而是让消费者关注你，进而成为你的粉丝，阿芙精油正是通过不断地分析"用户"需求，同时借助最新工具，为用户提供超出预期的惊喜，从而让用户喜欢上你，成为你的粉丝。

1.4.2 免费思维

免费是互联网思维中的杀手锏，在移动互联网时代同样是杀手锏。互联网上的巨头企业，几乎都用了免费这招，比如网易的免费邮箱、腾讯的免费 QQ，另外还有阿里巴巴的淘宝是免费的，百度的搜索引擎也是免费的，尤其是 360 更是靠免费打败了传统的杀毒软件公司，异军突起。

当然，这个世界上没有免费的午餐。免费的背后，不是有阴谋，就是有阳谋。互联网上的免费更多的是阳谋，是为了更好地引流量、圈用户，因为互联网思维的一个核心理念

就是"先圈用户后圈钱"。当圈来的用户足够多时，再来通过商业手段催化其产生价值。

互联网是一个挟"用户"以令诸侯的时代，它们在传统行业收费的地方免费，以此吸引大量的用户。然后引导用户在其他地方消费，从而赚取利润，实现费用承担者的转移，将企业的价值链延长。

对于这个问题，奇虎 360 董事长周鸿祎理解的非常到位，他总结说："在传统商业逻辑中，免费是行销技巧和行销诱饵，而不能真正做成商业模式。但是有了互联网，可以随时随地把人和资源连接在一起，也可以使企业把产业链做长、做深，这就比较容易实现'羊毛出在猪身上'的新的商业模式。例如实现了许多免费服务的支付宝本身可能不赚钱，但是把很多产业链打通以后，你会发现你利用支付宝进行了那么多的消费，涵盖了生活的方方面面。"

不过各位看官，千万不要以为免费很简单，以为直接不收钱就 OK 了，有的时候免费送东西也不是那么容易的。免费思维核心有二，满足其一即可：一是在别人都收费且用户习惯了付费的领域免费。比如 360 公司推出安全卫士和杀毒软件之前，所有的杀毒软件都是收费的，用户也习惯了付费，认为这是理所当然的事。但是 360 公司推出免费产品之后，无异于是向平静的湖面投下了一枚重磅炸弹，打破了行业的平静和平衡，360 公司也因此快速崛起。而如果现在还有人想走 360 公司的老路，通过杀毒软件在安全领域竞争，则无异于痴人说梦。因为 360 公司改变了行业格局和用户的认知，现在用户对于杀毒软件已经习惯了免费，再推出免费产品，对用户已经无法产生太大的触动了。

二是在具有黏性的产品中免费。像腾讯的第一个产品 QQ，从开始就是免费的，而 QQ 属于 IM 工具，是社交类产品的一种，这类产品的特点就是一旦用户使用习惯了，不会轻易更换产品。当产品的用户群足够多时，就会持续产生价值。QQ 的成功经验同样可以延用到主打移动互联网的微信上，拥有 8 亿多月活用户的微信，成功为腾讯拿到移动互联网的第一张船票，在腾讯整体收入占比也越来越大。

通过免费思维，聚来了大量的用户，有了足够的用户后，可以从哪些方面产生利润呢？这个"羊毛出在狗身上，猪来买单"到底是如何实现的呢？

（1）交叉补贴。免费的产品可以和其他超高利润的产品绑定在一块，通过其他产品的利润来进行补贴。比如说电信、联通等运营商经常搞的充话费送手机就属于此列。

（2）广告商付费。通过免费来聚集大量的用户和流量，流量多了之后，自然会有广告商愿意为之买单。如百度，用户使用百度搜索从来没有付过一分钱，而百度最主要的收入来源就是竞价排名。除百度外，现在各大安卓手机应用市场也同样靠广告商付费，用户下载 APP 是不需要付费的，但对于 APP 而言，如果你想有更好的推广位置，可以通过向应用市场付费购买广告位。

（3）商业服务。除了广告服务外，还可以为商家提供一些更加深入的商业服务。例如，酒类电商中的酒仙网，其网站本身其实是不盈利的，目前其主要的盈利模式是帮助酒类企业做电商代运营。目前国内很多知名酒企，都是它的客户。

（4）增值服务。除了向商家要利润外，也可以向用户要利润。腾讯的 QQ，各种基础功能和服务都是免费的，但是一些高级的服务就要收费了，如 QQ 会员服务、蓝钻服务、黄钻服务等。虽然这些增值服务都不贵，像 QQ 会员，一个月只有 10 块钱，但是别忘了，其用户的基数大。如果有 1 个亿的用户愿意付费，那么仅 QQ 会员一项服务一年就可以创造 120 个亿的收入。

不过在这里提醒大家一点，此模式想成立，有一个核心准则，就是你提供的增值服务一定要和免费服务有本质的区别。像当年 263 免费邮箱，也尝试过提供增值服务，推出了 VIP 付费邮箱，结果却铩羽而归，甚至还因此流失了许多用户。因为它的增值服务和免费服务本质上没有区别，比如免费邮箱是 50MB，收费邮箱是 200MB，但是对于用户来说，这根本没有本质的区别，大不了用户经常清理邮件即可。

而腾讯的收费服务能成立，是因为其和免费服务有本质区别。例如，收费会员最多可以加 2 000 个好友，普通的 QQ 用户最多加 500 个，谁也不会因为收费，而将好友删除。

（5）向小众收费。增值服务是向大众收费的，相对应地，我们也可以逆向思考一下，反过来向小众付费。比如说，史玉柱进入网络游戏领域之前，网络游戏的盈利模式基本上都是靠提供各种增值服务，收取玩家的钱来盈利。而史玉柱则直接免费，不再收点卡、月卡等。通过这个策略，聚集到了大量的玩家。那游戏最终如何盈利呢？答案是那些不差钱的玩家。

玩过网络游戏的朋友都知道，网络游戏就像现实社会的一个缩影，有人的地方就有江湖、帮派、争斗、攀比、阶级，而在游戏中你想成为人上人、想有更好的装备、想更快地升级、想在游戏里组建帮会，那就要付费了。

虽然游戏里不差钱的人是少数，但是哪怕只有 1%，那收入都要比传统的盈利模式多。在《征途》游戏中，花费上百万元的玩家大有人在。

（6）延伸产品。除了以上这些，还可以在免费产品的基础上，通过建设生态圈，延伸产品线来盈利。比如说，360 安全卫士是免费的，杀毒软件也是免费的，但是其通过安全卫士和杀毒软件将 360 安全浏览器带动了起来，360 浏览器是盈利的。后期又带起了 360 搜索引擎，其搜索引擎也是盈利的。

（7）靠赞助。最后一招，如果实在找不到盈利点，那只能靠赞助了。当然，前提是需要能找到愿意赞助或是买单的人。比如国外的维基百科网站，就是靠网友的赞助生存下来的。

当然，免费思维也不一定非得是不要钱送产品，除了彻底免费外，将产品的利润让给用户，也属于免费思维的一种。在免费思维这个杀手锏面前，传统企业几乎没有招架之力，这也是为什么传统企业竞争不过互联网企业的一个重要原因。关于这个问题，让我们一起来看一个案例。

案例 1-6：免费坐大巴却盈利上亿的秘密

相信不少人都有乘坐飞机的经验，通常下了飞机以后还要再搭乘另一种交通工具才能到达目的地，但在四川成都机场有个很特别的景象，当你下了飞机以后，会看到机场外停了百余部休旅车，后面写着"免费接送"。

如果你搭出租车想前往市区，那么平均车费要达 150 元，但是如果你选择搭乘休旅车，只要一台车坐满了，司机就会发车带乘客去市区的任何一个停靠点，完全免费！若你是乘客，你要不要搭？

四川航空公司一次性从风行汽车订购 150 台风行菱智 MPV，这么大一笔订单当然是为了提供上述免费的接送服务。这一举措为四川航空带来上亿利润。我们不禁要问：免费的车怎么也能给它创造这么高的利润？这就是商业模式的魔力。

原价一台 14.8 万元的 MPV 休旅车，四川航空以 9 万元的价格集中一次性购买 150 台，以如此低廉的价格给航空公司提供风行汽车的条件是，司机在载客的途中提供乘客关于这台车的详细介绍。简单地说，就是司机在车上帮风行汽车做广告，销售汽车。在乘客的乘坐体验中讲述风行汽车的优点和车商的服务。每一部车可以载 7 名乘客，以每天 3 趟计算，150 辆车，带来的广告受众人数是：7×6×365×150，超过了 200 万的受众群体，并且宣传效果也非同一般。

司机哪里找？在四川有很多找不到工作的人，其中部分人很想当出租车司机，据说从事这行要先缴一笔和轿车差不多费用的保证金，而且他们只有车子的使用权，不具有所有权。因此四川航空征召了这些人，以一台休旅车 17.8 万元的价钱出售给这些准司机，告诉他们只要每载一名乘客，四川航空就会付给司机 25 元人民币！

四川航空立即进账了 1 320 万元人民币：（17.8 万-9 万）×150=1 320 万元。你或许会疑问，司机为什么要用更贵的价钱买车？因为对司机而言，比起一般出租车到处找客人，四川航空提供了一条客源稳定的路线！这 17.8 万元里包含了稳定的客户源、特许经营费用和管理费用。

接下来，四川航空推出了只要购买五折票价以上的机票，就送免费市区接送的活动！

对乘客而言，不仅省下了 150 元的车费，也解决了机场到市区之间的交通问题，划算！

对风行汽车而言，虽然以低价出售汽车，不过该公司却多出了 150 名业务员帮它卖汽车，还省下了一笔广告预算，换得一个稳定的广告通路，划算！

对司机而言，与其把钱投资在自行开出租车营业上，不如成为四川航空的专线司机，获得稳定的收入来源，划算！

至于四川航空呢，这 150 台印有"免费接送"字样的汽车每天在市区到处跑来跑去，让这个优惠讯息传遍大街小巷。这还不够，它们还与车商签约，约定在期限过了之后就可以开始酌情收取广告费（包含出租车车体广告）。

当这个商业模式形成后，据统计，四川航空平均每天多卖了 10 000 张机票！回想一下，四川航空付出的成本有多少？

案例点评：

这个案例很好地诠释了前面说的"羊毛出在狗身上，猪来买单"的思维模式。其实每个企业，都有各种各样的资源，企业越大，资源越多，而实际上这些资源稍加梳理和策划一下，便能发挥更大的价值。

1.4.3　社群思维

社群思维是互联网思维的黏稠剂，移动互联网更是将这种黏稠剂效果发挥得淋漓尽致。为什么这么说呢？互联网思维的核心是用户思维，是先圈用户后圈钱，甚至将用户变成企业的粉丝。但是当圈进来的用户足够多时，如何管理和维护、如何拉近用户与企业间的距离、如何增进与用户之间的关系和黏性对企业来说会是非常大的问题。传统的方式无论是电话、短信、QQ 等都不可以，毕竟一个企业的人员是有限的，根本无法照顾到每一个人。

而通过社群的方式，则可以更好地解决这些问题，之所以这么说，原因有以下几点：第一，社群思维的核心是靠组织的形式管理运营用户，而不是靠企业单方面、一对一地维护用户，因此可以大范围影响和照顾到更多的人；第二，从社会学的角度来说，人是离不开社会和组织的，当把一个个体投入到一个组织时，用组织去影响和带动个体，要比企业单方面的带动效果好得多；第三，对于用户来说，一个有共同目标的组织要比一个商业机构更有吸引力，更容易产生黏性和凝聚力。

其实这个理念和方法，娱乐圈早已用之。例如，很多明星都有自己的粉丝会、后援团，都是有专人运营和打理的。这以粉丝为核心成立的组织，对明星的推广等起到了非常大的推动作用。而相对于娱乐圈的运用，互联网思维中的社群思维，将此种形式提炼和升华，使之更加具有普及性和可操作性。

小米手机的成功，正是运用了社群思维。众所周知，小米手机粉丝经济玩得好，但是小米手机最初的粉丝从何而来？是先有的手机，还是先有的粉丝？这就好像那个经典的先有鸡还是先有蛋的问题一样。而实际上小米在做手机之前，已经有了一个 100 多万会员的小米论坛，这个论坛就是小米在其用户的基础上建立的社群组织。可以说这 100 多万人，都是小米手机的种子粉丝。当小米手机推出后，这个社区自然也成了小米手机粉丝的大本营，可以说在小米发展的过程中，这个社群组织发挥了巨大的作用。

要玩转社群，有以下几个核心要点。

（1）共同的目标或兴趣。一个社群要想有凝聚力，拥有一个共同的目标或是兴趣是必须的。其实任何组织都是如此，如果没有统一的价值观和目标，很难持久发展。

（2）给大家持续带来价值。其实聚人并不难，难的是如何让人留在这里。从人性的角度来说，想让一个社群组织持续发展且长久保持黏性，就需要给组织成员持续带来价值。

（3）运营团队。运营团队是重中之重，因为社群要产生价值，运营是核心和关键。所以一个健康的社群，必须要有一个高效的运营团队。最好的方法是让用户参与进来。如此一来，一是降低了运营成本，二是集思广益，三是让用户有参与感。

从社群的规模上来说可大可小，具体结合自己的实际情况而定。而表现形式上说，同样要灵活，尤其是有了各种先进的互联网工具后，选择特别多。

（1）QQ群。对于一些用户群规模不大（如B2B类的企业），要求不高的企业，用QQ群的形式来建立社群，已经可以满足需求。

（2）微信群。微信横空出世后，QQ的黏性急剧下降，所以微信群和QQ群同时使用，可以形成互补。

（3）论坛。如果用户群足够多，且条件允许，可以建立自己的论坛社区，比如小米社区。当然还可以建议微论坛，基于微信公众号的论坛，这种形式目前更符合移动互联网用户习惯。

（4）贴吧。如果自己没有条件建立论坛，那利用贴吧这样的第三方平台来实现也是不错的选择。

（5）豆瓣小组。对于一些小资群体来说，在豆瓣这样的平台建立兴趣小组也是一个不错的选择。

（6）微信公众号。通过微信公众号来建立社群，也是不错的选择，当然，也可以将微信公众号与其他平台配合来使用。

（7）社团。如果条件允许，还可以进一步升级，建立社团组织。比如说协会、联合会一类。

从社团的类型来说，主要有以下几种典型的形式。

（1）偶像型：因为某个人或是某一小撮人凝聚在一起，如各种明星粉丝团。

（2）产品型：因为对某个产品的热爱而凝聚在一起，如小米社区、各类车友会。

（3）关系型：因为某种关系凝聚在一起，如老乡会、宗亲会等。

（4）行业型：以行业为基础的各种组织，如各类行业协会、联合会等。

（5）社交型：纯粹是以交朋友、拓展人脉、商业合作等为目的的组织，如一些商会等。

（6）兴趣型：因为共同的兴趣和爱好在一起，如各种登山会、驴友会等。

在未来，每个品牌或企业，都应该有一个自己的社群，当然，如果用户量非常大，也可以裂变出不同类型的子社群。因为没有社群的品牌，用户就是一盘散沙，企业无法借助用户的力量助其发展。社群说白了就是将用户团结起来，团结才有力量。当然，这个社群不可能覆盖到每一个用户，关键要将核心用户、忠实用户、粉丝团结起来。社群不在于量，在于质；不在于大，在于影响力。

案例 1-7：社群思维在旅游行业的运用

旅游行业对社群思维的运用相对比较多，笔者的好几位学员和朋友，都在社群思维的指导下成功创业，例如我原先的一位同事小 C，就是其中的典型。

小 C 非常喜欢户外运动，比如登山、穿越等。于是他建立了一个 QQ 群，将身边的同道中人都加到了群里，然后又让群友帮忙介绍群员，同时也在网络上的各个渠道进行群的宣传。

之后每逢节假日，小 C 便以此群为单位组织活动，随着活动次数的增多，群员越来越多，这个群在圈内的知名度也越来越高，群的凝聚力也越来越大。

再之后小 C 又联合了其他几个当地类似的 QQ 群群主，组成了一个联盟，在这个联盟的基础上，建立了一个论坛。

有了论坛之后，覆盖的人群以及影响力就更大了，活动的频次更多，规模也更大了，甚至还吸引了很多来此旅游的人参加活动。当然，这些活动都是能带来利润的。

最后，在论坛的基础上，几个核心人员成立了公司，正式走向商业化，而且其业务越来越好。

案例点评：

这个案例是一个典型"穷屌丝"创业的案例，在没有任何资源、资金、背景、人脉的情况下，最终孵化出了一个公司。而孵化的方式，便是利用了社群思维。从他自己一个人，到几个人，再到几十个人、几百个人。这个过程中，也慢慢有了资源、人脉等。这就是社群的魅力！

当然，那时还没有社群思维这个概念，但是理念和方法是一脉相承的。

笔者在写文章的时候，也会有意识的建立一些社群，以微信群和 QQ 群为主，比如以营销为主的 QQ 群，通过 QQ 群搜索功能搜索"坤鹏论"时会发现，有相应的 QQ 群存在，并且人数也还可以。也会因为一些文章建立相应兴趣的微信群，例如写作群、VR 群等。

1.4.4 产品思维

如果说用户思维是移动互联网思维的核心，那产品思维则是移动互联网思维的基础。

传统企业的思维逻辑是"产品→营销→用户"，往往都是先有产品，后有用户，先把产品生产出来，然后通过各种营销手段卖给用户。那个时候物质匮乏，这么做没问题，甚至劣质产品都能卖得很好。而随着物质的丰富，信息的对称，特别是互联网的出现，用户的选择越来越多，使我们进入了一个品牌泛滥的年代。在这种情况下，产品不好是留不住用户的，更不要提什么粉丝经济和长久发展了。

移动互联网思维正好相反，采用的是"用户→营销→产品"的模式。先有用户，后有产品，先把用户聚集起来，然后再针对用户的需求去完善产品或设计产品，甚至直接让用户参与到产品的设计中来。

这样做的好处是，如果完全围绕用户的需求来设计产品，那产品会高度符合用户的需求和期望。如果再深入一点，让用户直接参与到产品的设计中来，那不但能符合用户的需求，还能俘获用户的情感。因为如果产品是在用户的参与下实现的，他会对产品有一种特殊的情感，因为这个产品融入了他的思想，他是创造者之一，甚至这个时候即使产品有瑕疵，用户也会容忍，谁会嫌弃自己的孩子丑呢？

在这方面，小米是先行者，也是个中高手。小米成功的秘诀是什么？其联合创始人黎万强的答案是：第一是参与感；第二是参与感；第三还是参与感。说白了小米卖的不是手机，是参与感。对此，黎万强先生还专门写了一本书，名字就叫《参与感》。

小米公司做手机之前，就做了小米论坛。在小米论坛上，米粉全程参与了小米手机的调研、开发、测试、传播、营销、公关等多个环节。除了线上活动外，还有更为强大的线下活动平台——"同城会"。

案例 1-8：产品思维不到位让各大厂商手机越来越像

2016 年 11 月 3 日，华为在德国慕尼黑发布了新一代旗舰手机 Mate9，当各大媒体纷纷放出大量真机照后，不少网友开始疑惑了，Mate9 后背的设计怎么和小米 5S Plus 那么像呢？与之相似的还有中兴天机 7Max，如图 1.10～图 1.12 所示。

图 1.10　华为 Mate9

图 1.11　小米 5S Plus

图 1.12　中兴天机 7Max

还有 Mate9 的保时捷版和小米的 Note2 也非常像，尽管华为和小米能说会道，但和三星 S7 edge 像到这种地步，借鉴程度之深可想而知。

面对这一现实，有网友甚至把三款手机的图片摆在一起，问"华为 Mate9 撞脸小米 5S Plus，疑是公模机？"另外，随着华为、小米开始搞曲面屏后，估计国内其他手机厂商都要纷纷跟进了！相信不久的将来，曲面屏将成为中国智能手机的标准！

其实就在小米发布 5S Plus 时，就已经被网友质疑过使用公模机。

据笔者在深圳 IT 业的一位朋友说："中国手机行业竞争太惨烈了，拼价格，拼配置，拼机型，如何跟上竞争对手下饺子般发布手机的节奏，自主研发太麻烦、费事费时间，于是选择代工厂成了最终捷径，原始设计制造商（ODM）的稀缺导致手机们只能用一个公模生产，各个长得都像双胞胎，傻傻分不清。"

当时，曾有媒体这样说："最新发布的小米 5s Plus 悲剧了，因为人家不仅长得丑还跟竞争对手长的一模一样：酷派的 cool1，后盖上下塑料，中间夹金属，后置指纹识别连摄像头的位置都一致，小米 5S Plus 等于把酷派的 cool1 拿出来再发布一遍。其次是荣耀 6X，可怜的华为就别开发布会了，小米已经抢先帮你发布了，算上酷派的那次，荣耀 6X 已经被发布两次了，具体硬件参数已经被媒体曝光得八九不离十了，直接微博宣布价格吧，这样省事、省时、省力。"

据笔者了解到，前两年手机大战时，千元机在手机设计上基本都不是手机品牌厂商自己设计的，手机模具都是由代工厂设计，华为、小米、魅族的千元机大多都是出于同一 ODM 设计，最多在细微的地方做一些差异化，比如摄像头位置形状等，然后贴上自有品牌的 Logo，这样一台千元机就诞生了。所以，那个时候，市面上销售的手机外观简直相似到了令人发指的程度，金属三段式机身设计更是满大街都是。

后来，厂商开始通过所谓的旗舰机来拉升价格，从 2 000 元向 3 000 元迈进，但大部分一线大厂依然使用同一个 ODM 设计作为其旗舰机的外观。各家的低端和高端手机，除了硬件参数稍有区别外基本都长得一模一样。

有人说，中国智能手机产业已经进入"复制机"时代。其实国产手机在工业设计上的同质化从 2011 年已经开始，并且形成了一种趋势，甚至不符合这种趋势的产品都会划到非主流去。

设计不够，参数来凑！所以，我们看到了各家厂商开发布会时，拼命地宣传自己的硬件参数，以及所谓的各种黑科技。

"工业设计在我们国内的发展仍属起步阶段，专业院校只能解决设计技术的培养，企业的重视程度、设计思想与市场潮流的衔接是当前仍没有解决的两大关键性问题。"中国电子商会副秘书长陆刃波曾这样说道。

据笔者了解，中国的工业设计起步晚，比西方发达国家晚 30 年，比日本晚 20 年，比韩国晚 10 年以上。甚至这个概念引进到中国也才 10 多年。中国目前在工业设计观念的建立和人才储备等方面都很欠缺。

那什么是工业设计呢？

工业设计是为批量产品制造而进行的设计，它包含产品外部和内部设计的整个过程，对产品的外观和性能，材料、制造技术的发挥，以及品牌建设产生最直接的影响。发达国家发展的实践表明，工业设计已成为制造业竞争的核心动力之一。甚至不夸张地说，现在产品的国际竞争力将首先取决于产品的设计开发能力。日本的索尼、东芝以及后起之秀的韩国企业三星和 LG，都把工业设计作为自己的"第二核心技术"。

据美国工业设计协会测算，工业品外观每投入 1 美元，可带来 1 500 美元的收益。日本的日立公司用自己的数据证明，该公司每增加 1 000 亿日元的销售收入，工业设计的作用占51%，而设备改造的作用只占12%。

笔者为了了解中国手机行业的工业设计，查阅了大量资料，但却是凤毛麟角，这也在一定程度上说明了中国工业设计还没有被人们广泛重视。不过，从一些可以找到的资料中笔者也发现了一些端倪，从另一个角度证明了为什么现在的手机越来越像。中国手机设计业除了底子薄之外，随着手机品牌集中化、手机价格走低，手机设计价格也出现了暴跌，买断设计方案的价格从200万元人民币直降至80万元左右。

同时，手机设计是手机产业链条中的中间环节，随着手机行业利润的急速下降，上下游成本同时向中间环节挤压，加之芯片制造商集成度越来越高，原先手机设计公司的作用开始被取代。另外，大部分小型的设计公司都缺乏自主创新能力，他们依靠从大的手机公司或其他大型手机设计公司翻抄一些手机方案销售给客户。令人遗憾的是，在我国的专利保护中，外观专利的保护是非常弱的。

案例点评：

国产手机依靠大量国内用户，在销售上比苹果、三星等国外品牌有优势，但随着手机越长越像，直接导致产品缺少差异化，在产品更新换代方面也缺少创新。

苹果手机能在全球持续多年销量领先，在高端手机领域更是鲜有竞争对手，与其不断在产品研发上的大量投入密不可分。

1.4.5　自媒体思维

自媒体思维是移动互联网思维的放大器，虽然博客、微博的崛起都是在移动互联网之前，但并没有把博客和微博定义为自媒体，直到出现以微信公众号、今日头条等为代表的一些平台，用户自己生产的内容成为平台主体，形成以"个体"为主体的媒体形态，自媒体的逐步形成将移动互联网的影响力不断放大。

酒香不怕巷子深的年代早已一去不复返，所以现代企业都特别注重市场营销和推广。营销是为了将企业的产品和品牌更好地传播出去，传播的目的是为了放大，放大产品和品牌的知名度，放大产品和品牌在用户中的地位和影响。

而在以前，企业要推广，往往都要"求"人，要借助各种各样的媒体，比如电视媒体、报刊杂志、广播媒体、户外媒体、楼宇媒体等，哪怕是互联网，我们想做营销和推广，也需要有相应网站的编辑。移动互联网的到来，彻底将这种方式颠覆，用户不再需要"求"其他人，自己就可以是一个媒体，一个向外界传播声音的渠道。

随着移动互联网新兴工具的发展，特别是微信公众号、今日头条以及各大自媒体平台的产生和普及，自媒体开始渐渐流行。在自媒体时代下，人人都可以是一个媒体。于是，企业纷纷建设自己的自媒体体系，开通官方微博、企业公众号、今日头条号等。不过很多企业发现，自己的企业并没有在自媒体时代有太多进展。

其实大家都忽略了一个问题，微信公众号也好、今日头条也罢，只是渠道和载体，这是形式上的东西。而你的自媒体能不能产生效果，最关键的不是"形"而是"魂"，这个魂就是思维，只有形，没有魂是不会产生好的效果的。就像"电子商务"的核心是"商务"而不是"电子"一样，自媒体的核心是"媒体"而不是"自"，如何做好一个媒体才是关键。既然是"媒体"，企业就不能仅把它仅当成一个广告发布窗口，而应当对"读者"具有充分的价值。

在移动互联网时代之下，我们要将自媒体的思维深深地烙在企业的身体里，如果你真正具备了自媒体思维就会发现，处处都是自媒体、处处都可以传播。

比如说，产品的包装是不是自媒体？产品本身是不是自媒体？产品说明书是不是自媒体？企业的老板是不是自媒体？企业的员工是不是自媒体？很多企业都在想着求人宣传、找人推广，实际上你们自己就是最好的宣传推广渠道和媒体。像产品的包装，每个终端用户都会看，为什么不好好利用呢？

1.4.6　跨界思维

跨界思维是互联网思维的创新剂，同样也是移动互联网的创新剂。想在一个行业生存，就要成为这个行业里的行家，而跨界思维恰恰就是用外行人的思维干内行人的事。而往往这些外行人还非常可怕，经常能够颠覆一个行业，这也被称为"破坏性创新"。

一个人在一个行业、一个圈子待久了，思维就容易固化，就容易被固有的条条框框束缚。其实往往限制一个企业或是一个个体发展的不是环境、不是对手、也不是背景，往往是思维。

而跨界者，对于这个行业并没有太深的了解，所以就没有束缚，而且跨界者往往又是拥有着与本行业人士完全不一样的思维和理念，此时这些思维和理念若能与本行业有机结合，则就可能会产生颠覆式的效果。所以很多人说，跨界者一旦成功，往往都是颠覆式的创新。

例如苹果跨界进入手机行业，颠覆了诺基亚；微信跨界进入通讯领域，颠覆了运营商的语音和短信；以阿里巴巴为代表的互联网金融正在颠覆传统银行；除了一些行业正在被颠覆外，一些行业也在深深被影响，比如以乐视和小米为代表的互联网企业正在抢传统家电企业的奶酪。

就像腾讯创始人马化腾说的："'互联网+'是一个趋势，加的是传统的各行各业。过去十几年，互联网的发展很清楚地显示了这一点——加媒体产生网络媒体，对传统媒体影响很大；加娱乐产生网络游戏；加零售产生电子商务，现在已经很大。最近互联网金融非常热，互联网将让金融变得更有效率，更好地为经济服务，符合'普惠金融'的精神。"这个"互联网+"正是互联网向传统各行各业跨界的一个直观体现。当然，传统行业也可以跨界到互联网。

随着互联网和移动互联网的发展，跨界将成为一种普遍现象，现在流行的 O2O 模式，可以说就是跨界思维下的产物。其实跨界的背后代表的是创新，是整合，这正是互联网精神的体现。而不同的行业相互进行合作和整合，往往都会碰撞出不一样的火花，产生新的生产力，带来新的契机和增长点。

跨界也并不一定非得是进行一场轰轰烈烈的改革，哪怕只是一个微小的创新和变化，也可能会以润物细无声的方式改变行业格局。

案例 1-9：雷军跨界做手机，推动了国内智能机的发展

在雷军的小米手机上市之前，国内智能手机基本都维持在 3 000 元以上，3 000 元以下的手机要么选择功能机，要么选择山寨机。在当时手机厂商看来，3 000 元以上的智能机并没有太多市场。而正是做软件起家的雷军跨界做手机，将智能机价格降到 2 000 元之内，从而让智能机快速得到普及。

雷军在 1992 年加盟金山软件，1998 年出任金山软件 CEO，2007 年金山软件上市后雷军卸任金山软件总裁兼 CEO 职务，担任副董事长。之后几年，雷军作为天使投资人，投资了凡客诚品、多玩、优视科技等多家创新型企业。2010 年 4 月，雷军的师弟李华兵给雷军发了一封邮件，推荐一个从德信无线出走的无线业务团队，他们希望做一款独立的手机硬件，并得到了雷军的支持。随后这个团队被更名为"小米工作室"，也就是小米公司最早的前身，而他们的计划目标就是制作一个完全的手机体系——"小米手机"，小米手机将尝试在全球复制电商模式。2010 年 4 月 6 日，雷军选择重新创业，建立了小米公司，并于 2011 年 8 月 16 日正式发布小米手机。

2015 年，小米手机以 6 490 万～6 860 万部的销量成为国内销量最高的手机，超过华为、苹果、三星、OPPO。

案例点评：

经验的优势是可以避免犯很多不必要的错误，但经验也有一定的劣势——缺少创新，甚至会出现一些"经验主义错误"，对于跨界的人，他们没有这个行业内的经验，他们会质疑任何在业内人士看来"再正常不过"的事情，正是因为有了这些质疑，才会推动行业的创新。就像雷军对手机行业的推动，让智能提早走进普通用户生活，直接推动了移动互联网在国内的发展。

案例 1-10：周鸿祎跨界做杀毒软件搅局安全领域

严格意义上讲，这个案例并不能算是移动互联网案例，但却是非常典型的跨界。在周鸿祎推出 360 杀毒软件之前，国内杀毒软件包括金山毒霸、江民杀毒软件、瑞星杀毒软件在内，所有杀毒软件都是收费软件。大家的商业模式也非常简单，靠销售软件挣钱，虽然

也有竞争，但大家过得都还不错。虽然也有盗版杀毒软件，但在杀毒效果上与正版软件无法比拟，所以用户也都愿意为杀毒软件买单。

360杀毒作为一个外来者，如果也采用销售的形式，很难与已经有十多年市场销售和渠道的传统杀毒软件竞争。因为周鸿祎之前并不是做杀毒软件出身，所以他并没有受"杀毒软件就是要用来卖钱"这个思维的限制，而是直接选择将杀毒软件免费提供给用户使用。

这个方法非常有效，大量用户开始使用360杀毒，毕竟功能并不差，有免费的谁还会用收费的呀！于是，用户纷纷放弃正在使用的收费杀毒软件，开始使用360免费杀毒软件。

现在的杀毒软件市场，相信大家都有感受，金山毒霸和瑞星杀毒也都开始免费，而江民杀毒软件基本已经退出杀毒市场。

案例点评：

360杀毒被认为是当时扔在杀毒软件市场里的一颗炸弹，将杀毒市场原有模式全部颠覆，导致原来靠卖软件生存的杀毒软件厂商无法适应。他们甚至一度认为，360杀毒不会长久，因为没有商业模式，无法赢利，但结果却是被360杀毒革了命。所以跨界往往也意味着没有历史的负担，没有思维惯性，可以天马行空地想一些"不太靠谱"的方法，但往往这些看起来不靠谱的方法才能推动创新。

1.4.7 大数据思维

大数据思维是移动互联网思维中的金钥匙。在进行营销、策划，乃至企业经营、商业项目设计等过程中，都会遇到这样那样的问题，其实从某种意义上说，人生就是不断遇到问题和解决问题的过程。那遇到这些问题如何解决？解开这些问题的钥匙在哪儿呢？答案就是大数据。

为什么说是大数据呢？其实严格地说，答案是用户。比如说我们做互联网营销，最终的目的是盈利，而想实现盈利就需要让用户买单和持续买单。如何才能让用户心甘心愿为我们的产品买单甚至爱上我们成为我们的粉丝呢？这就需要先了解用户，将用户了解透之后投其所好，去吸引用户、影响用户和改变用户。而谁最了解用户呢？答案就是大数据，大数据是比你更了解你自己的"人"。

在互联网中，每天都会产生各种各样与用户有关的数据，这些数据包括信息、行为、关系数据等，比如我们每天在微信、微博、空间、博客、论坛发布的各种内容数据；我们每天浏览的各种网页、在电子商务网站进行的各种交易的行为数据；我们每天在各种社交网站和朋友的互动数据等。通过搜集和分析用户的这些数据，可以帮助企业有效地进行各种市场的决策和策略的执行。

举一个专门针对电影公司做大数据服务的公司为例。他们通过分析社交媒体上用户发布的各种信息及用户的各种行为，可以预测出一部新电影的票房，准确率在80%以上；除此之外，在电影策划之初，他们可以通过数据告诉策划团队，拍哪类电影可能票房最好、主角选谁可能会更受欢迎；在电影拍摄制作过程中，他们可以通过数据告诉团队选什么样的背景音乐最能提升效果；在电影宣传阶段，他们可以通过大数据分析告诉团队应该用什么样的方法和策略，比如找微博大号转发的话，应该找谁效果更好等。

再举个生活中的应用案例。2009 年，Google 通过分析 5 000 万条美国人最频繁检索的词汇，将之和美国疾病中心在 2003～2008 年间季节性流感传播时期的数据进行比较，并建立一个特定的数学模型。最终 Google 成功预测了 2009 年冬季流感的传播甚至可以具体到特定的地区和州。

最后再说一个神奇的案例。2013 年，微软纽约研究院的经济学家大卫·罗斯柴尔德（David Rothschild）利用大数据成功预测了 24 个奥斯卡奖项中的 19 个，成为人们津津乐道的话题。2014 年，罗斯柴尔德再次成功预测第 86 届奥斯卡金像奖颁奖典礼 24 个奖项中的 21 个，继续向人们展示了大数据的神奇魔力。

通过这些案例，笔者想告诉大家的是，在互联网和移动互联网时代，企业一定要有数据的意识和思维，要引进大数据的工具和方法。当然，对于一些中小企业来说，并没有像阿里巴巴这类公司的条件，可以免费获取海量的大数据，同时在技术上，也没有实力来分析这么庞大的数据。实际上对于一般企业，也不需要像阿里巴巴这样获取这么庞大的数据量，"小数据"已经足够使用。例如，常规的企业 CRM 系统、网站的流量统计系统、企业的各种经营数据，如咨询量、转化量等，这些数据可以帮助企业更好地决策，少走弯路，遇到问题能够更加快速有效地解决。

案例 1-11：阿里大数据助公安机关破案

为了打击互联网假冒伪劣行为，浙江省 2016 年"云剑行动"战果进一步扩大，该行动依托阿里巴巴大数据破获假货案件总案值达 14.3 亿元，宁波、金华、温州等市相继破获多起涉外侵犯知识产权犯罪案件。

"云剑行动"系互联网领域侵权假冒行为专项打击行动，今年 4 月至 7 月，浙江省开展了为期四个月时间的"2016-云剑行动"。"2016-云剑行动"期间，该省公安机关共立案侦查侵犯知识产权类案件 284 起，涉案总价值 14.3 亿元，破案 257 起，抓获犯罪嫌疑人 474 名，捣毁生产窝点 139 个、仓储窝点 278 个，直接查获现货案值（以正品计算）2.76 亿元。

"云剑行动"在中国首次运用大数据技术打假。"大数据技术是我们能协助执法部门打掉这些大案要案的关键。"阿里巴巴平台治理部知识产权保护总监叶智飞表示，面对线上线下庞大的商品交易体系，阿里巴巴通过解析所拦截的涉假商品链接、被揪出的售假卖家和权利人、消费者投诉举报等信息，运用数据模型与用户画像，对涉假商品、售假团伙做溯源追踪，绘制出这些团伙的线下分布地图。

在"云剑行动"推进过程中，浙江还注重打击跨境犯罪。其中，宁波、金华、温州等市相继破获多起涉外侵犯知识产权犯罪案件。2016 年 3 月下旬，宁波市公安局从一条海关移送情报线索入手，成功捣毁位于该市鄞州区的一个农药制假窝点，现场抓获主犯于某，缴获假冒农药 20 余吨，假冒"杜邦""先正达"等国际知名品牌商标标识 60 余万件，查扣制假生产流水线 7 条。

在摸清中国国内上游制假网络基础上，宁波市公安局经侦部门抽调精锐组建境外"猎狐"侦查组，跨境深入柬埔寨王国，与柬埔寨王国警方密切合作开展联合打击行动，成功抓获主犯夏某，捣毁在该国的农药制假窝点，现场查获分装后的数十吨各类假冒农药商品，其中仅假冒"杜邦""先正达"氯虫苯甲酰胺系列农药就达 5 500 余公斤及数百万个的各类假冒注册商标农药包材。

据悉，浙江省"双打办"下一步将继续组织开展"2017-云剑行动"，推动"云剑行动"省际合作，探索开展"2017-云剑联盟"专项行动，联合长三角、珠三角等经济发达地区，形成区域打击互联网领域假冒伪劣行为合力。

案例点评：

这个案例是大数据在现实生活中一次最好的应用，其实我们现在接触大数据的时候挺多，但更多时候，大数据只是用于后台的一种运算支持。

第2章
O2O 与移动支付

移动互联网的出现、移动支付技术的普及和 O2O 的应用，极大地改变了大家的生活习惯，同时也开创了更多的商业模式。本章主要讲述 O2O 的四种模式以及移动支付的方式。O2O 的普及，离不开移动支付的应用；移动支付的普及，为 O2O 的发展创造了客观条件。

本章关键词：O2O　支付宝支付　微信支付　余额宝移动支付

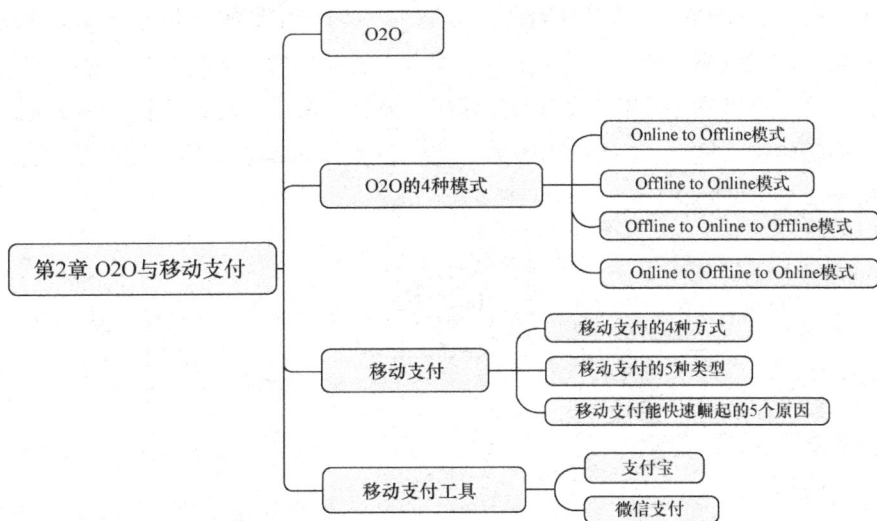

2.1　O2O

先给大家说一个煎饼果子大妈的故事。

在某高校门口，有一个大妈每天在那卖煎饼果子。每天快到饭点的时候，她的手机QQ就响个不停。原来她建了一个QQ群，加了很多在校学生，每天快到饭点时，还在上课的同学们纷纷在群里留言向她下单。然后大妈记录下QQ名，提前做好煎饼并贴上签，学生们下课后直接交钱取货。

虽然这位大妈不懂什么是网络营销、什么是O2O，但是相对于其他煎饼大妈，她却已经将O2O玩得炉火纯青了，用一个小小的QQ群就已经实现了O2O模式，并实实在在赚到了钱。

再给大家讲一个通过微信实现O2O的故事：同样是在高校附近，每天都会有一个人推着手推车定点叫卖，不过他卖的不是煎饼果子，是去掉了"煎"和"果子"的饼。和大妈单打独斗不同，这是一个团队，是有组织的。

他们其中一个人守着推车，逢买饼的人就让对方加自己的微信，只要加了微信买饼就便宜1块钱，同时告诉顾客用微信可以订饼并免费配送，另外一个人专门上网处理微信订单，再有一个人专门负责送货。

这个团队很快月收入就超过了3万，甚至想要开始找加盟了，小而美的O2O实际应用。

这些人可能并不知道什么叫O2O，但他们却在用自己的实际行动践行O2O的理念。其实这种通过线上吸引用户到线下消费的模式叫做"O2O"，下面先让我们一起来了解一下什么是O2O。

O2O（Online To Offline）即将线下商务的机会与互联网结合在一起，让互联网成为线下交易的前台。这样线下服务就可以转移到线上，消费者可以在线上筛选服务，还可以在线结算。

简单地说，O2O模式的核心就是通过一系列的营销手段，例如打折、促销、服务预订等手段，将线上的消费者引流到线下的实体店，消费者在线上购买线下的商品和服务，再到线下去消费体验。例如，在线上团购电影票、团购餐饮消费券等，这种形式就是O2O的一种初级形态（见图2.1）。

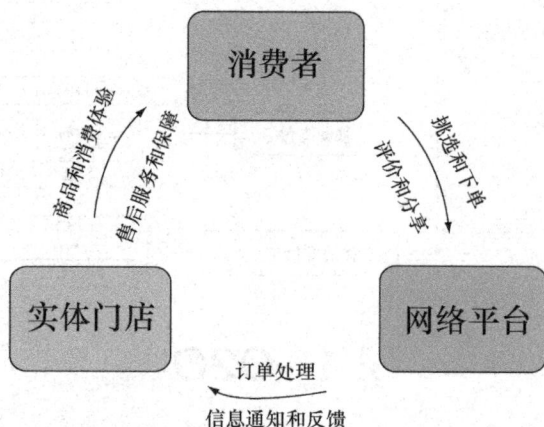

图 2.1　O2O 模式示意图

O2O 的表现形式解释清楚了，但是 O2O 到底是一个什么模式呢？属于商业模式，还是营销模式，还是电子商务呢？目前网络上关于这个问题没有一个定论，把它归在哪里的都有。虽然这仅仅是一个概念问题，但是正确理解概念非常重要，因为这会影响营销决策、影响未来营销的方向，而方向不对，努力白费。笔者的观点如下所述。

如果仅仅把 O2O 当成一种卖东西的手段，那它就是电子商务。例如，团购也属于 O2O，但是属于很初级的 O2O，团购这种 O2O 形式就属于电子商务的范畴。

如果把 O2O 作为一种推广引流的方法，那它就是营销手段。例如，一些商家在网络上发放实体店的代金券、打折卡，然后吸引用户到店消费，这也属于 O2O，但是它属于典型的营销推广手段。

如果围绕 O2O 深度策划出一种新的商业表现形式，那它就是商业模式。如尚品宅配旗下的新居网，是一个销售家具的网络商城，此商城也是典型的 O2O，但是这个商城不是简简单单地在线上吸引用户到店消费，或是在线卖家具，它们是将线上线下深度融合，创造出了一种全新的商业模式，这种模式甚至颠覆了传统家具行业的销售模式。

或者我们可以这么理解，O2O 的应用有三个层面，最初级的应用是卖东西，更深入一点的应用是通过 O2O 进行营销推广，最高级的应用是通过 O2O 创造出一种全新的商业模式。

接下来，我们再说说 O2O 的起源。O2O 的概念最早由 TrialPay 的 CEO 和创始人 Alex Rampell（见图 2.2）于 2010 年 8 月 7 日提出。2012 年 10 月 31 日，一位笔名为 CC Liu 的科技博客作者在科技网站 36 氪发布了一篇题为《万亿美元的新模式 O2O：GroupOn 只是沧海一粟》的文章，正式将 O2O 的概念带进了中国，并在业内引起了极大的反响。

图 2.2　O2O 概念提出者 Alex Rampell

Alex Rampell 是一个商业奇才，他从 10 岁就开始经营公司，2006 年创办 TrialPay，提出"你买东西我出钱"的概念，为消费者提供免费商品。这种模式在国内被称之为试用品营销，即 TrialPay 利用自身平台，向消费者发送免费试用品，消费者也将获得社交游戏虚拟货币等额外奖励。广告主也通过这一模式推广了产品。

凭借这一模式，TrialPay 得到快速发展，2011 年收入即突破 5 000 万美元，并在当年获得 4 000 万美元的第三轮风投。Alex Rampell 本人在当年也被评为全美最佳青年科技创业家。

Alex Rampell 最早提出的"O2O"很简单，就是"Online To Offline"，即"线上到线下"，即通过各种手段将线上的消费者带到线下的实体店中，在线购买线下商品和服务，再到线下去体验消费。

Alex Rampell 认为 O2O 商务将超越传统电子商务，为什么这么说呢？Alex Rampell 算了一笔账，美国现今的互联网网民每人每年网络购物的消费大约有 1 000 美元，假设这些网民是相对比较高的收入者，每年的收入约 4 万美元，那么剩下的 3.9 万美元哪儿去了？答案是这部分钱大部分都消费在了咖啡馆、餐馆、加油站、理发店等。但是传统的电子商务，无法赚到这部分钱，因为传统的电子商务都是基于可以在线成交的商品。

Alex Rampell 还举了个例子，联邦快递可以给你寄送 B2C 商城的商品，可是却送不来需要体验的服务。而这些服务才是客户平时的主要消费，例如餐馆、台球厅、酒吧等，而 O2O 就可以解决这些问题。

Alex Rampel 认为 Groupon（美国一家团购网站）、OpenTable（美国一家在线订餐网站）等网站能够取得巨大的成功，就是因为它们成功地将线下商务的机会与互联网结合，让互联网成为线下交易的前台。

例如，团购网站 GroupOn 可以把台球厅、理发店的服务通过网络"快递"给你，对于台球厅、理发店这些服务商来说，增加一些顾客不会增加太多的成本，却能带来更多的利润。

Alex Rampell 最后总结道：O2O 的实质就是将线下商户的发现、在线支付、营销效果的监测这三件事与互联网相结合。具体而言就是，你可以像浏览 APP Store 中的程序一样，在 OpenTable 上找餐馆（包括黄页、推荐等方式）；线下的服务也可以在线上进行支付；线下的商户们可以像电子商务网站一样查看具体的营销效果。这个生态圈一旦在互联网上形成，线下商户的营销重点就会逐渐转移到线上，那么现在线下商户的广告投入、支付都将造就一个巨大的 O2O 产业。

案例 2-1：煎饼铺子年入 500 万元的秘密

对于北京的"吃货"们来说，如果不知道"黄太吉"就真的 OUT 了。黄太吉不是姓黄的小老太太，也不是王老吉他妹，而是一家位于北京国贸附近的煎饼铺子。这家煎饼铺子很小，营业面积仅有十几平方米，只有 13 个座位。

但是就是这么一家小小的煎饼铺子却在互联网上引起了极大的反响，因为它一年的销售额达到了惊人的 500 万元，风投估值达到了 4 000 万元，老板开着奔驰送煎饼，也有顾客开着兰博基尼来买煎饼。

黄太吉为什么这么火？难道是沾了王老吉的光？显然不是；那是因为它们的煎饼好吃，有独家配方？也不尽然。大众点评网上有顾客评价说"味道一般"；那是它们店的环境好，服务好？更加不是，有网友这么评价它们的环境和服务："店面很小，环境较差，空调不凉。"

那黄太吉到底为什么这么火？原因在于它们以互联网的模式卖煎饼。黄太吉的创始人叫赫畅，"80 后"的他已经是互联网营销领域的老兵：从 22 岁起，赫畅先后在百度、去哪儿、谷歌担任品牌与用户体验管理工作；在 26 岁的时候，他和英国传奇广告教父萨奇兄弟创办了一家 4A 数字营销公司；28 岁时他创建了数字创意公司 DIF。近十年的互联网营销经验使赫畅对如何结合互联网做创意，如何通过互联网做营销，如何通过互联网吸引用户注意，如何通过互联网工具黏住用户有了一套自己的理解。

黄太吉开业之初，赫畅便确定了他的商业模式：通过互联网吸引用户聚焦人气，然后再通过互联网工具与用户做关系，继而吸引用户到店消费。黄太吉主要使用的互联网工具是微博，目前黄太吉的官方微博有近 6 万粉丝，黄太吉的工作人员每天都会通过微博与粉丝互动，通过微博拉近与消费者之间的距离、增加用户黏性，继而吸引用户在线下消费或是在线订餐。除了微博外，黄太吉在微信等平台上也进行了营销（见图 2.3）。

图 2.3　黄太吉微博活动

案例点评：

黄太吉被视为 O2O 模式的一个经典成功案例。而黄太吉的成功，只是揭开了 O2O 模式背后巨大商业价值的冰山一角。O2O 模式还很年轻，从被提出到开始应用，也才几年的光景，其巨大的商业价值和魅力，远不止于此。

2.2　O2O 的 4 种模式

O2O 模式是个总称，但是其与具体的行业或是领域结合后，会衍生出许多不同的表现形式和玩法。从形式上来说，O2O 又分为 4 种不同的模式，下面将为大家一一介绍。

2.2.1　Online to Offline 模式

首先要介绍的是 Online to Offline 模式，即线上到线下。这个模式就是 Alex Rampell

当初对 O2O 的定义，也是最常见的一种模式。例如，2010 年兴起的生活服务类团购平台，如美团等。消费者在线上完成交易，例如电影、餐饮，然后到线下实体店去消费体验；再比如携程网，在线订酒店，然后在线下入住体验，严格来说也可以归到此类。许多人认为团购不能算 O2O，因为它太简单了。但是严格地说，团购还是要归到 O2O 中的，因为它具备了 O2O 的特征，或者说，团购只是 O2O 的一种初级表现形式，就像李开复先生曾经说过的："团购是很小的 O2O。"

目前 Online to Offline 这种模式，是 O2O 领域中应用最为广泛的，在旅游、房产、票务、餐饮、家具等领域都有它的影子。

携程是 O2O 的先驱，在 O2O 模式还没有被提出前，就已经在提供 O2O 方面的服务了。携程网成立于 1999 年，率先成功将互联网与传统旅行业相结合，形成新的商业模式，是互联网和传统旅游无缝结合的典范。携程旅行网目前向 5 000 余万注册会员提供包括酒店预订、机票预订、行程预订、商旅管理、高铁代购以及旅游资讯在内的全方位旅行服务。在此领域，艺龙旅行网、青芒果旅行网等后起之秀也是 O2O 模式的实践者。

除了携程模式外，在线旅游领域近几年也涌现出了一些新的模式。如 2011 年 12 月初成立的途家网，就是其中的佼佼者。如果说携程网的 O2O 模式是无心插柳（因为携程网成立之时，还没有 O2O 的说法），那途家网则是"有心栽花"。途家网在成立之初，便采用了 O2O 模式：它将知名旅游城市中普通业主手里闲置的高端公寓和别墅资源整合起来，然后通过自己的线上平台提供这些高端度假公寓和别墅的在线查询和预订服务，呼叫中心提供 7×24 小时客户服务，线下提供五星级酒店标准的分布式度假公寓服务。

游客可以通过途家网站搜索知名旅游城市的度假公寓，在线查询周边情况并成功预订。途家的度假公寓范围广、位置好、数量多、房型多样、信息详实，并可为游客提供当地细心专业的管家式服务，满足不同游客的个性化需求，适合全家出行、自由行、深度旅行和休闲养老。

实际上途家网是在游客和业主之间搭起了一个诚信可靠、灵活透明的商务平台。通过实时管理房屋的系统，其为业主提供房屋养护服务的在线实时查询，为游客提供了在线查询、预订度假公寓等服务。

同样成立于 1999 年的搜房网，与携程同龄，也是我国 O2O 领域的先驱者。它开辟了房产领域的 O2O 先河，并于 2010 年 9 月在纽约证券交易所成功上市。搜房网是一家 O2O 模式的房地产家居网络平台，它通过互联网将线上客户引向新房、二手房、租房、别墅、商业地产、家居、装修装饰等，然后在线下进行交易。

如果说搜房网身上还有门户的影子的话，那赶集网于 2011 年 11 月 8 日推出的特色短租房网站"蚂蚁短租网"，则是一个纯粹的 O2O 房产网。蚂蚁短租网是赶集网试水 O2O 模式、二次创业的一个项目。蚂蚁短租上面的房源具有高性价比和短租特点，而对于用户而言，这个网站还提供在线支付功能，无疑是一个在线租房交易平台，同时也是对 O2O 模式的一个实践。注册用户可以通过蚂蚁短租频道查找并预订、租赁全国各地、不同类型、高性价比短租房，例如，商业核心区高品质公寓、高校周边民居或宿舍、海景楼房、花园别墅、林间小屋等。

中国票务网也成立于 1999 年，是我国建立最早的票务类网站。与前两者不同，中国票务网专注于票务领域，是一家集网上查询、网上订票为一体的专业化票务网站，以演出、赛事票务为核心，逐步形成涵盖交通、电影、景点、旅游、生活等票务的专业票务平台。中国票务网开创了票务领域的 O2O 雏形。之所以说它只是 O2O 雏形，是因为它只是以简单的卖票为主。但是很多后起之秀，在此基础上进行了完善。如成立于 2011 年的"抠电影"，就是一家典型的 O2O 模式票务网，其发展非常迅猛。这是一家在线销售电影票的网站，同时还有手机客户端。通过"抠电影"平台，用户可以随时随地查询影讯，在线购票、在线选座。然后"抠电影"在影院设有"抠票机"，用户在线购票选座成功后，会收到一条短信，然后持此短信，通过影院"抠票机"出票。

在餐饮领域，大家普遍认为成立于 2003 年 4 月的大众点评网是最早尝试 O2O 模式的，但是实际上大众点评网身上有许多模式的影子。首先它最初的定位是本地生活消费平台，立足于独立第三方消费点评网站，属于典型的点评网站。后来 Web2.0 概念兴起时，大众点评网也被认为是 Web2.0 的典范，现在则又将它划到了 O2O 的阵营。

说大众点评网是 O2O 模式绝对不为过，因为它身上确实有 O2O 的基因。通过大众点评网，用户可以在线获得电子优惠券，或是在线团购餐饮，然后到线下实体餐厅消费。而且现在大众点评网也在往 O2O 方面发力，比如 2013 年 1 月 21 日，大众点评网宣布上线国内首个 O2O 开发者平台。大众点评网将通过开发者平台陆续推出包括 API 在内的多种通用技术工具。利用这些工具，开发者可以快速将自己的产品与大众点评数据或功能相结合。大众点评网已开放第一批 API，高德、印象笔记、盛大、通用汽车、佳明等加入平台参与测试。而据大众点评网提供的数据，距其发布开放平台不到 24 小时时间，已有 300 多家开发者在其平台上进行注册。

除了大众点评网外，一些专注于 O2O 模式的餐饮网站正在奋起直追，下面介绍两个比较典型的站点。

美餐网成立于 2010 年 10 月，它的 Slogan 是"详细外卖菜单"。用户打开网站后，即可在地图模式下，基于所在地点，选择附近提供外卖服务的餐厅。而在餐厅页面，除了提供菜单详情外，也会显示外卖时间，是否有送餐费，起送金额，以及送餐距离等信息，一应俱全。用户在线或电话下单后，餐厅依靠自有的送餐体系提供服务。而且用户还能追踪订单进度，甚至还可以催餐。

而同样定位于餐饮 O2O，成立于 2011 年 9 月的易淘食，与美餐网的玩法又不尽相同。

易淘食将自己的美食服务分为外卖送餐、聚会订台以及易淘商城。其中最大的特色就是O2O订台模式。如果说O2O订餐模式用来解决大多数人的普遍需求,那么易淘食的订台模式则是用来解决特殊群体或者高端群体的一些特色需求,例如约会、婚宴、聚会等,都可以通过易淘食提前订位。在易淘食选择餐厅订位时,除了有常见的地点、价格等选项外,还可以通过菜系的偏好、就餐的目的进行匹配,非常人性化。

除了这两家外,与之类似的还有:到家美食会、订餐小秘书、饿了么、外卖单、小组饭等。

珠宝行业,也是较早尝试O2O的行业。2007年,郭峰、王雍、洪卫、黎海创办珂兰,做起了钻石生意,当时注册资金仅为100万元。而到了2011年,珂兰的销售收入即突破6亿元。

珂兰钻石便是以线上平台为核心的O2O模式。珂兰钻石的模式是在线选购+珂兰体验店,其核心是自建的珂兰钻石网络商城。珂兰钻石通过"鼠标+水泥"的形式,先建立线上平台,通过线上商城聚焦流量和人气,并通过线上提供产品知识、产品展示、产品导购、客服答疑等服务;线下则作为了解预约、承接业务、提供服务的补充,用户在线上选定产品后,再到其分布于各大城市中的体验店进行实际的体验和成交。

珂兰钻石的核心卖点是高性价比,传统的钻石供应链分为7个环节:原料商、看货商、批发商、切割商、运输、各级批发商、终端零售商,这些环节产生的成本占据了钻石零售价的30%~50%。而珂兰钻石从南非采购第一手钻石,并通过自建的网络商城与线下体验店销售,省去了高额的入场费和钻石零售环节,珂兰钻石比传统品牌便宜近40%。

珂兰钻石的目标用户定位于结婚人群。对于准备结婚的年轻人,婚戒是刚性需求,而这个阶段的年轻人往往经济条件又不是特别好,所以他们特别在意婚戒的品质和性价比。而珂兰钻石高性价比的卖点,正好与他们的需求高度契合。而且年轻人是网络主力军,都是微博控、微信控,会主动帮品牌传播,很容易形成口碑效应。

而这种以自建平台为核心的好处还在于减轻了对实体店的依赖,可以减少实体店的投入。比如传统的钻石卖场,往往都要选择繁华地段、装修也都要极尽奢华;而珂兰钻石的体验店都建立在写字楼中,极大地降低了成本。

下面再详细介绍一个家具行业的案例。

案例2-2:正在颠覆家具行业的新居网

互联网上有相对好做的生意,也有相对不好做的生意,而家具行业,就是这么个比较特殊、和互联网不太好结合的行业。其他行业在线下不好做,还可以把生意搬到线上,但是家具行业是线下不好做,线上也不好做。以淘宝为例,淘宝家具品类的平均客单价是3 000~6 000元,也就是说,稍微贵一点的家具,在淘宝上便不好卖了。

之所以会这样，因为家具的特点是不摆卖不出去，消费者很难凭一张产品图片就成交，必须亲自体验才行。所以实体家具店往往面积都比较大，因而成本比较高。而实际上，实体家具店即使将产品摆出来了，也有困惑，因为就算店再大，也不可能把所有的家具都展示出来，而且家具即使展示出来了，但消费者却还是不知道这个家具摆在家里后的实际效果如何。

所以 O2O 对于家具行业来说，几乎是必须走的路，因为就像刚刚说的，家具产品属于典型的体验式销售，用户在没有体验过产品的情况下，是轻易不会成交的。

近些年，许多人和企业在家具 O2O 领域进行了各种探索和尝试，而这其中笔者最为看好的就是尚品宅配公司旗下的新居网。因为新居网不是简单地通过线上吸引流量到线下，而是真正将互联网的优势与家具行业的特点进行了很好的融合。

新居网是一个个性化家具定制平台，采用的是 O2O 模式。简单地说：它们通过线上发展用户和会员，用户通过线上进行家具的初步定制。然后其再引导用户到线下体验店进行现场体验，让线下服务人员对用户进行服务，引导用户现场成交。针对家居商品非标准化、大宗的物理特性，新居网采用了先进的虚拟现实技术，给客户提供了更多更实际的增值服务。

当然，新居网这个模式看起来很简单，没有什么特别，似乎每个家具企业都可以打造这样的模式和平台，其实不然。一个好的模式，除了理论上行得通之外，关键在于怎么落地，在于细节。下面再从用户体验的角度，来给大家介绍一下新居网的平台，希望从中能给大家一些启发和收获。

新居网主打的是个性化定制，这符合当今人们追求个性化的需求。登录新居网后，首先映入眼帘的是它的导航栏，用户可以根据自己的需求进入浏览。新居网主要提供了以下3 种定制模式。

（1）根据空间分类定制。例如，书房、厨房、客餐厅、青少年房、卧房等，每种空间类型下面，又从面积、功能、价格、风格 4 个方面做了细分。例如，卧房在功能方面又细分为：整体衣柜、衣帽间、床组合、电视柜组合、装饰柜组合、飘窗利用等，风格方面又细分为：米兰剪影、英伦印象、北欧阳光、韩式田园、北美枫情、德国森林、简约主义、浪漫主义、挪威月色、芭堤雅、中国韵、加州梦、新中式主义、新实用主义、里昂春天、首尔之缤、丹麦本色 II、卡罗摩卡、诺曼红影、马赛丽舍、维罗纳史诗等。

用户按照需求点选完毕后，页面会呈现出各种已经设计好的效果图，供用户参考和选择（见图 2.4）。

（2）根据房间形状进行定制。虽然同样是卧室，但是不同用户家的房屋形状、朝向等并不尽相同，即使是面积相同，形态也可能差异很大。所以用户可以点击导航栏上的"百变定制"，选择符合自己房屋形状的户型图进行定制（见图 2.5）。

图 2.4　根据空间分类定制

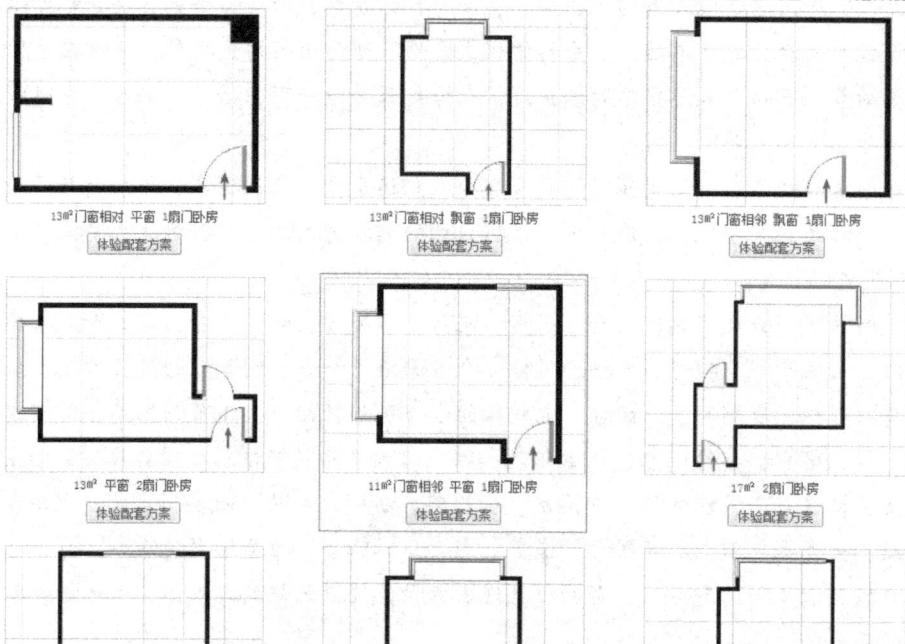

图 2.5　百变定制

（3）全屋定制。如果是整个屋子都需要装修或换家具，那还可以直接选择全屋定制。新居网汇集了全中国大部分楼盘的户型图，尤其是新楼盘，几乎是一网打尽（见图 2.6）。

图 2.6　全屋定制，户型搜索

除了根据房型进行定制外，家具本身也可以进行 DIY 定制，点击导航栏中的"家具 DIY"按钮，进入相关页面。用户可以任意更换效果图中的板材、地面、墙面等（见图 2.7）。

图 2.7　家具 DIY

消费者在新居网，能在线看到几万个效果迥异的样板间，针对自己的户型，可以看到各种不同家具的摆放效果图。而这些效果图一部分是设计师设计的 3D 效果图，也有一部分是装修好的实景图。这种模式，实际上弥补了消费者在线下实体店无法看到家具实际摆放效果的问题。

其实最初，这些样板间是由新居网的设计师自主设计的，随着用户的增多，网站里也增加了消费者通过新居网装修成功后上传的效果图。而随着用户上传效果图的增加，网站管理者发现，其实设计师只要每天在用户上传的效果图中选择优质图片加以展示就可以了。因为一个设计师再牛，但受时间和精力的限制，其创意也是有限的，而成千上万的用户加在一起，他们的创意是无限的。

同时，随着网站的发展，新居网数据库中的小区户型图越来越全，现在几乎汇聚了全国大部分主流社区的户型图。同时每种户型图还有 N 种不同的设计和装修方案。所以，未来，新居网很可能成为全国最大的家具装修创意平台。

如果用户对于网站提供的解决方案不满意，还可以免费预约新居网的设计师上门测量和进行免费设计，或是到新居网全国几百家门店中进行体验。而设计师可以随时参考网站中数十万个不同户型的家居解决方案，大大节省了设计时间。

案例点评：

可以说新居网的 O2O 模式，不仅颠覆了家具行业的传统销售模式、体验模式，同时也颠覆了家具行业的电子商务模式。这正是 O2O 的魅力所在，可以将互联网和传统渠道的优势相结合，同时颠覆掉互联网和传统。

案例 2-3：美乐乐的家具 O2O 模式

即使是同一个行业中的企业，其 O2O 模式可能也有差异。所以在设计 O2O 模式时，一定不能盲目模仿，要结合自己企业的实际情况进行设计。刚刚介绍了新居网的 O2O 模式，它们是以个性定制为切入点的，下面再来介绍一下同样是家具 O2O 的美乐乐，看看它的 O2O 模式又是怎么样的。

美乐乐家具网是一家集装修、建材、家居于一体的 O2O 网站，美乐乐家具网的主要模式也是以自建电商平台为主体，以线下实体店为辅。

美乐乐最初的模式并不是 O2O，只是单纯的 B2C 电子商务模式，后期才转型到 O2O 模式中来。而其 O2O 模式，则完全是从实践中摸索出来的。2008 年，美乐乐家居馆在淘宝网正式开业，做起了家具销售生意。当时淘宝上卖得最好的是韩式家具，韩式家具色彩明快、简洁小巧、时尚现代的风格深受年轻人的喜欢。于是，美乐乐决定从韩式家具做起，创立了韩式家具品牌"韩菲尔"，当时的做法也是行业通行的做法：在别人设计的基础上稍做修改，再交由代工厂生产，完成客户的订单。

经过美乐乐团队的不懈努力，其在 2009 年单月最高销售额达到了 150 万元，年收入逼近了千万元大关，终于在淘宝网站稳了脚跟，成为淘宝网中知名的淘品牌。

但是在站稳脚跟的同时，美乐乐却在谋划"出淘"，建立自己的独立 B2C 电商平台。这么做的原因是：第一，淘品牌的信誉和价值天然受到淘宝平台信誉和价值的影响，缺乏品牌独立性，从长远来说，不利于品牌的建立和成长。自建平台可以让消费者更直接地接触到品牌，由此产生的品牌效应总体来说会大于淘宝这样的第三方平台。

第二，美乐乐团队一直在不断地研究家具行业与互联网行业的特点，期望能够设计出全新的商业形式。传统的家具产业模式是厂商—经销商—大商场，在这种模式之下，消费者往往只记住了红星美凯龙、居然之家这些大卖场的品牌名称，但并不清楚，也并不关心这些家具是哪个厂商生产的，又是由谁来经销的。而互联网可以解决这个问题，自建平台后，企业可以利用互联网的传播效应快速建立品牌和口碑，再利用品牌来反哺渠道。

美乐乐的团队无疑是优秀的，"出淘"一年后，2010 年年底美乐乐官网的收入已经能占到整体收入的 20%。

在淘宝和自建平台双双迎来丰收之时，美乐乐团队也碰到了一个令他们颇为头疼的问题：由于家具的非标准化、单价高、使用周期长等特点，消费者总是希望能够实地看一看，摸一摸，亲自体验一下家具的质感，而不是简单凭线上的几张图片和商品描述就做出购买决策。同时，由于家具的体积普遍较大，在物流配送时需要先拆散，消费者收到以后再组装，这些都让美乐乐的团队觉得，不能只做纯线上的家具销售，而是需要"把生意做到线下"，开设线下体验店。

2011 年 4 月，美乐乐第一家体验店在成都开业。相对于传统家具企业的店铺来说，这家店铺面积太小，选址也很差。整个店铺仅有 500 多平方米，店铺周围的人气也不旺。这是因为美乐乐的模式是利用互联网将大量的用户引导到线下店铺中，不需要考虑店铺周边的人气旺不旺，只要交通便利即可。

至此，美乐乐的 O2O 模式正式成形，也完成了从 B2C 到 O2O 的华丽转身。

转型后，美乐乐迎来了更为快速的增长，截至 2013 年 9 月，美乐乐在全国共开设了 251 家体验馆，淘宝店铺早已关闭，单月营收也早已过亿。

案例点评：

美乐乐和新居网虽然都是 O2O，但是却有区别。新居网建立之初，便是 O2O 模式，而美乐乐建立之初，是纯电子商务模式，然后转型到 O2O。

美乐乐的案例，能给电子商务企业一些启发：现在一些纯电子商务公司，正处于瓶颈期，此时是不是该思考一下要不要更换模式，进行转型呢？和传统企业相比，电子商务公司本身就具备互联网基因，转型相对容易得多！

2.2.2 Offline to Online 模式

Offline to Online 模式，即线下到线上。以前大家都在研究如何通过线上引流到线下，但是想将线下的人引流到线上却没有什么特别好的解决方案。但是自从这两年二维码横空出世之后，这个问题似乎找到了答案。例如，在北京的地铁站里，随处可见带有二维码的广告，如果你用手机扫一下，便可以成为商家的会员，甚至直接通过手机实现在线购买，而这就是典型的 Offline to Online 模式（见图 2.8）。

图 2.8　地铁站里的二维码广告

案例 2-4：乐彩生活便宜城的另类 O2O

一家名为"乐彩生活便宜城"（又名"人人乐便宜城"）的电子商城，就将网络商城和传统商城的优势进行了结合，创建了一种全新的商城模式。其官方网站是这么介绍的："便宜城终端商城是一个横跨实体零售和网上零售领域的创新型销售平台，是网络购物与实体商场购物的升华和优势结合，也是未来购物平台发展趋势，融合两种模式的优点，有效解决两种模式的弊端。"

乐彩便宜城的主体是一个类似于 ATM 的终端机（见图 2.9），这个终端机被放置到了成千上万个社区便利店中，以及一些商超中。每一个终端机都是一个品类丰富的"大卖场"，大到家电、家具，小到香皂洗发水，应有尽有；除此之外还提供票务、缴费等便民业务。终端机更是集成了支付功能，消费者可以通过现金、银行卡等进行支付，甚至终端机还可以根据不同社区的特点销售不同的商品。

从理论上说，这个模式非常好：首先，它帮助社区便利店突破了空间限制，利用有限的空间经营无限的品种，让每一个小小的社区便利店都能变身为超级大卖场；其次，对于商家来说，可以将自己的商品铺到每一个小区的门口，却无须像开拓传统渠道那样投入大量的人力物力，或是支付高额的进场费；再者对于乐彩生活本身来说，一个终端就相当于一个连锁门店，一个拥有上万家门店的连锁机构，在厂家面前是拥有非常强的议价权的，这也保证了乐彩生活的产品价格可以更低；最后，对于那些既不愿意逛超市，又不习惯网络购物或是不相信网络购物的人来说，出门一拐弯，就能买到丰富的、物美价廉的产品，实在是美事一桩（见图 2.9）。

图 2.9　乐彩生活便宜城终端机

案例点评：

其实乐彩的这个模式，和顺丰嘿客有那么一点像：在终端和店铺，都不提供产品的买卖，更多的是提供体验和服务，然后引导用户上网购买，再通过终端配送。

前面对于乐彩这个模式的正向分析，其实也是基于理论。具体实践起来如何，这就要看乐彩生活如何运作，以及让市场来检验了。不过笔者认为这种购物方式，比较反传统，需要去培养用户习惯，但是用户习惯的培养，成本和风险是相当高的。

但是这种勇于创新的精神，非常值得肯定。这种思路和模式，也非常值得大家借鉴。

2.2.3　Offline to Online to Offline 模式

Offline to Online to Offline 模式，即线下到线上再到线下。发传单是一种典型的传统营销方式，但是效果却越来越差。笔者经常在街头看到这样的场景：促销员在前面发传单，行人接到手看完后，就随手扔到了垃圾筒，行人看完传单能不能到店消费，很难保证，甚至能不能记住商家都不一定。

特别是对于一些地域性很明显的商家，例如酒店，在你店门口接到传单的人，可能只是一个过客，只是路过这个城市，而将传单发给这样的人，并不精准，也起不到很好的营销效果。

而 Offline to Online to Offline 模式则能在一定程度上解决这个问题。实际上一些企业，早已开始进行这方面的尝试，比如其中的典型携程网。在一些机场、高铁站等，都活跃着携程的工作人员，他们会拿着网络终端设备，面对面地邀请旅客注册，在现场教用户使用携程网。用户注册成功后，便可以直接到携程网在线订酒店，然后再到店消费。

一些连锁酒店也在进行这方面的尝试，例如七天，它们经常在街头派发传单，派发的时候，告诉用户只要在线注册成为七天的会员，即可享受首次入住只需 77 元的优惠，同时以后在线预订酒店都可以享受会员价。

2.2.4　Online to Offline to Online 模式

Online to Offline to Online 模式，即线上到线下再到线上。目前，这种模型已经做成规模的还不多，但是对于一些行业，此模式绝对是大有可为的。例如，目前一些服装品牌的网络旗舰店，就有此探索。很多年轻人现在的购物习惯都是在线上看好某件或某些品牌服装后，到线下专卖店试穿体验，若满意，再到线上购买成交。当然，这种现象是服装厂商不愿意看到的，但确实存在，而用户的这种购买行为也正好契合了 Online to Offline to Online 模式。笔者对这些商家的建议是，既然不能避免和阻止，倒不如围绕这一模式，设计一个属于自己的 O2O 系统。

以上这 4 种模式就是目前 O2O 的 4 种形态，不过后两者，目前应用的案例还不多，更多的还是在尝试阶段。同时在这里笔者要提醒各位，不管什么样的理论、模式，都是工具，都是为人服务的，最终的目的都是为了帮我们更好地实现目标。而且好的理论，也一定是来源于实践，是从成功的实践经验中总结而来的，然后再去指导实践，让实践工作开展得更好。所以在学习的时候，不要被这些条条框框所束缚，不要一味地套系统或是模式，模式是什么不重要，只要能够帮我们达成目标，就是好模式。理论是为了指导实践，千万不要被理论束缚。

O2O 也一样，前人总结出这 4 种模式，是为了让大家能够快速了解和掌握 O2O，能够快速将 O2O 为我所用，千万不要为了 O2O 而 O2O。

最后再说个 O2O 失败的案例，来结束 O2O 的介绍。

案例 2-5：一个失败的酒类 O2O 案例

前面说了那么多成功的 O2O 案例，再说一个失败的，或者说还没有完全失败，只是在苦苦挣扎。一次笔者到某市讲课，认识了 W 总。W 总是做酒水生意的，特别成功。但是这几年酒类市场不景气，于是他就想到了转型。W 总很爱学习，也非常有远见，他意识到移动互联网和 O2O 都是未来的方向，于是便决定转型做一个酒类的 O2O 平台。

他先是在本地建了十几个门店，然后又建设了互联网及移动互联网的平台，之后找各大酒厂谈折扣存货。再之后在本地的机场、高铁站等投广告，在闹市区做活动，全方位推广。

结果半年多折腾下来，钱花得差不多了，效果却没多少，网站要流量没流量，要销量没销量。

很多人以为，线上有个平台，线下有门店，然后通过线上向线下引流就叫 O2O 了，其实这根本不叫 O2O，只是把门店和线上平台简单地组合到了一起，这是典型的"鼠标+水泥"。

此外还有人认为通过线上推广，为线下带来用户就是 O2O，这更不能算 O2O 了，这是伪 O2O，或者只能叫推广上的 O2O。

案例点评：

通过这个小小的案例，笔者想告诉大家的是：真正的 O2O，应该是结合行业现状和特点，结合用户的问题和需求，来设计模式。这个模式当中应该有一定的创新性，而且能够更好地为用户解决问题，提供服务，甚至对行业产生颠覆。

前面已经分享了好几个 O2O 的案例，下面再说说笔者在此方面的实践心得。在写此书前，笔者参与了一个水果 O2O 的项目，此项目是由线下水果店+微信公众号+商城三部分组成的。下面重点和大家说说项目发展过程中遇到的两个问题，希望对大家有帮助。

一是供应链问题。在项目实践中，笔者规划的品牌策略、运营策略、营销策略，都很有效果，也达到了预期。但是在供应链方面，却遇到了困难。因为这个项目团队的成员，都没有太多水果销售方面的经验和资源。像我本人，虽然从业十几年，但对于水果行业，就是一个新人，我们没有现成的供货渠道，也没有仓储物流体系等。

成熟的供应链很重要，可以极大地降低成本，提升竞争力，同时也很容易实现分店的复制和扩张。应该说，对于这种涉及传统产业的 O2O 项目，传统企业有很大的优势，因为他们有成熟的产业链资源。当然，传统企业做 O2O 也有问题和瓶颈，他们缺少互联网基因，就像我们没有传统基因一样，所以最好的方式还是强强联合。

二是技术问题。O2O 很重要的一环，是将线上和线下打通，而且线上往往需要有一个平台。而如何将线上线下打通？如何建设这个平台？这都需要技术支持。笔者参与实践的这个项目的规划，是将门店的会员系统与微信公众号系统打通，让它们的会员系统同步。

由于这个项目的投入不大，所以没办法自己建设技术团队进行开发，于是便尝试找第三方服务商来解决。团队成员找了一圈，最终选择了杭州一家公司。当时对方承诺得非常好，说是可以解决这个问题，于是签了合同，合同服务期是一年，直接交了 60% 的服务款。

结果 1 个月后发现，它们解决不了这个问题。那既然不能按合同解决问题，我们希望终止合作，按照比例退还一部分费用。但对方表示退不了，同时表示还要我们追加费用。

因为这个事情，打乱了原有的计划，导致线上平台的销售功能迟迟实现不了。当然，还损失了一部分钱。

但是对于 O2O 项目，终究是绕不开技术支持的。对于这个问题，我们得出的经验是：如果投入不是很大的情况下，前期技术功能能简化就简化，先将最基础和最需要的功能实现，其他非紧急和必要的功能，可以先放到计划里。

比如我们后来总结了一下，其实线上线下会员互通问题，在前期并不是最需要解决的，影响并不大。前期最需要解决的是线上下单和维护会员关系的问题。所以暂时可以两个体系分别走，线上下单的问题，先通过第三方平台来解决。

2.3 移动支付

移动支付也称为手机支付，就是允许用户使用其移动终端（通常是手机）对所消费的商品或服务进行账务支付的一种服务方式。通过移动设备、互联网或者近距离传感直接或间接向银行金融机构发送支付指令产生货币支付与资金转移行为，从而实现移动支付功能。移动支付将终端设备、互联网、应用提供商以及金融机构相融合，为用户提供货币支付、缴费等金融业务。

2.3.1 移动支付的 4 种方式

相信大家或多或少都接触过移动支付。一般来说，移动支付方式可分为以下 4 种。

1. 短信支付

手机短信支付是手机支付的最早应用，将用户手机 SIM 卡与用户本人的银行卡账号建立一种对应关系，用户通过发送短信的方式在系统短信指令的引导下完成交易支付请求，操作简单，可以随时随地进行交易。短信支付最初是由各大银行推动的，但由于推广力度以及安全性等方面的原因，并未普及。

2. 扫码支付

扫码支付是一种基于账户体系搭起来的新一代无线支付方案。在该支付方案下，商家可把账号、商品价格等交易信息汇编成一个二维码，并印刷在各种报纸、杂志、广告、图书等载体上发布。用户通过手机客户端扫描二维码，便可实现与商家的支付结算。最后，商家根据支付交易信息中的用户收货、联系资料，就可以进行商品配送，完成交易。

扫码支付是目前应用场景最多的移动支付方式，包括我们常用的支付宝、微信支付等，都可以通过扫码支付来完成交易环节。目前扫码支付被广泛应用于各种场景。

3. 指纹支付

指纹支付即指纹消费，是采用目前已成熟的指纹系统进行消费认证，即顾客使用指纹注册成为指纹消费折扣联盟平台会员，通过指纹识别即可完成消费支付。

4. 声波支付

它是利用声波的传输，完成两个设备的近场识别。其具体过程是，在第三方支付产品的手机客户端里，内置有"声波支付"功能，用户打开此功能后，用手机麦克风对准收款方的麦克风，手机会播放一段"咻咻咻"的声音，收款方收到这段声波之后就会自动处理，用户在自己手机上输入密码即可支付。

2.3.2 移动支付的 5 种类型

根据不同的方式，移动支付种类也被划分成不同的种类，大致如下。

1. 按用户支付的额度分类

按用户支付的额度，可以分为微支付和宏支付。

（1）微支付

根据移动支付论坛的定义，微支付是指交易额少于 10 美元的支付行为，通常是指购买移动内容业务，例如游戏、视频下载等。

（2）宏支付

宏支付是指交易金额较大的支付行为，例如在线购物或者近距离支付（微支付方式同样也包括近距离支付，例如交停车费等）。

2. 按完成支付所依托的技术条件分类

按完成支付所依托的技术条件，可以将其分为远程支付和近场支付。

（1）远程支付

远程支付指通过移动网络，利用短信、GPRS 等空中接口，和后台支付系统建立连接，实现各种转账、消费等支付功能。

（2）近场支付

近场支付是指通过具有近距离无线通信技术的移动终端实现本地化通信，进行货币资金转移的支付方式。

3. 按支付账户的性质分类

按支付账户的性质，可以将其分为银行卡支付、第三方账户支付、通信代收费账户支付。

（1）银行卡支付

银行卡支付是指直接采用银行的借记卡或贷记卡账户进行支付的形式。

（2）第三方账户支付

第三方账户支付是指为用户提供与银行或金融机构支付结算系统接口的通道服务，实现资金转移和支付结算功能的一种支付服务。第三方支付机构作为双方交易的支付结算服务的中间商，需要提供支付服务通道，并通过第三方支付平台实现交易和资金转移结算安排的功能。我们所熟悉的支付宝、微信等，都属于第三方账户支付。

（3）通信代收费账户支付

通信代收费账户支付是移动运营商为其用户提供的一种小额支付账户，这种支付方式最直接的表现是费用从话费里直接扣除，比如前些年流行的声讯台点歌，以及一些游戏的点卡等。

4. 按支付的结算模式分类

按支付的结算模式，可以将其分为及时支付和担保支付。

（1）及时支付

及时支付是指支付服务提供商将交易资金从买家的账户及时划拨到卖家账户。一般应用于"一手交钱一手交货"的业务场景（如商场购物），或应用于信誉度很高的 B2C 以及 B2B 电子商务。

（2）担保支付

担保支付是指支付服务提供商先接收买家的货款，但并不马上就支付给卖家，而是通知卖家货款已冻结，卖家发货；买家收到货物并确认后，支付服务提供商将货款划拨到卖家账户。支付服务商不仅负责资本的划拨，同时还要为买卖双方提供信用担保。担保支付业务为开展基于互联网的电子商务提供了基础，特别是对于没有信誉度的 C2C 交易以及信誉度不高的 B2C 交易。说到这些，相信大家都能想到谁做得最好。没错，是支付宝。支付宝的出现，解决了 C2C 交易环节中的信任问题，也才使得国内电子商务有了迅猛发展。后期模仿淘宝的平台，也都开发了类似的担保支付平台，例如腾讯的财付通、百度的百度钱包。

5. 按用户账户的存放模式分类

按用户账户的存放模式分类，可将其分为在线支付和离线支付。

（1）在线支付

在线支付是指用户账户存放在支付提供商的支付平台，用户消费时，直接在支付平台的用户账户中扣款。

（2）离线支付

离线支付是用户账户存放在智能卡中，用户消费时，直接通过 POS 机在用户智能卡的账户中扣款。

2.3.3　移动支付能快速崛起的 5 个原因

之所以在提及移动支付的时候说起支付宝和微信支付，是因为它们对移动支付的普及和推动起到了决定性作用。

1.　网购习惯的培养

网购的兴起培养了用户在线付费的习惯。既然钱可以通过电脑付出去，那通过手机付出去基本也不存在心理上的障碍。所以说，网购实际上为移动支付奠定了基础。而微信则是从社交起步的，微信红包功能也为移动支付的普及立下了汗马功劳。

2.　各大厂商烧钱推广

支付宝、微信两大巨头为实现其支付产品落地的目的，不惜对代理和小商家烧钱、补贴，这也是为什么很快连抻面店都挂上支付宝收银的原因。而使用移动支付打折这一点甚至促使大妈们都开始使用支付宝。而滴滴、快的当年的补贴大战，更为移动支付的普及加了把火。打车不花钱，甚至还有可能挣钱，这种补贴力度为自己赢得了用户，更为支付宝、微信两大移动支付阵营拉拢了大量用户。

3.　消费主力人群年轻化

"80 后""90 后"正慢慢成为消费主力，他们的消费习惯与之前的"60 后""70 后"有了很大差别。他们习惯于网购，习惯于在线支付，不会因为支付宝或微信支付一两次出错就认为移动支付不安全。即使他们也使用信用卡刷卡，更多时候也是将信用卡绑定在支付宝或微信上进行刷卡。这种潜移默化的改变，让移动支付有了生长的土壤。

4.　传统商家的迎合

在移动支付这个行业里，传统商家的敏锐性还是非常高的。为了迎合"80 后""90 后"消费者的消费习惯，他们很快将移动支付引入。现在不仅各大商场、超市已经引入支付宝、微信支付，就连街边的煎饼摊都接受支付宝和微信支付。笔者认为，这其中商家迎合是一方面，支付宝、微信支付接入的便捷性也是很重要的一点。

5.　智能手机的普及

移动支付的前提是需要有相应的终端设备。而智能手机的发展为移动支付提供了非常便捷的终端设备，如果没有智能手机今天的普及度，移动支付就得使用专门的设备，如此的话，想达到今天的普及率，不知道还要再过多少年。笔者还记得在 2004 年的时候，就有公司在推广二维码，但当时并没有得到普及，原因在于当时手机的摄像头只有 30 万像素，根本识别不了二维码。

2.4 移动支付工具

支付宝和微信对移动支付的普及和推动起到了决定性作用。

2.4.1 支付宝

提起移动支付就不得不提支付宝。支付宝对国内移动支付的推动可谓居功至伟。作为一个从淘宝分拆出来的担保交易中间商，原本只是想解决淘宝买家和卖家互相之间不信任的问题，最终却发展成移动支付领域的巨头。

2016 年 1 月 12 日，蚂蚁金服对外发布 2015 年支付宝年账单。账单显示，2015 年互联网经济继续保持高速增长。按省级行政区划分来看，上海人均支付金额排名全国首位，达到 104 155 元，这标志着网上人均支付开始迈入"10 万时代"。从移动支付笔数占比来看，排前五位的地区分别是西藏自治区、贵州省、甘肃省、陕西省和青海省，其移动支付占比高达 83.3%、79.7%、79.4%、78.8% 和 78.7%。统计还显示，2015 年移动支付笔数占整体比例高达 65%，而 2014 年这个数字是 49.3%。

支付宝提供的服务主要包括以下 8 个方面。

1. 支付宝钱包

支付宝也可以在智能手机上使用，该手机客户端为支付宝钱包。支付宝钱包具备了电脑版支付宝的功能，也因为手机的特性，内含更多创新服务，如"当面付""二维码支付"等。

用户还可以通过添加"服务"来让支付宝钱包成为自己的个性化手机应用。

2. 信用卡还款

2009 年 1 月 15 日支付宝推出信用卡还款服务，支持国内 39 家银行发行的信用卡。2014 年第一季度数据显示，76% 的信用卡还款是用支付宝钱包完成的。

3. 转账

通过支付宝转账分为两种：（1）转账到支付宝账号，资金瞬间到达对方支付宝账户；（2）转账到银行卡，用户可以转账到自己或他人的银行卡，支持百余家银行，最快 2 小时到账。

4. 生活缴费

2008 年年底开始，支付宝推出公共事务缴费服务，已经覆盖了全国 300 多个城市，支持 1 200 多个合作机构。除了水电煤气等基础生活缴费外，其还扩展到交通罚款、物业费、有线电视费等更多与普通人生活息息相关的缴费领域。

5. 服务窗

在支付宝钱包的"服务"中添加相关服务账号，就能在钱包内获得更多服务，包括银行服务、缴费服务、保险理财、手机通信服务、交通旅行、零售百货、医疗健康、休闲娱乐、美食吃喝等十余个类目。

6. 快捷支付

快捷支付是为网络支付量身定做的网银服务，主推支付功能。用户可以通过在银行留下的联系方式、银行卡号、手机校验码等信息快速开通快捷支付服务。付款时输入支付宝支付密码。其便捷性更强，支付宝与保险公司承诺用户资金安全。

7. 余额宝

余额宝对接的是天弘基金旗下的增利宝货币基金，特点是操作简便、低门槛、零手续费、可随取随用。除理财功能外，余额宝还可直接用于购物、转账、缴费还款等消费支付，是移动互联网时代的现金管理工具。

8. 红包

2014 年春节，微信凭借"微信红包"轰炸了微信群聊和朋友圈，让不少用户绑定了银行卡，腾讯由此借势闯进了阿里巴巴更擅长的支付领域。2015 年 1 月 26 日，支付宝钱包的"新春红包"上线。用户打开支付宝，即可在中间最明显位置，看到该功能，发个人红包、接龙红包、群红包、面对面红包，或者讨红包。

2.4.2 微信支付

微信支付是集成在微信客户端的支付功能，用户可以通过手机完成快速的支付流程。微信支付以绑定银行卡的快捷支付为基础，向用户提供安全、快捷、高效的支付服务。用户只需在微信中绑定一张银行卡，并完成身份认证，即可将装有微信的智能手机变成一个全能钱包，之后可购买合作商户的商品及服务，用户在支付时只需在自己的智能手机上输入密码，无须任何刷卡步骤即可完成支付，整个过程简便流畅。目前微信支付已实现刷卡支付、扫码支付、公众号支付、APP 支付，并提供企业红包、代金券、立减优惠等营销新工具，满足用户及商户的不同支付场景。

提起微信支付，就不得不提一下微信红包，相信各位读者对微信红包的认知度更高一些。微信红包是腾讯旗下产品微信于 2014 年 1 月 27 日推出的一款应用，功能上可以实现发红包、查收发记录和提现。微信红包与 2015 年春节联欢晚会的互动，让其成为了年夜饭的主菜单，微信红包功能甚至改变了年轻人看春晚的习惯。相信大家对于微信红包功能已经非常熟悉。

第 3 章
APP 营销

　　APP 营销是移动互联网绕不过去的环节，我们手机里的应用，正是由每一个 APP 组成的，包括我们用的微信、淘宝、地图、浏览器。对于移动互联网营销而言，APP 是用户聚集的地方，例如微信，已拥有 7 亿活跃用户，如何在这些 APP 用户中发掘自己的目标用户，如何利用这些 APP 已有用户提高自己产品的知名度，是学习本章的关键。

　　通过本章的学习，我们可以了解如何在 APP 中挖掘我们的目标用户，同时也会了解如何利用 APP 提高自己的服务水平。

　　本章关键词：APP　APP 营销　应用市场　APP Store

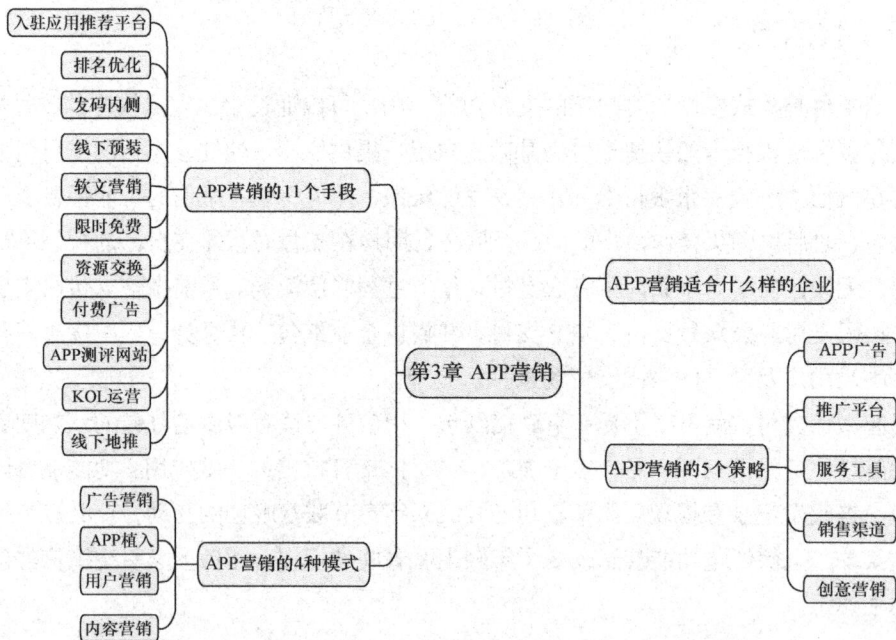

3.1 概述

APP 是英文 Application（应用程序）的简称。智能手机中使用的各种工具，例如微信、百度地图、美图秀秀、UC 浏览器等，都是 APP。APP 营销就是指利用移动端的各种应用程序来进行营销。

APP 版本大致有以下几种：苹果系统版本 iOS、安卓 Android、微软 Windows Phone、塞班系统版本 Symbian，目前由于微软 Windows Phone 和塞班系统的用户非常少，所以现在提起 APP 版本，基本就是指苹果的 iOS 和安卓应用市场。iOS 用户的下载渠道相对比较明确，直接在 App Store 或者 iTunes 下载就可以，安卓用户的可选择范围相对比较广，可以在各大安卓应用市场中下载。

APP 营销的优势主要体现在以下几个方面。

（1）成本相对较低：APP 营销的模式，相对于电视、报纸要低得多，只要开发一个适合于本企业的 APP 即可。不过其成本相对于微信公众号来说，还是要高很多。

（2）自主性强：其实对于一般企业来说，微信公众号就能满足其大部分需求，没必要开发 APP。但是公众号毕竟是别人的平台，而 APP 是自己的地盘，这种自主性是微信公众号、微博等第三方平台所比拟不了的。

（3）持续性强：一旦用户下载 APP 到手机，那么持续性使用成为可能。

（4）随时服务：因为现在用户几乎都是 24 小时不离手机的，所以一旦你的 APP 被用户下载到手机上，就意味着也会 24 小时跟随他左右。

（5）互动性强：我们可以通过 APP 与用户进行各种互动，比如即时对话等。

（6）用户黏性：如果 APP 的内容或功能能够得到用户的认可，那其黏性是特别高的。比如微信，我们的生活几乎已经离不开它了。

3.2 APP 营销适合什么样的企业

理论上来说，大部分企业和行业，都适合 APP 营销。但是实际操作中，APP 营销是有一定门槛的，并不是所有的企业都适宜（单纯地在其他 APP 上做广告除外，这里说的 APP 营销主要是指企业开发属于自己的 APP）。为什么听起来这么矛盾呢？

APP 的开发是需要一定的资金投入的，这种投入在十几万元到几百万元不等，但这不是重点，重点是 APP 开发好后，还需要再投入费用进行升级、运营和推广，这就需要有团队对 APP 进行维护、后继开发及日常运营，所以如果企业的资金和人员不足，就不特别适合开发 APP。千万不以为 APP 看起来功能很简单，找个外包团队就能轻松开发一个。开发 APP 程序的花费或许不多，但其实开发出来不是重点，运营好，让更多的人使用才是重点。

其实对于大多数企业来说，微信公众号已经能满足我们的需求了，而且公众号还能够与微信互通，毕竟微信是现在移动互联网上最普及的社交工具。

3.3　APP 营销的 5 个策略

APP 营销，也是要分不同操作策略和操作手法的，本节我们重点来说说 APP 营销的策略问题。

3.3.1　APP 广告

APP 广告是最简单的一种 APP 营销形式，门槛也很低，说白了就是在与企业相关、目标用户群集中的 APP 上投广告。当然肯定是要选择用户群多的 APP，比如微信。

案例 3-1：微信朋友圈广告

朋友圈广告是基于公众号广告的一种拓展形式，与广告牌的方式相比，朋友圈广告更为主动。它会出现在用户的朋友圈信息流当中，以"原创朋友圈"的形式出现。除了文字、图片之外，在详情当中还可以添加外部链接，点赞与评论跟正常的朋友圈无异，互动的内容同样是好友可见（见图 3.1）。不过仔细看一下还是可以分辨广告和原创朋友圈的，首先名称和头像来源于广告主的微信公众号，除非你的好友更改这些，否则没有关注的账号所发的内容必然是广告。另外在右上角会有"推广"字样，类似的方式在微博上也有体现。不过用户可以点击推广选择屏蔽这条广告。

图 3.1　朋友圈广告

那么广告出现的概率和范围是什么呢？这就跟广告主的需求有关了。微信广告的优势就在于它可以根据用户的订阅习惯和各种数据来确定投放的范围，可以精准投放。同样一条广告并不会像今天的"微信团队"一样出现在所有人的朋友圈里面。

而微信广告的另一个优势在于通过用户建立起来的社交关系进行传播，以前的方式是通过用户转发来实现，这一次朋友圈广告选择了另外一种对用户来说更加被动的方式。举例来说，我的朋友圈出现一条广告，我如果选择屏蔽了它，或者根本不去碰它，那么这条广告出现在我其他好友朋友圈中的概率只有20%。如果我与这条广告进行了互动（比如点击了详细信息、阅读了图片或者跳转链接，甚至点赞和评论），那么它在我好友的朋友圈中出现的概率就提高到了95%。

假设我有一个很寂寞的好友，他与每条广告都进行互动，那么我朋友圈里出现广告的概率就大大增加。这无疑是一种新型的"病毒传播"，我还没有办法切断病毒源，因为我根本无从得知是哪个好友引发的传播。

虽然如此，用户其实无须担心朋友圈被广告充斥，因为一条广告的有效期为7天，而单个用户48小时之内只会收到一条广告，而且广告出现的6个小时之内没有进行互动，广告则会从你的朋友圈中消失，如果互动了则会一直留着。所以最坏的情况是：你的朋友圈每两天会出现一条广告。

3.3.2　推广平台

推广平台是指针对产品特点及目标用户的需求，开发一款能够吸引用户安装使用的APP，通过优质的内容，吸引精准的客户和潜在客户，从而实现营销的目的。比如产品针对的是孕妇群体，就可以制作"孕妇百科"一类的APP，吸引准妈妈们下载，提供孕妇必要的保健知识，客户在获取知识的同时，不断强化对品牌的印象，商家也可以通过该APP发布信息给精准的潜在客户。下面给大家介绍两个直观的案例。

案例 3-2：耐克的 Nike+ Running 和星巴克闹钟

在体育运动领域，有一款叫 Nike+ Running 的 APP，是一款定位于跑步的 APP（见图 3.2）。

Nike+ Running 可以追踪和记录跑步的路线、速度等并计算成绩，而且其计算的精确度相当高。在跑步过程中，用户还可以设置语音提示（如提醒路线、距离、速度、时间等）、设置激励音乐；同时它还可以拍摄用户跑步全程照片、记录成绩等，可以在跑步结束后，晒到朋友圈等。它还有等级系统，用户等级不同，程序颜色不同。排行榜功能则可以让你和其他用户一较高下。

目前在同类 APP 中，Nike+ Running 用户量和知名度都非常高。而实际上，这是耐克公司于 2010 年推出的一款 APP 应用。这款应用，是耐克布局移动互联网的一枚重要棋子，对耐克的移动互联网营销，起到了非常大的促进作用。

与耐克相比，著名咖啡连锁品牌星巴克的做法要简单得多。星巴克的用户定位以白领为主，而很多白领在早晨赖床是常事，对此，星巴克别具匠心地推出了一款闹钟应用（见图 3.3）。用户在设定的起床时间闹铃响起后，只需按提示点击起床按钮，就可得到一颗星，如果用户能在一小时内走进任意一家星巴克店，就能在购买正价咖啡的同时，享受早餐新品半价的优惠。

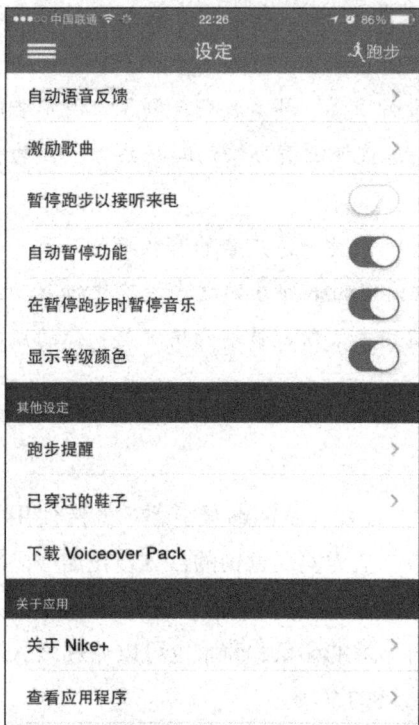

图 3.2 "Nike+ Running"界面展示

图 3.3 "星巴克闹钟"界面

这款应用是星巴克在 2012 年 10 月，作为配合 10 月上市早餐新品的推广活动之一而推出的。星巴克在我国推出了这一创新应用后，很快获得了不少星巴克粉丝的青睐。

叫醒用户的一天从闹钟开始，让咖啡品牌和用户紧密到睁眼就可以产生联系，这在咖啡连锁行业是很难做到的，而星巴克通过一个小小的闹钟做到了。

千万不要小看这款 APP，它让你从睁开眼睛的那刻便与这个品牌联系了一起。此款 APP 创意或许是 2012 年最成功，也是影响力最大的创意 APP 之一。

案例点评：

这两个案例都有个共同的特点，就是所开发的 APP，都是与用户的某个日常行为紧紧联系在一起的，而且这个行为是和企业或所推的产品紧密相关的：耐克是以生产运动鞋为主的，于是便和跑步联系在了一起；星巴克是为了推广早餐，所以便将这款应用和闹钟叫早联系在了一起。

那你的企业，能不能设计一个这样的创意 APP 呢？既能和产品相关，还能和用户的某个日常行为紧紧联系在一起，能够使用户经常使用，如果能做到的话，离成功营销也就不远了！

3.3.3 服务工具

服务工具是指针对自己的产品特点及目标用户的需求，开发一款以服务用户、提升客户体验和满意度为主的 APP。比如最常见的，快捷连锁酒店通过官方 APP，为用户提供在线订房等服务；航空公司 APP 为用户提供在线值机、在线选座、在线购票等服务。下面介绍一个比较有创意的案例。

案例 3-3：宜家 APP 让你在手机上进行家具摆放设计

家居巨头宜家的营销战略中，有一个重要的手段：产品目录营销。每年，宜家都会隆重发布新品目录，并将它发放给锁定的目标消费者。宜家的目录手册制作精美，融家居时尚、家居艺术为一体，可以说是宜家自我包装的巅峰之作；而对于无暇进店购物的忙碌人群来说也十分适合，他们不用前去宜家，且可供选择的范围广泛，能以最低的价格购物，受到很多新中产阶层的喜爱。据悉，宜家新品目录的发行量已经达到 2.11 亿份，数字十分惊人。

但是家具类的产品有一个问题，必须看实物、现场体验，对于一些消费者来说，不可能单凭一张图片下单；那即使消费者来到了宜家门店，但家具摆放在家里具体什么效果，尺寸适合不适合，能不能放得下，也是问题。根据有关市场调查表明，有 14% 的消费者表示买过尺寸错误的家具，而 70% 的消费者则表示他们根本不知道自己需要多大尺寸的家具。

针对这些问题，宜家在发布 2014 年新品目录时，同时推出了一款 APP 应用：IKEA Now。这是款可让用户自定义家具布局的 APP，在实际使用时，用户只要扫描目录上的产品即可了解家具实际摆放在家中的样子（见图 3.4）。

在启动应用程序之后，消费者首先要选择功能分类，包括卧室、客厅、厨房或者书房，在确定好房间功能之后，便可以对房间中的具体元素进行添加。消费者可以将桌子、椅子和台灯等元素添加到房间中。

消费者可以将各个家具放到任意自己想放的位置，不管是椅子还是水龙头，只要你愿意，放在哪里都可以。该技术能够借助实体产品目录的标准尺寸来推算出家具的实际尺寸，然后将家具与家中实景按照实际尺寸比例投放到手机、平板电脑的显示屏上。这样一来，用户就能够更直观地看到家具摆到自己家中的具体状态，款式是否搭配、尺寸是否合适等，这些都能一目了然。

图 3.4　宜家 APP 效果

如果对某一件家具真的很喜欢，那么就可以继续点击该款家具查看它的详细参数与价格。如果真的决定购买，消费者可以直接通过应用程序进行付款，在填写好收货地址和时间之后，宜家选择距离消费者最近的卖场将货物送到消费者的家中。

如果出现某件商品无货的提示，那么消费者还可以查看宜家别的卖场是否还有库存，宜家会自动为消费者选择有库存的卖场进行配送。

此外，用户还可以创建并与其他用户分享自己中意的布局，同时还可以对其他用户的创意布局进行投票，选出自己喜欢的布局。宜家还会对这些优秀创作者进行奖励，利用个性化定制营销来达成传播效果。

案例点评：

宜家的这个 APP，可谓是一箭四雕，首先解决了用户购买家具时，无法知道实际摆放效果和布局的问题，提升了客户的体验；其次促进了销售；同时还收获了很多用户的创意；最后通过引导用户分享自己的创意等手段，形成了口碑传播。

其实像宜家这样的线下实体店，单纯的 APP 可能不是最好的销售工具，但是如果线上线下结合，确实可以弥补线下体验的诸多短板，提升服务和用户体验，变相增加销售。

3.3.4　销售渠道

销售渠道是一种将 APP 作为一个销售渠道，甚至是主要销售渠道的策略。随着移动互联网的发展，用户通过手机购物习惯的养成，企业布局移动电商，刻不容缓。下面介绍一个案例。

案例 3-4：连锁酒店集团铂涛会的自我颠覆

这几年，经济型连锁酒店的日子都不太好过：一方面，OTA[1]在酒店分销产业链的话语权日趋增强，OTA 之间的恶性价格竞争，经常对酒店的价格体系造成严重破坏；另一方面，经济型酒店的单店收入和入住率都在呈下降趋势，而正在发力的中档酒店，在全国仅有一百多家店，又难以充当产品转型的主力。短时间内，经济型连锁酒店集团陷入了产品青黄不接的困境。

为了在夹缝中找到一条生路，国内几大连锁酒店巨头都纷纷进行了各种尝试，这其中，铂涛集团的表现最为突出。

铂涛集团先是打造了酒店预订平台铂涛会（主要是 APP）（见图 3.5），之后将铂涛会开放，引入第三方酒店，实现共赢。而铂涛会也由此慢慢从一个企业官方的 APP，转型成了类似于携程、去哪儿网的第三方平台，华丽地在夹缝中实现了转型。

图 3.5　铂涛会界面

---

1 OTA（Online Travel Agent）是指在线旅游社，是旅游电子商务行业的专业词语。

对于铂涛会的发展，笔者算是一个见证者：铂涛会 APP 的前身，是 7 天酒店官方 APP，这个 APP 最初主要是为会员提供服务的。因为笔者好多年前，就成为了 7 天的会员，所以第一时间安装了 7 天的 APP。

7 天酒店，经过多年的发展，拥有几千万会员，其 APP 的用户数量自然不可小觑。

2013 年，连锁酒店"7 天连锁酒店"创始人郑南雁、著名天使投资人何伯权联合全球知名的投资基金凯雷投资、红杉资本及英联投资共同组建铂涛集团，同时完成对 7 天连锁酒店的私有化收购。

之后，7 天酒店 APP 转型成为铂涛会 APP，从一个单纯的为会员服务的官方应用，华丽转身成了第三方的预订平台。

目前来看，这个转型还算比较成功，截至 2015 年 1 月底，铂涛会平台共有 150 家合作酒店，其中港中旅维景酒店集团有 60 家，单体或小型连锁酒店客栈有 90 家。

案例点评：

互联网和移动互联网的出现，颠覆了不少传统行业，与其被别人颠覆，不如自己先颠覆自己。

当然，现在的企业也都在嚷嚷着向互联网、移动互联网转型。但是很多企业的转型，无非就是建个官方网站、在网上做做广告，或是在第三方平台淘宝、天猫开个店，或是与第三方平台进行合作、开辟渠道等。但是严格来说，这不叫转型，"老思想+新模式"，解决不了新问题。

就像本案例中说的酒店行业，很多酒店都是与第三方平台合作，初期可能不错，用最简单的方式进入了互联网、移动互联网，但是最后却帮别人做了嫁衣，这些第三方平台在相互竞争时，受伤的首先是自己。

但是对于很多传统企业来说，经过这么多年的耕耘，或多或少都会积累很多资源，完全可以围绕这些资源来设计全新的模式。比如连锁酒店，经过多年的耕耘，往往都积累了几百、几千万级别的用户群体，拥有这么丰富的用户资源，只要运用得当，是非常有可能走出一条属于自己的路的。

本案例中的铂涛会，给出了很好的答案。先是通过官方 APP 为会员提供服务，一来增加了用户体验，二来积累了运营经验，三来将用户引导到了线上。时机成熟后，华丽一转型，就形成了一个全新的商业模式，不但不用求人了，反而变成了别人来求自己。

3.3.5 创意营销

除了以上 4 种策略外，我们还可以利用 APP 这种全新的技术和表现形式，来策划一些以往无法实现的营销方案，实现创意营销。在这方面，国外发展得比较完善，所以我们先来看看几个国外的案例。

案例 3-5：两个 APP 创意营销案例

受各种因素影响，电视广告的效果日趋下降。而针对这个问题，可口可乐推出了一款手机 APP，通过电视广告与手机互动，与用户做贴近的新型互动体验。

用户下载此款 APP 到手机后，在指定的"可口可乐"沙滩电视广告播出时开启 APP。当广告画面中出现"可口可乐"瓶盖，且手机出现震动的同时，挥动手机去抓取电视画面中的瓶盖，每次最多可捕捉到三个，广告结束时，手机 APP 将揭晓奖品结果，奖品都是重量级的，如汽车之类的，吸引力很大。

此款 APP 品牌营销创意也让可口可乐成功攻破传统电视广告与线下用户互动的难题。

再介绍和优惠券有关的创意案例：优惠券是一种非常常见的营销手段，由于商家的泛滥使用，消费者对它的敏感度越来越低。

对此，日本广告公司电通推荐了一款名为 iButterfly 的 APP，该 APP 将各色优惠券变身为一只只翩翩飞舞在城市各个角度的蝴蝶（虚拟的），用户可以利用手机摄像头对其进行捕捉，根据各个地区的特点，蝴蝶的种类也有所不同，帮助服务、餐饮行业进行有趣的宣传。该项目正是将 APP+AR+LBS 有机的结合，使客户既得到实惠，又得到良好的游戏体验。

案例点评：

好的营销策略，离不开好创意，而创意听起来是一个看不见、摸不着，又毫无规律可循的东西，而且同样的创意，第二次用，可能就不奏效了。

其实所谓大道至简，万法归宗，创意的核心在于人，人的核心在于人性，因为我们无论如何创意，最终的目的是为了打动人、影响人。

再纵观那些成功的创意，包括上面的两个案例，也都是围着人性转，例如好奇、自负、偷窥、色欲、懒惰、嫉妒、善良、健康、分享、娱乐、贪婪、贪食、虚荣、愤怒等。

再回到 APP 的创意，如果总结以上几个案例大家不难发现，"好玩+有用+互动+分享"是它们共同的特征，而这，也将是未来企业 APP 商业模式的主要方向。

3.4　APP 营销的 4 种模式

在不同的 APP 中营销需要使用不同的模式，下面简单介绍一下 APP 营销的 4 种模式。

3.4.1　广告营销

在众多功能性 APP 和游戏 APP 中，植入广告是最基本的模式，广告主通过植入动态广告栏链接进行，当用户点击广告栏的时候就会进入指定的界面或链接，可以了解广告详情或者是参与活动。这种模式操作简单，适用范围广，只要将广告投放到那些热门的、与自己产品受众相关的应用上就能达到良好的传播效果。

1. 推广目标

（1）提高品牌知名度。

（2）吸引更多用户注册。

2. 流程

（1）获取受众。采用"铺面"＋"打点"的形式，通过内容定向"铺面"和机型定向"打点"来进行受众定位。

（2）吸引受众。手机上的"震撼"，高冲击动态广告栏，吸引受众眼球，引起受众好奇心理。

（3）转化受众。"即点击，即注册"，用户点击广告栏，进入 WAP 网站了解详情，注册参与活动。

3.4.2 APP 植入

1. APP 植入之内容植入

现流行的"疯狂猜图"就是很好的内容植入的成功案例。该游戏融入广告品牌营销，把 Nike、IKEA 之类的品牌作为关键词，既达到了广告宣传效果，又不影响用户玩游戏的乐趣，而且因为融入了用户的互动，广告效果更好。所以企业最好是选择与自己用户群贴近的 APP 进行广告投放，这样的广告既能给用户创造价值，不会引起用户反感，而且点击率会比较高，能达到更好的广告效果。

2. APP 植入之道具植入

比如在人人网开发的人人餐厅这款 APP 游戏中，将伊利舒化奶作为游戏的一个道具植入其中，让消费者在游戏的同时对伊利舒化奶产品产生独特诉求认知与记忆，提升品牌或产品知名度，在消费者心中树立企业的品牌形象。同时 APP 的受众群体较多，这样直接的道具植入有利于提升企业品牌的偏好度。

3. APP 植入之背景植入，奖励广告

还记得开心网当年最火的抢车位游戏吗？在抢车位游戏中，一眼看去，最突出的就是 MOTO 手机广告，将 MOTO 的手机广告作为停车位的一个背景图标，这无形中植入了 MOTO 的品牌形象。游戏中还提到"用 MOTO 手机车位背景，每天可得 100 金钱"，这样的奖励广告，驱使游戏玩家使用该背景，这些奖励当然是真的，但这确实是企业的广告。

3.4.3　用户营销

用户模式的主要应用类型是网站移植类和品牌 APP 类，企业把符合自己定位的 APP 发布到 APP 应用市场内，供智能手机用户下载，用户利用这种 APP 可以很直观地了解企业的信息。用户是 APP 的使用者，手机 APP 成为用户的一种工具，能够为用户的生活提供便利。这种营销模式具有很强的实验价值，让用户了解产品，增强对产品的信心，提升品牌美誉度。如通过定制《孕妇画册》APP 吸引准妈妈们下载，提供孕妇必要的保健知识，用户在获取知识的同时，不断强化对品牌的印象，商家也可以通过该 APP 发布信息给精准的潜在客户。

相比植入广告模式，用户营销具有软性广告效应，用户在满足自己需要的同时，还获取了品牌信息、商品资讯。

从费用的角度来说，植入广告模式采用按次收费的模式，而用户参与模式则主要由客户自己投资制作 APP 实现，相比之下，首次投资较大，但无后续费用。而营销效果取决 APP 内容的策划，而非投资额的大小。

3.4.4　内容营销

它是指通过优质的内容，吸引到精准的客户和潜在客户，从而实现营销的目的。如"汇搭"通过为消费者提供实实在在的搭配技巧，吸引有服饰搭配需求的用户，并向其推荐合适的商品，这不失为一种商家、消费者双赢的营销模式。

宝宝树 APP 就是笔者最近经常使用的一款 APP，它可以提供孕妇不同时间需要注意的事项，吃的、穿的、用的各方面信息都齐全。虽然这些信息通过百度也都能查到，并不是垄断性信息，但宝宝树 APP 把这些信息集成到了一起，以时间轴的形式提供给用户，节省了用户大量搜索时间。

案例 3-6：支付宝十年账单

2014 年，在支付宝诞生十周年之际，支付宝做了大量调查，发现大家最关注的还是自己，正是因此，最终确定了"账单"十年的营销方案。为什么要做账单？因为"账单"承载了支付宝用户过去十年发生的故事。例如，买了什么东西，给谁缴了电话费，甚至过去的邮箱账号、过去的密码，过去的很多东西，点点滴滴回忆会浮上心头，所以支付宝以账单十年拍了一个宣传短片，文案如下：

"生命只是一连串孤立的片刻，靠着回忆和幻想，许多意义浮现了，然后消失，消失之后又再浮现。"——普鲁斯特《追忆似水年华》

2004 年，毕业了，新开始。

支付宝最大支出是职业装，现在看起来真的很装。

2006年，3次相亲失败，3次支付宝退款成功。

慢慢明白，恋爱跟酒量一样，都需要练习。

2009年，12%的支出是电影票，都是两张连号。

全年水电费有人代付。

2012年，看到26笔手机支付账单，就知道忘带了26次钱包，点了26次深夜加班餐。

2013年，数学23分的我，终于学会理财了，谢谢啊，余额宝。

2014年4月29日，收到一笔情感转账，是他上交的第一个月生活费。

每一份账单，都是你的日记。

十年，三亿人的账单算得清，美好的改变，算不清。

支付宝十年，知托付。

案例点评：

当看到十年账单时，其实每一笔消费，每一个动作都能勾起自己的一段回忆，甚至连带着回忆了一下这么多年的点点滴滴。这次营销事件，也因为触动了用户的内心，引发了大量关注。其实很多时候，并不是没有可以营销的点，而是有没有用心去发现和策划。

3.5　APP营销的11个手段

前面用很大篇幅讲怎么利用APP进行营销，本节我们讲一下APP自身怎么营销。如果我们开发了一款APP，我们怎么利用现有资源将APP推广出去。

3.5.1　入驻应用推荐平台

入驻各种APP应用推荐网站、平台等，苹果官方应用商店App Store是一定要入驻的，因为苹果用户会占到整个APP用户的50%以上，而苹果手机下载APP唯一的途径就是苹果官方App Store。安卓应用市场相对要多一些，当然并不是所有安卓应用市场都必须入驻，但一些重要平台比如360手机助手、腾讯应用市场、UC应用商店、中国联通沃商店、安卓之家、91手机市场、百度手机助手、豌豆荚、应用宝等第三方应用商店，及品牌手机应用商店如小米手机商店、华为手机商店、联想乐商店、OPPO手机商店等，这些应用平台是一定要入驻的。在入驻各大应用市场时还需要同时做好以下几件事情。

1. 为APP产品命名

为APP产品取个特别的名字，最好让它在众多竞争者中脱颖而出。

2. 为APP设计一个足够吸引人的icon

icon应该容易识别，而且足够显眼，特别是当用户的手机屏幕上堆满了APP时，保证自己的 APP icon 能够一眼就被认出来，那就再好不过了。

3. 做好 ASO 工作

找到最适合你产品的关键词来描述你在 App Store 上架的产品。关于 ASO，在应用商店里的截图一定要足够吸引人，而且能够突出产品卖点和特性，并且根据版本的更新迭代，要适时更换相应的截图。在这方面做过很多尝试和努力后，每次更新之后下载转化率都会有一定的提升。

4. 控制 APP 大小

一定要控制 APP 安装包的大小，特别是在 GooglePlay 上架的 APP 更要控制 APK 大小，最好能让用户在 3G 网络下也可以放心下载（小于 20MB）。据调查，95% 的用户会根据安装包的大小决定是否下载一个 APP。

5. 争取好的用户评论

用户评论和评星是影响 APP 在应用商店中排名的最重要的因素之一，最好保证每个版本 APP 的用户评星在 4 星以上，而且尽量邀请用户进行真实的评价和评星。

6. 尽量使用免费下载策略

不管钱多钱少，绝大部分用户都更喜欢下载免费应用，当然你也可以增加一个付费版本×××　Pro，这样不仅可以为你带来一部分额外的收入，还能为你在应用商店中争取更多关键词的流量。同理，如果你的应用一定要付费下载，那么你也可以同时发布一个免费版本吸引用户。

3.5.2　排名优化

针对一些主要的应用平台和商店，进行排名优化，就像进行搜索引擎优化一样。不同的平台，排名规则不同，所以优化的方法也不同，通常情况下，影响排名的因素如下。

（1）用户的下载量和安装量；

（2）应用使用状况（打开次数、停留时间、留存率），下载状况，评论数，评星；

（3）APP 标题、关键词中的词汇，与用户搜索关键字的匹配度；

（4）软件评分；

（5）新应用，或者刚更新会有特殊权重。

3.5.3　发码内测

其实就是饥饿营销。在软件正式上线前，不断进行造势和预热，塑造 APP 的形象和价值，提高用户对 APP 的期望值和下载使用的欲望。时机成熟后，开始宣布内测，比如只发放 1 000 个内测码，邀请 1 000 个人进行内测，或者只有使用邀请码才能注册。

在这方面应用比较广泛的是游戏，很多游戏在开放内测的时候都会通过这种发内测码的形式邀请一部分玩家试玩，由于是试玩，当然就不是谁都有机会玩。也正是塑造的这种稀缺性，导致很多玩家都十分想拥有邀请码，无形中提升了期望值。

3.5.4 线下预装

在 APP 的推广方法中，除了正常的线上推广之外，要想达到上千万甚至上亿的量，线下预装是所有量大的 APP 都会选择的一个渠道。线下一般来说就是通过在手机出厂之前以内置的方式把 APP 装进去，就是用户买到手机后，打开手机就会自带的那些 APP，预装软件大致有以下几个渠道。

1. 芯片商

芯片厂商主要是研发芯片的厂商，具有代表性的有高通、MTK、展讯。MTK 属于中低端的芯片，深圳的一些厂商用它们家的芯片比较多，因为成本比较低。高通的成本比较高，但因为它手里有大量专科授权，所以像三星、小米等大品牌手机都会用高通的芯片。芯片商是 APP 预装的源头，源头的量是非常大的，每年出货量都在几亿以上。

2. 方案商

方案商是芯片厂商的下游，主要是拿到芯片方案以后，再做更进一步的细化研发和设计，例如研发手机主板，给没有研发能力的小厂商。或者是根据大的厂商的需求，去做相应的研发。这些厂商主要集中在上海和深圳，例如龙旗、华勤、豪成、优思沃特沃德等。

3. 手机厂商

手机厂商是 APP 预装最重要的渠道，预装软件也是手机厂商重要、稳定的收入来源之一。包括国产品牌如中兴、华为、酷派、联想，OPPO、vivo、小米、魅族，以及国外的品牌三星，都会预装软件。前段时间锤子手机还因为与用户争论某软件是预装软件还是系统软件差点闹到要打官司的地步。

4. 渠道商

通过手机分销渠道商预装软件也是推广 APP 的一种方式，只是渠道商预装软件的权限不如手机厂商大，存在一定的限制。

可能有的读者会奇怪，既然预装 APP 的效果这么好，为什么大家不都选择预装呢？成本是大问题，没有充足预算，预装就难以实现，且预装也有一定的弊端，即用户有时会对预装软件心生厌烦，根本不会关注。

3.5.5　软文营销

文章的传播性是非常强的，而且文字也是非常容易影响用户的。在 APP 的推广上，比较常见的软文策略有以下几种。

（1）在权威媒体上发布。

（2）请专业机构或媒体对产品进行评测，撰写评测稿。

（3）请一些在用户中有影响力的行业专家、达人等撰写评论文章。

（4）多使用自媒体渠道大量发实用软文。

关于自媒体渠道的应用，在本书第 8 章有详细介绍。

3.5.6　限时免费

对于收费的 APP（或是应用内的部分功能收费），可以采用限时免费的策略，这是一个常用的方法，效果也比较明显。这个办法更适合 iOS 版的 APP。使用苹果手机或 iPad 的用户在使用 APP Store 的时候会发现，经常有一些收费软件推出一些限时免费版本，效果大都不错，比如"愤怒的小鸟"当时就有好多限时免费版。

3.5.7　资源交换

我们的 APP，本身就是一个资源、一个渠道，所以我们可以用 APP 内的资源，与其他 APP、媒体、平台等进行资源互换。不过互换前要注意，在设计 APP 时，一定要预留一些应用推荐位，无论在什么位置，但一定要有，这是资源交换的筹码。这种交换方式不是 APP 首创，资源交换这种营销形式，无论在哪个行业都需要。

3.5.8　付费广告

虽然广告要花钱，但是如果策略得当，不失为一种能够快速提升安装量的方法。建议选择一些按效果付费的互联网、移动互联网广告公司或联盟合作，比如投放 CPA 广告，这种广告的风险低，且风险可控。当然这种方式成本比较高，尤其是那些非高峰期的本地电视节目时段、知名的互联网平台，流量超大的门户网站，这种方法可能不会快速带来大量用户，但用户每天都能看到那个广告，潜移默化中形成了品牌效应。

3.5.9　APP 测评网站

把产品提交到各种测评网站上，如果被编辑发现并且帮助测评，那将会带来很大的流量。但是，由于市场上 APP 众多，大家都想要被发现被测评，估计各个测评机构的编辑邮箱每天都是爆满的，想要被发现肯定不是那么容易。所以，如果你发现你的测评申请邮件一封封都石沉大海了，请不要灰心，继续投递！

3.5.10 KOL 运营

找一个目标用户群体中的意见领袖，让他推荐你的APP。这种方法在国内是非常有用的，几乎所有的国内产品都在用。前提是你的产品一定要有值得 KOL 推荐的点，否则，即使被推荐了，也不一定会有好的效果。

3.5.11 线下地推

地推是地面推广人员的简称。APP 和 O2O 火爆的时候，也是地推团队最火的时候，他们专门为互联网公司提供如 APP、微信公众号等产品的地推服务。通过精确分析目标群体和划分推广区域，再开展地推，效果才有保证通过活动和奖品，企业可实现吸引用户完成注册、绑定银行卡、在线下单等操作。我们最常见到的地推形式一般都是路边摆个摊子，摊位上摆一些饮料、挂件等，几个人拿着传单向路人吆喝着："哎嗨！扫一下二维码，下载个 APP 可以免费领奖品啦！走过路过不要错过！"

第4章
微博营销

在微信没有出现之前，微博红极一时，而微信的出现，抢去了微博不少的风头。但无论是在传统互联网领域，还是在移动互联网领域，微博营销依然是最佳的营销手段之一。因为微博营销具有用户群基数大、覆盖面广、互动性强、传播性强、成本低且简单易操作等优势和特点，深受营销从业人员的喜爱。

与传统博客相比，微博的互动性非常的强，可以与粉丝即时沟通，及时获得用户的反馈与建议，第一时间针对用户的问题给予回应。

通过本章的学习，我们会让大家对微博营销有一个系统了解，并会手把手教大家怎么利用微博达到最好的营销效果。

本章关键词：微博粉丝互动　事件营销

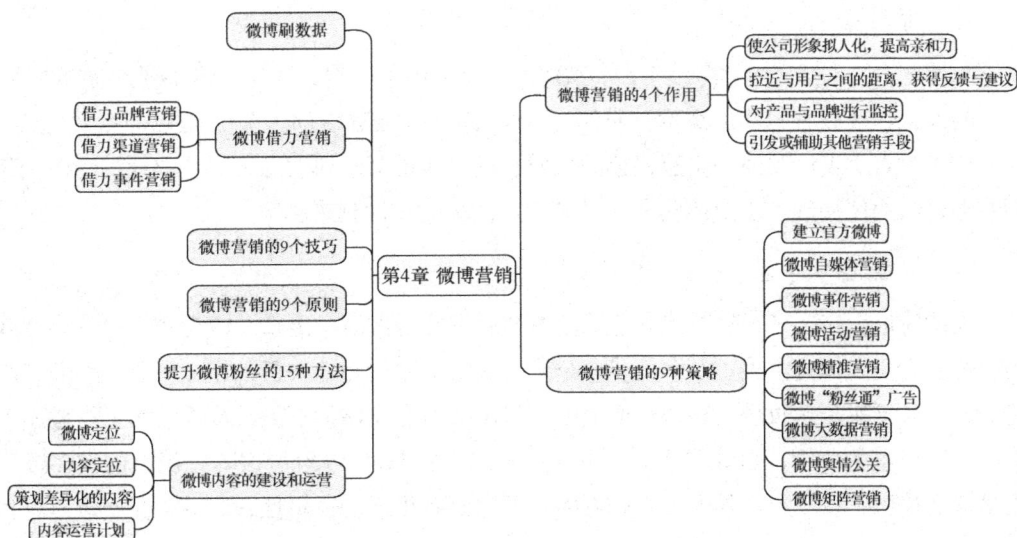

- 微博刷数据
- 借力品牌营销 / 借力渠道营销 / 借力事件营销 — 微博借力营销
- 微博营销的9个技巧
- 微博营销的9个原则
- 提升微博粉丝的15种方法
- 微博定位 / 内容定位 / 策划差异化的内容 / 内容运营计划 — 微博内容的建设和运营

第4章 微博营销

- 微博营销的4个作用
  - 使公司形象拟人化，提高亲和力
  - 拉近与用户之间的距离，获得反馈与建议
  - 对产品与品牌进行监控
  - 引发或辅助其他营销手段
- 微博营销的9种策略
  - 建立官方微博
  - 微博自媒体营销
  - 微博事件营销
  - 微博活动营销
  - 微博精准营销
  - 微博"粉丝通"广告
  - 微博大数据营销
  - 微博舆情公关
  - 微博矩阵营销

4.1 概述

微博有一个显著的特点即 140 个字的长度限制（当然，现在这个限制已经取消了），这也是从 Twitter 继承来的，当然，微博这个名字也是由微型博客而来的，这对于当时流行的博客那种洋洋洒洒上千字的写作方式来说，显然要容易得多。所以当时很多想写博客，又头疼写不出那么多内容的网友，马上转投微博的怀抱。

除此以外，微博还有一些明显的特点。

1. 便捷性

微博提供了这样一个平台，你既可以作为观众，在微博上浏览你感兴趣的信息；也可以作为发布者，在微博上发布内容供别人浏览。除了文字，你也可以发布图片、分享视频等。微博最大的特点就是发布信息快速，信息传播速度快。例如你有 200 万关注者（粉丝），你发布的信息会在瞬间传播给 200 万人。

相对于强调版面布置的博客来说，微博内容只是由简单的只言片语组成的，从这个角度来说，对用户的写作技术要求门槛很低，而且在语言的编排组织上，也没有博客那么高。其次，微博开通的多种 API 接口，使得大量的用户可以通过手机、计算机、平板等方式来即时更新自己的个人信息。

微博网站即时通信功能非常强大，在有网络的地方，只要有手机就可即时更新自己的内容。

例如一些大的突发事件或引起全球关注的大事，如果有微博客在场，利用各种手段在微博客上发表出来，其实时性、现场感以及快捷性，甚至超过所有媒体。

2. 背对脸

与博客上面对面的"表演"不同，微博上是背对脸的交流，就好比你在电脑前打游戏，路过的人从你背后看着你怎么玩，而你并不需要主动和背后的人交流，可以一点对多点，也可以点对点。当你关注一个感兴趣的人时，可以通过其微博动态及时获取他的动向。移动终端提供的便利性和多媒体化，使微博用户体验的黏性越来越强。

3. 原创性

在微博上，140 字的限制使大量原创内容爆发性地被生产出来。博客的出现，将互联网上的社会化媒体向前推进了一大步，公众人物纷纷开始建立自己的网上形象。然而，博客上的形象仍然是化妆后的表演，博文的创作需要考虑完整的逻辑，这样大的工作量成为博客作者很重的负担，也让更多想写却又不知道怎么写的人望而却步。"沉默的大多数"在微博上找到了展示自己的舞台，微博内容不需要有很强的逻辑性，也不需要严格遵守写作方法，很随意的一句话，甚至是当时的一种心理活动，都可以成为一条优秀的博文，写作变得如此简单，人人都可以原创，这正是微博的魅力。

4. 草根性

正是因为微博进入门槛低，对原创的能力要求不高，更多草根用户才有了用武之地，自己不经意间的一个内容，就有可能引爆互联网。用户可以根据自己的兴趣偏好，依据对方发布内容的类别与质量，来选择是否"关注"某用户，并可以对所有"关注"的用户群进行分类。

5. 传播性

微博广泛分布在桌面、浏览器和移动终端等多个平台上，使其操作更加便捷。用户可以在任何时间、任何地点即时发布信息，其信息发布速度超过传统纸媒及网络媒体。微博宣传的影响力具有很大弹性，与内容质量高度相关。其影响力基于用户现有被"关注"的数量。用户发布信息的吸引力、新闻性越强，对该用户感兴趣、关注该用户的人数也越多，影响力越大。此外，微博平台本身的认证及推荐也有助于增加被"关注"者的数量，这些都增加了微博内容的传播性。

4.2 微博营销的 4 个作用

正所谓有人的地方就需要有营销，微博也不例外，作为一个可以聚集几亿用户的平台，微博的营销作用也被不断挖掘。

4.2.1 使公司形象拟人化，提高亲和力

企业的公众形象决定了用户的黏性与好感度，也会影响到企业的品牌价值与口碑。如果能将公司形象拟人化，将极大提升亲和力，拉近与用户之间的关系。而通过微博这种产品，企业将很容易实现这一目标。举个例子：

微博刚兴起时，广东省肇庆市公安局尝试开通了我国第一个公安微博，此举在社会上引起了巨大的反响。因为长期以来，人们对于公安局等政府部门，还是有点敬而远之的感觉。而广东肇庆通过公安微博，极大地改观了公安部门在老百姓心目中的形象，拉近了警民之间的关系。人们发现，原来公安干警并不是那么的神秘与冰冷，也有可爱温情的一面。

目前广东肇庆的这种模式，已经被全国多个省市的公安部门所借鉴和采用。

2009 年 11 月 21 日，针对昆明市螺蛳湾批发市场的群体性事件，在云南省宣传部副部长伍皓的主导下，云南省政府新闻办在新浪微博开设了国内第一家政府微博"微博云南"，并在第一时间对"螺蛳湾"事件作出了简要说明。目前，已有 413 万人关注了"微博云南"。

"微博云南"开设后，引起社会高度关注。11月23日《人民日报》载文，将"微博云南"称为国内第一家政府微博，并评论说，"现场直播"不一定只在电视上才有，突发事件现场的每个人都可以是"记者"，应对突发事件要"边做边说"才有主动权。

4.2.2 拉近与用户之间的距离，获得反馈与建议

所谓"得民心者得天下"，做公司、做产品同样如此，失了用户的心，一定做不大。所以任何时候，都不能与用户拉开距离；任何时候，都不能忽略用户的感受与声音。而通过微博这个平台，企业将会更好地拉近与用户之间的距离，将会更直接地获得用户的反馈与建议。

4.2.3 对产品与品牌进行监控

公关人员的基本功课之一就是对公司的产品与品牌进行舆论监控，及时发现问题及解决问题。而有了微博后，我们可以通过这个平台更好地进行监控。我们可以直接通过在微博平台，以搜索内容的方式来了解用户在谈论哪些与我们有关的话题，对我们的产品抱着什么样的态度。

4.2.4 引发或辅助其他营销手段

随着微博的普及，其作用也越来越凸显，如通过微博来辅助事件营销、病毒营销、网络公关等，效果非常不错。

例如，在360与金山的大战中，"红衣教主"周鸿祎利用微博玩了个漂亮的公关闪电战。再例如，在京东与当当之战中，微博也成了主战场，双方你来我往地在微博上玩起了公关。

作为一个新生事物，微博营销的作用远不止以上几种，而且更多的功能还有待挖掘与开发。笔者上面列举的几种，也只是起到抛砖引玉的作用，希望能够帮助大家拓展思路。

4.3 微博营销的9种策略

说完微博营销的作用，下面再来说一下微博营销有哪些具体的策略和方法。

4.3.1 建立官方微博

建立企业官方微博，是最基本的微博营销策略，但是比较可悲的是，微博都已经如此普及、如此成熟了，还有相当一部分企业没有在微博平台建立官微。那么企业为什么要建

立官微呢？原因如下。

1. 作为企业对外展示和树立形象的窗口

微博是我国互联网用户重要的社交平台，用户基数巨大，这块阵地，坚决不能丢。同企业的官方网站一样，我们可以在这个平台展示企业的背景、文化等，以此来树立形象。虽然受微信影响，现在微博的火爆程度已远不如从前，但微信毕竟是半封闭平台，微博作为开放平台，仍然具有很大价值。

2. 用以维护用户关系

微博的即时互动性非常强，通过微博，我们可以和客户建立长期稳固的沟通渠道，与用户随时快速进行互动。而且就像前文说的，通过微博，我们可以将企业形象拟人化，提高亲和力。

3. 提升客户服务体验

通过微博，我们可以快速对客户的意见和需求进行反馈，加强用户体验，提升客户满意度和黏性。

4. 自主的推广平台

我们也可以将微博作为推广平台来使用，比如我们可以通过官方微博来传播企业的品牌故事、活动、新闻稿等。同时，我们还可以和企业其他的营销活动相配合，比如配合线上的推广、线下的活动等。

运营企业官方微博的要点如下。

（1）微博营销的关键是人气。对于没有任何人气、没有任何知名度和影响力的公司，做微博营销是不太适合的，很难有好的效果，所以至少要先把人气积累足。

（2）微博不是广告发布器。许多人把微博当成了广告发布平台，拉来一些粉丝后，就开始疯狂地发广告，这是极错误的认知。千万不要只把微博当成广告发布器，这完全是在浪费时间和精力。

（3）不要只记流水账。微博营销的核心是通过语言、文字与用户互动，从而达到营销的目的。所以内容要情感化，要有激情，要为用户提供有价值、有趣的信息。

（4）不要一味地转载别人的内容，微博一条内容仅140字，创作起来并不难。如果不会创作，可以多去借鉴别人的内容，或是在别人内容的基础上进行二次创作。

（5）不要单方面发布消息。微博营销是一个人自言自语，所以不要只是单方面发布信息，要学会与用户互动。只有通过与用户不断交流，才能获得用户的信任与好感，同时也只有这样才能真正让用户参与到公司的活动中去，并提供有价值的反馈与建议。

（6）尊重用户，不与用户争辩。千万不要在微博上与人争论和吵架，这是很不明智的，除非你不重视自己的品牌形象了。

当然，要完成这些工作，一个优秀的微博运营团队是不可缺少的（见图4.1），企业可以根据自己的微博经营情况选择必要的岗位。

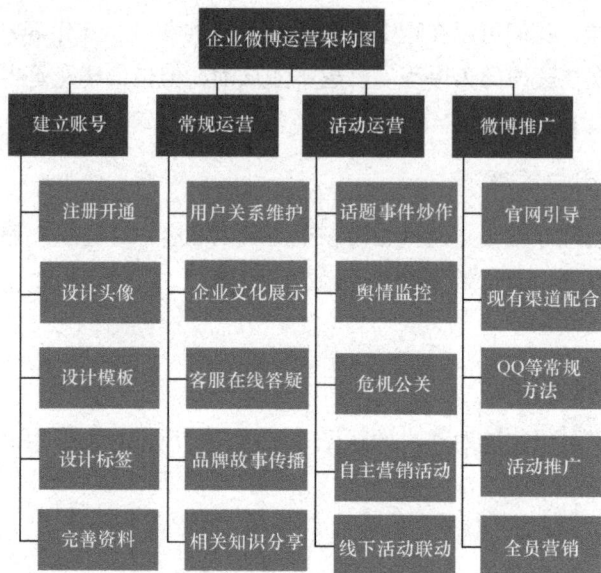

图 4.1　企业微博运营团队架构图

4.3.2　微博自媒体营销

微博也是自媒体平台之一，不同的自媒体平台，往往特点不同，微博这种自媒体，和博客、微信公众号等自媒体形式相比，很重要的一个区别是内容短小精悍，只需要140个字。对于文笔一般，不擅于写长篇的人来说，这是一个不错的选择。关于与自媒体相关的更多内容，可以参看本书第6章、第8章的内容。

打造微博自媒体，核心要点就3块：定位、内容、运营（主要是"加粉"）。内容的建设及增加粉丝的内容，后面会讲，这里重点说说定位。

定位是第一个关键点，其实从营销的角度来说，策划任何产品，定位都是关键。好的定位，要围绕以下几点进行。

（1）符合目标用户需求。

（2）和同类微博比，有一定的差异化和特色。

（3）要考虑以后运营过程中的内容来源问题。

这3条中，最重要的是差异化，寻找差异化的思路如下。

（1）内容差异化。这是最根本的差异化，当然，也比较难实现。

（2）地域差异化。如果内容找不到差异化，那我们可以从地域上进行差异化表现。

（3）用户群差异化。除了地域外，我们还可以从用户群上找差异化，比如针对不同年龄的人、不同职业的人等。

（4）行业差异化。我们还可以进行行业差异化，定位到具体的行业。

以上4条，只是给大家一个启发，差异化的方式还有很多，希望大家多多开动脑筋，结合自己的实际情况来进行思考。

4.3.3 微博事件营销

微博的传播性非常强，可能让一个人、一个新闻、一个事件，在短短几十分钟内，传遍互联网。所以现在很多企业在做事件营销或进行炒作时，都会通过微博来辅助。

案例4-1：51信用卡微博植入营销

51信用卡管家最开始名字叫51账单。这个应用在短短50小时之内，只花了150元，便获得了500万次曝光，APP排名TOP40，这是如何做到的？

"看了闺蜜的手机，瞬间想嫁人了"的活动（见图4.2）出自于51账单一名爱妻达人潭理想之手。最开始测试，51信用卡找了一个小号转发看看效果，预想如果有60多转发就不错。结果发布出去几分钟后，就有200转发量了。于是公司CEO立刻开始造势投入，号召全公司同事来转发。一直到草根大号 @冷笑话精选转发后，瞬间就有2 000多转发，引爆点终于来了。

图4.2 51信用卡微博配图

很快他们又策划了一个活动，就是按照桌面的图标的各类应用虚构了一个貌似他们自己的转发内容是"有我+鼓掌"。其实一个小技巧，没想到很多人误以为真，大家都在转发。这个帖转发@51账单就有 3 万次，后来淘宝也转了，支付宝也转了，金山电池也转了，京东商城也转了。其成了互联网上知名官方微博参与度最高最默契的案例了。

整个活动，所有转发的大号粉丝加起来肯定过两个亿了。一共有 30 万左右的转发水平，估算至少有 500 万的曝光率。

案例点评：

这个案例给大家的第一个启示是，一定要能制造出直指人心的优秀创意。第二个启示是，一旦微博运营者发现一个可以引爆流行的机会时，应该立刻乘胜追击，将一场战斗的胜利转换成整个战役的胜利。

4.3.4 微博活动营销

在微博做活动，有以下 3 个优势。

（1）面向的用户群广。微博有几亿注册用户，所以在微博做活动，不用愁没人参加，关键是看活动如何策划。

（2）传播力强。微博重要的功能就是转发评论，所以好的活动，会引发用户的转发，形成二次传播，甚至多次传播。

（3）直接带来微博粉丝。

策划微博活动时，要围绕以上 3 点思考，如何能让更多人参与？如何能让人转发？如何能让人关注我们？活动营销需要有一定的创意性，这样才有助于取得好的效果。在这里，给大家分享 3 个非常经典、常见且屡试不爽的活动形式。

（1）抢楼活动。活动发起方发出一条活动博文，要求用户按一定格式回复和转发，通常都是要求至少@3 个人，并进行评论。当用户回复的楼层正好是规则中规定的获奖楼层时（如 100 楼、200 楼），即可获得相应奖品。

（2）转发抽奖。活动发起方发出一条活动博文，要求用户按一定格式转发，通常都是要求至少@3 个人，并进行评论。最后从参与活动的用户中，随机抽出一部分幸运儿发放奖品。

（3）转发送资源。活动发起方发出一条活动博文，要求用户按一定格式转发，通常都是要求至少@3 个人，并留下邮箱。凡是转发者，邮箱中都会收到一份好资源，如媒体名录、各种工具、优惠券等。

4.3.5 微博精准营销

微博可以帮助我们实现非常精准的营销，这种精准性的实现，是基于对微博精准用户的提取。其实具体的思路和流程非常简单：先通过技术手段，从微博海量用户中，提取到符合我们需求的精准用户 ID；然后发布活动或内容，直接@这些活动，甚至直接给他们发消息。

这里的关键，是如何能提取到精准的微博用户数，下面和大家说一下思路和方法。

第一种方法：竞品粉丝提取。

我们通过技术手段，将竞品，或同类产品官方微博的粉丝提取出来，关注了他们的人，基本也是我们的目标用户（见图 4.3）。

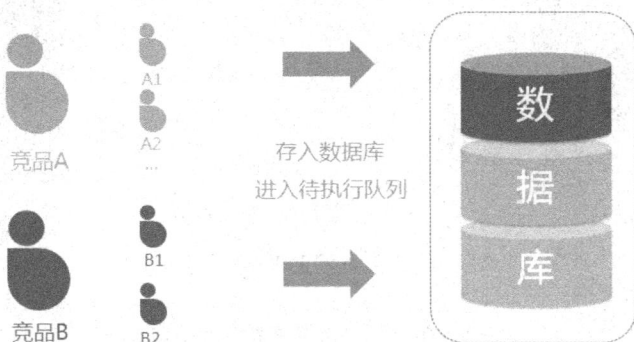

图 4.3　竞品粉丝提取示意图

第二种方法：交叉分析。

当然，只是提取一个账号的粉丝，有可能其中有一些不精准的人，所以为了提高精准度和质量，我们还可以再进行一下交叉分析，比如我们提取了 A、B、C 3 个账号的粉丝，然后对这些粉丝进行分析，如果其中有人同时关注了这 3 个账号，保留，否则删除。

通常情况下，如果同时关注了多个同类型账号的人，基本上都是精准度非常高的，甚至非常优质的用户（见图 4.4）。

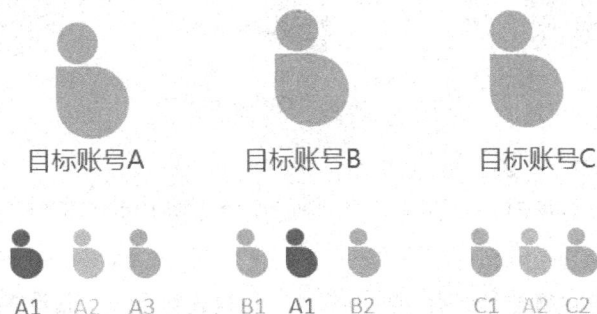

图 4.4　交叉分析示意图

第三种方法：相关热门微博转发提取。

我们可以针对一些热门内容，将转发过这些内容的用户提取出来。比如说转发与怀孕有关内容的用户，很可能自己就是孕妇，或是家里有孕妇，也可能是近期准备怀孕（见图5.5）。当然，为了提高精准性，也可以像第二种方法中说的那样，对不同的内容进行提取，然后对提取出来的用户进行交叉分析。

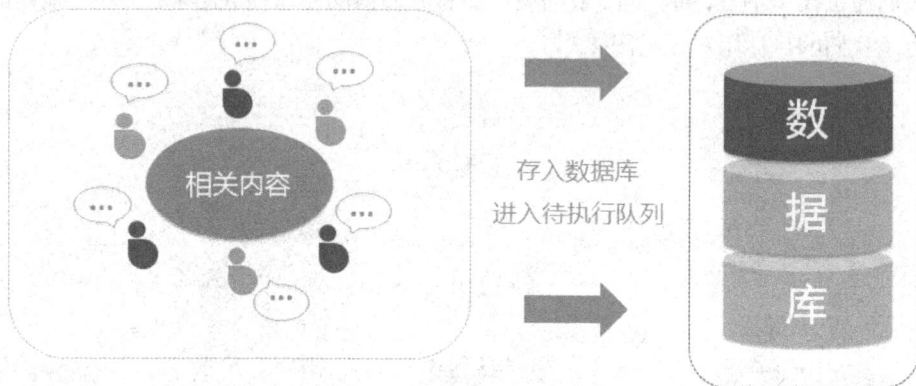

图4.5　相关热门微博转发提取示意图

第四种方法：语义分析系统。

语义分析是指针对某类关键词，进行提取。如有的用户总是发和尿不湿有关的内容，那基本上可以断定，他/她的家中有婴儿（见图4.6）。

图4.6　语义分析系统示意图

第五种方法：地域标签提取。

用户通过手机发微博时，会显示所在的地理位置，所以我们可以提取某一地域范围内的用户（见图4.7）。

要实现上面说的这些效果，有两种方式，一种是自行开发。新浪微博有开放接口，我们可以根据新浪微博的开放协议，进行开发。如果你不具备开发能力，那也可以购买第三方的服务，如请人开发或请专业的公司帮忙提取。

图 4.7 地域标签提取示意图

4.3.6 微博"粉丝通"广告

微博"粉丝通"是新浪官方推出的营销产品，是基于新浪微博海量的用户，把企业信息广泛传送给粉丝和潜在粉丝的营销产品，它会根据用户属性和社交关系将信息精准地投放给目标人群。同时微博"粉丝通"也具有普通微博的全部功能，如转发、评论、收藏、赞等，是微博营销的实用工具。

"粉丝通"的广告位置，会出现在微博信息流的顶部或微博信息流靠近顶部的位置，包括 PC 和微博官方客户端（见图 4.8）；同一条推广信息只会对用户展现一次，并随信息流刷新而正常滚动。微博精准广告投放引擎会控制用户每天看到微博"粉丝通"的次数和频率。

图 4.8 粉丝通广告位置示意图

在收费方式方面，除了传统的 CPM（按照微博在用户信息流中曝光人次进行计费）

等计费方式外，"粉丝通"还创造性地推出了 CPE 方式：按照微博在用户信息流中发生的有效互动（互动包括：转发、点击链接、加关注、收藏、赞）进行计费。

微博"粉丝通"的优势在于简单、直接、精准、计费灵活，而且是新浪官方推出的，也有保障；而缺点就是要有一定的资金投入。

关于"粉丝通"更多的介绍，可以到新浪微博官方参看相关介绍。

4.3.7 微博大数据营销

互联网将我们带入了大数据时代，如微博上每天都会产生海量的数据，而且这些数据都是公开的。而企业如果能够有效利用微博上的这些数据，便能很好地帮助企业进行营销决策，制定靠谱的营销方案。以电影行业为例：

场景一：假如现在我们要投资拍摄一部电影，但是却不知道哪类电影更受市场欢迎，这时可以通过对微博中大量的用户及内容数据进行分析，分析近期用户提及最多的电影类型有哪些。

场景二：假如现在我们要拍一部爱情片，但是却不知道选择哪个明星做主角比较合适，此时大数据分析可以告诉你，哪个明星担任主角比较有票房号召力。

场景三：片中需要配背景音乐了，但是什么类型的音乐好呢？大数据也会告诉你答案。

场景四：针对已经拍摄完成的电影，通过大数据分析，可以预测票房收入，其目前已知的准确率能够达到 80% 以上。根据这个预测结果，我们可以制定靠谱的营销预算及方案。

场景五：在进行微博营销时，我们选择哪些大号帮忙宣传和转发是最适合的、效果最好的？大数据同样可以告诉你答案。

以上只是以电影行业为例，其实大数据在很多行业中都可以得到很好的运用。不过在进行大数据营销时，前提是先要获取海量的数据，这是需要技术支持的。微博是完全开放的，如果公司技术实力允许，可以自行开发相关程序；如果条件不允许，可以找第三方的大数据服务公司。

4.3.8 微博舆情公关

首先和大家说一下微博舆情公关的 3 个"第一"原则。

第一时间发现：对于具有一定规模和影响力的企业，公司内部应该成立专门的部门或小组，每天主动在微博上监控和搜索与企业相关的关键词（如果工作量太大，可以通过相关的软件来监控），争取做到在用户发出信息的第一时间，就发现这些信息。

企业应该建立专门的部门或是指定专门的公关人员对网络信息进行监控。

第一时间处理：对于一些常规的危机事件，企业应该提前制定相应的处理预案，当工作人员监控到信息后，马上按照预案进行处理。

第一时间上报：如果问题的复杂程度超出了自己的能力或权限范围，则第一时间向上级汇报。

如果企业能够真正贯彻3个"第一"原则，那么无论出现什么样的危机事件，都能将其不良影响控制在最小范围内。

接下来，再说说一般性纠纷处理流程和原则。

先担责：不要试图去和用户辩论，不要企图推卸责任。无论谁是谁非，先表示歉意肯定没错，至少要为给对方带去了坏心情而道歉。因为用户在微博上发信息，一定是很气愤，这个时候去辩论，只会激化矛盾。

再沟通：当对方情绪稳定后，积极坦诚地与当事人或公众沟通，了解事情的经过，分析问题的原因。

多安抚：多安抚当事人的情绪，多表达积极的态度，尽量把问题在初期解决。

停传播：不管事情解决没解决，尽早地让信息停止传播。

删信息：如果问题得到了解决，那争取让用户将相关信息删除，或是发声明。

案例4-2：王思聪送女网友终身免费爆米花

2015年11月29日下午，有网友在微博吐槽，"没想到第一次@国民老公居然是因为爆米花都不给装满，走到座位晃两下才发现原来只给装了8成"，并晒出了没装满的爆米花的照片（见图4.9）。

图4.9　王思聪微博送女网友终身爆米花

没想到，王思聪真的翻出了这条微博并转发，"以后你去电影院就提我名，送你终身免费爆米花"。吐槽的女网友在看完电影之后才发现被国民老公"翻了牌子"，然后果断求兑现。于是又收到了王思聪的回复："凭票根啊，看完电影可不能打包啊。如果服务员不理，让他找经理，让经理打电话给我。"这位成功获得了万达影城终身免费爆米花的女网友直呼"国民老公霸气总裁力max"！

案例点评：

这是一次非常成功的微博危机公关，本来是负面内容，被王思聪回复后马上转成树立企业正面形象的宣传事件了，不只当事人非常满意，也引起网上一片赞扬。

4.3.9 微博矩阵营销

微博矩阵，是指企业建立多个微博账号，相互联动，集团作战。具体微博矩阵的建立计划，应根据企业自身实际情况来制定。如果企业品牌多，可以以品牌建立矩阵；如果分公司多，可以以地域建立矩阵；如果部门多，可以以部门建立矩阵；如果人多，那以人为单位建立矩阵。当然，也可以多条线并行（见图 4.10）。在这里，笔者建议，无论公司大小，都应该发动全员，全民营销。鼓励团队或是公司的员工都开通微博，多在微博中讨论公司中的生活、工作、企业文化等，向大众展现一个真实、温情、朝气蓬勃的公司形象。

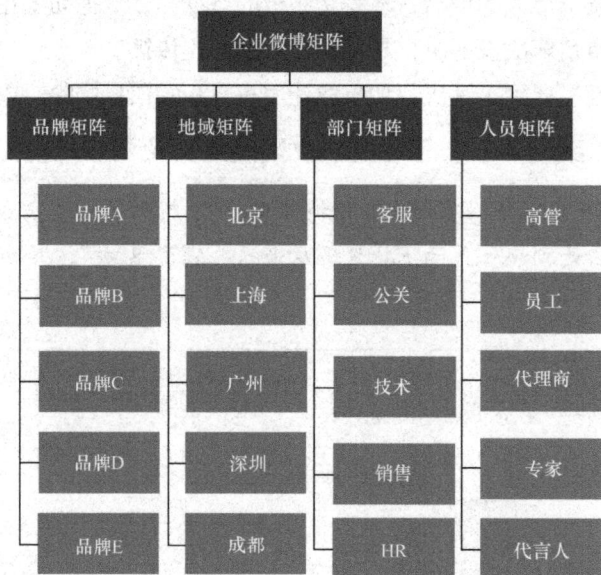

图 4.10 企业微博矩阵示意图

4.4 微博内容的建设和运营

说完了微博营销的方法，接下来再具体说一下微博的建设和运营，其实微博运营的核心，是围绕内容展开的，通过内容来吸引用户、通过内容来与用户互动、通过内容来留住用户。相对于博客、微信公众号来说，微博的内容建设要容易些，因为只有 140 字。当然，容易也只是相对的，要做好，肯定也要下一番功夫，其要点主要有 4 个。

4.4.1 微博定位

微博定位是为了在用户心目中树立一个形象，微博的内容和风格，也应该围绕这个定位和形象来策划展开。在定位上，笔者给大家的建议是：拟人化的定位最理想，因为用户不喜欢冷冰冰的机器。

基于此，在定位时，我们应该先拟人化地给微博勾画一个形象，这个形象最好有自己的个性特点，比如像下面这样。

年龄 26 岁：年轻、专业。

职业白领：敏锐、新潮。

性别女性：个性、时尚。

性格："女汉子"一枚，有点"二"，但很幽默。

爱好：购物、电影、看帅哥。

4.4.2 内容定位

微博的个性定位了之后，接下来针对这个拟人化的"人物"特点，我们来思考，这样的"人"，会有什么样的口气和风格；会发布什么样的内容；评论别人的微博内容或时事新闻时，又会发表什么样的观点。

在这里，给大家列举一些微博中比较受欢迎且容易引发互动和转发的内容类型。

（1）有心的：比如各类创意产品。

（2）有趣的：冷笑话、段子等。

（3）有料的：明星八卦、揭秘爆料等。

（4）有关的：关系到自己或身边人的各种人与事。

（5）有爱的：能够激发起网友关爱情感的。

（6）有"气"的：让人看了就想评论、吐槽甚至拍砖的。

上面说的，只是前期没有粉丝时，进行的内容规划。当有了一定量的粉丝后，我们便可以根据自己账号粉丝的特点和需求不断地优化内容。

微博自身有许多这方面的分析工具，也有一些第三方的工具，我们可以利用这些工具，对粉丝进行分析。比如根据用户的所在地区、性别、标签、职业等数据进行分析（见图 4.11～图 4.14）。

图 4.11 根据粉丝的分布地域进行分析

图 4.12　根据粉丝性别进行分析

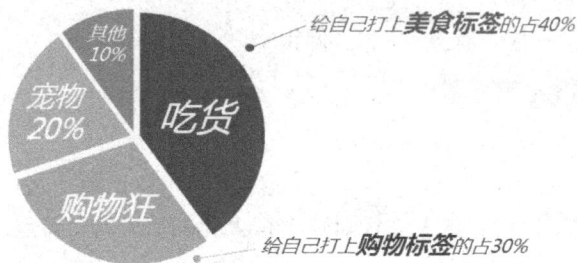

图 4.13　根据粉丝标签进行分析

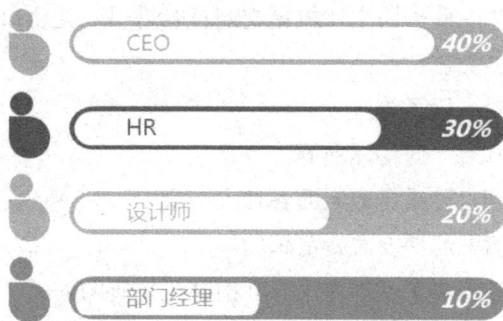

图 4.14　根据粉丝职业进行分析

4.4.3　策划差异化的内容

除了常规内容外，我们的微博中，最好再有一些差异化的特色内容。这样的内容，是容易树立品牌形象、扩大自身影响力，以及可以吸引和留住用户的。在内容建设方面，笔者根据以往经验，总结了一个二十字箴言即"人无我有、人有我全、人全我精、人精我专、人专我独"。

人无我有：别人没有的内容，你有，就是特色。比如有的微博，专门翻译转发一些国外的信息，这些内容在国内没有，这也是一种特色。

人有我全：别人已经有的，但是我最全面，也是特色。

人全我精：别人的已经很全面了，那我就做精品化的内容，典型的比如冷笑话精选，就是走这个路线。

人精我专：别人已经很精品化了，那我就走专业路线，像各行业内的专业化微博，就是走此路线。

人专我独：别人已经很专业了，那我就走独特的个性化路线。像有个微博博主，养了一只猫和一只狗，每天他就在微博里记录这只猫和这只狗的生活，晒它们的照片，也吸引了几十万粉丝。

4.4.4　内容运营计划

有了内容后，接下来就是日常运营了。微博的运营，不是简单地把内容组织好发出去即可，如果想运营好，要将它当成一个网站或是媒体来做：围绕用户的需求，策划相关的微栏目，发布对用户有吸引力的内容，有规律地进行更新。

以某企业的官方微博为例：从上午 8:30 到晚上 23:00，设定每日固定更新 12 档栏目，早、中、晚 3 个高峰时间段，更新更加频繁，内容新颖，符合关注者的心理需求。

具体内容发布计划如下。

（1）08:30——#早安# 乐观积极向上的语录，内容向上、图片温馨。

（2）10:00——#带我去旅行#。

（3）11:00——#美食指南#。

（4）12:00——#招亲榜# 加强与微博网友的互动。

（5）14:00——#幸福指南# 指南类文字，给未婚、已婚人士一些情感的建议。

（6）15:00——#成功故事# 转发产品部成功案例微博，用感性文字带动。

（7）15:30——#笑一下嘛# 搞笑内容、图文、经典简易测试。

（8）16:30——#幸福家居# 时尚家居生活。

（9）20:30——#健康指南# 饮食、养生、健康类的博文。

（10）21:00——#光影时刻#。

（11）22:30——#静夜思#。

（12）23:00——#晚安# 。

当然，以上这个只是给大家作为参考，具体内容请根据自己的实际情况制订相应计划。

4.5　提升微博粉丝的 15 种方法

微博营销很重要的一个前提，就是需要先拥有足够多的粉丝。下面笔者就来和大家分享一下，如何增加粉丝。

1. 内容

微博虽然"微"，但也是个"博"客，其核心还是内容。同传统博客一样，内容的定位与质量，决定了用户群的类型与规模。笔者曾经做过测试，当在微博中发布用户喜欢的优质内容时，转发量就会增加，而看到的人多了，吸引来的粉丝自然就多。

比如新浪微博的"冷笑话精选"，因为能够每天坚持分享优质的冷笑话，粉丝已经达到 1 659 万。"互联网的那点事"，其内容还受到了许多互联网公司高层的关注和认可。

不过想把微博的内容做好还真不算容易，因为一篇微博就 100 来个字，想让每条内容都是精华，还真不太容易。这里说一个小技巧——搭社会热点的顺风车。社会上每每有热点事件发生时，都会成为全民关注的焦点。此时如果我们能够围绕热点制造一些有感染力的内容，自然也会受到关注。例如，在 360 与 QQ 大战期间，新浪微博一位名叫"天才小熊猫"的博友制作了一幅名叫《右下角的战争》的动画图片。该图片被累计转发了近 10 万次，作者也因此收获了 2 万余个粉丝。

2. 勤更新

同博客一样，微博也需要勤更新，如果更新得太慢，关注度就会降低。这方面，笔者也做过测试。当笔者在微博中非常积极地发内容时，每天都会增加几十个关注者。而当笔者几星期不更新一次时，每天增加的关注者不足 10 人。

3. 加标签

微博有个标签功能，我们可以设置 10 个最符合自己特征的标签，比如说站长、编辑等。设置合适的标签，将会极大地增加曝光率，那些对相关标签感兴趣的人，就有可能主动成为你的粉丝。

4. 主动关注

主动出击，主动关注别人，也是一种很直接的增加粉丝的方法。如果我们是销售产品，那我们可以进行一些精准的关注。在这里说一个案例，美国有一家制药公司叫辉瑞（Pfizer），他们的产品中，有一种是抗抑郁药。他们的微博营销策略之一就是主动在微博上搜索"郁闷""抑郁"等关键词，来找到潜在的抑郁症患者。然后不断向他们提供关于抑郁症方面的信息，在帮助他们的同时，也营销了自己的抗抑郁药。

如果我们只是想海量增加粉丝数，就要找到那些粉丝多、活跃度高的用户，主动关注他们，然后等着他们的关注。这里介绍几个增加"回粉率"的小技巧。

（1）找到那些靠互粉建立起来的账号（这些账号最明显的一个特点是他关注的人比关注他的人要多），然后在他的粉丝列表中，找到那些你感兴趣的人，然后主动关注。因为这些人都是之前与他互粉成功的，都比较乐于"回粉"。

（2）找到与自己相关的人群，不要乱关注。

（3）如果能够给自己加认证的话，也会增加吸引关注的成功率。

5. 加热门话题

腾讯微博中，有个话题功能，如果我们在发布内容时，添加这些热门话题，则可以极大地增加曝光率和被关注的概率。比如说，最典型的一个话题就是"互听大队"，通过这个话题，听众数可以轻松过万。

6. 话题炒作

如果我们能够发现一些有争议的内容，引发别人的关注与转发，也可以达到大量曝光和增加粉丝的目的。

7. 做活动

请参看 5.3.4 节的内容，这里不再重复介绍。做活动还可以与本章 5.8 节讲的"借力营销"相结合，效果会更好。

8. QQ 群

现在网络上有很多 QQ 交流群，通过 QQ 群来增加粉丝，也是个不错的选择。实际上大家都有要增加粉丝的需求，众多有同样需求的人聚集在一起，一定会碰撞出些火花。

9. 评论别人

挑些粉丝多的人发布的博文进行评论，尽量挑那些最新发现，还没有人评论的博文。然后针对他们博文的内容进行评论的，评论得越有特色、越能引发别人的共鸣越好。这样当他对我们的评论进行回应时，自然就变相地为我们做了推广。

10. @别人

发布内容时，可以多多@那些与内容相关且粉丝多的人，主动邀请他们帮我们转发。有些内容好的微文，是会引起一些大号转发的。

11. 插件

现在微博的第三方插件越来越多，其中有一些插件是可以帮助我们增加粉丝的，比如好友管理工具等。

12. 辅助软件

除了微博插件外，网络上还出现了许多第三方的软件，例如，互粉工具、互听工具、粉多多等，它们都可以帮我们快速增加粉丝。

13. 通过其他网站带动

新浪微博有很多贴心的应用。我们可以在自己的网站、博客等添加这些实用的小插件，提升网站的曝光率。

14. 通过自身已有资源

如果企业或个人自身已经有现成的资源，则要充分利用，如利用邮件标签等。

15. 其他

除了以上这些比较常见的方法外，在我们的平常生活和学习中，只要方便，都可以见缝插针地进行宣传。比如如果经常写文章，那可以在文章中推荐；如果有博客，也可以在博客中推广。

如果能想到其他创意性的方法，如利用大 V 好友的转发，当然更好。

吸引粉丝关注，在微博营销前期确实比较困难，但是，只要不断推出好的内容，形成特色，再结合适合的方法，一定能获得大量关注。

关于微博营销的内容就此告一段落，其实此方法操作起来并不复杂，也不难，关键是执行力。

案例 4-3：微博第一大号是如何炼成的

提到微博，有一个 ID 不得不说，它就是"冷笑话精选"，业内公认的微博第一大号。这个第一体现在以下几方面：首先，它是新浪微博最早成名的账号之一；其次，它曾一度是草根账号中排名第一的大号。截止到 2015 年 3 月，其新浪微博粉丝数 1 384 余万。

那它是怎么做到的呢？下面给大家说一下它的发展历程和运营思路。

注：以下部分内容来自于《创业家》的独家采访，在此感谢《创业家》。

2009 年 5 月尹光旭（"冷笑话精选"的创始人）决定召集三个高中同学到南京一起创业，方向是做出一个成功的豆瓣小组"我们都很爱创意"，其做法近乎"无耻"：他和另外三个创业伙伴先注册 100 个"马甲"，每个"马甲"加 5 个好友，这 500 个好友中会有相当一部分反过来加"马甲"为好友，周而复始，"就用这种比较原始的方法，大半夜在做这种无聊的事情，搞了大概三个月，成第一名了。"当时豆瓣上最大的小组积累好几年才有 15 万组员，尹光旭的几个小组加起来很快就达到了 20 多万。广告主很快找过来希望投放广告，其中包括现在的 B2C 网上商城趣玩网，"我们都很爱创意"每月收入 1 000～2 000 元。

2009 年 6 月，尹光旭读到一篇介绍海外新兴微博客网站"Twitter"的文章，他迫不及待地跑到号称已拥有百万注册用户的"饭否"去玩（"饭否"是中国第一家微博网站，后来因特殊原因被关闭）。当时"饭否"排名前十的账号粉丝数最多不超3 000人，尹光旭通过在豆瓣积累的经验和方法，一天就做到了"饭否"第一。方法是一个晚上就注册了3 000个小账号，全部关注自己新开的主账号，主账号粉丝数一夜飙升到第一。

2009年8月28日，新浪微博内测；10月，他已注册了100多个微博账号；11月，新浪微博注册用户超过100万；2010年2月，尹光旭把重心从有固定收入的豆瓣小组转移，正式开始做微博。

下面，再说说"冷笑话精选"的运营思路。

（1）定位：互联网发展早期，笑话网站流量很大。豆瓣上，笑话类的小组也做得很好。他相信历史会在新浪微博上重演，专门注册了10个跟笑话有关的微博账号。

（2）内容来源：开始的时候没有原创，完全是发扬搬运工的精神，从各大笑话网站直接取材，编成140个字的"微博体"发到新浪微博上。一周后他发现，"冷笑话精选"账号最能吸引粉丝，遂将其作为主打。他从没想过做原创微博："自创就把自己局限掉了，把资源整合到这里来，用户要什么给什么，这不就是商人的理念吗？"

（3）内容特色：尹光旭是草根微博里第一个将文字和精美图片结合起来的博主，"当时大部分微博，就一条文字，都不带图片，我把图做得很精美，效果很好，很多微博博主都模仿"。

（4）偷师：当粉丝只有500个时，尹光旭拼命想，怎么才能突破1万呢？他把前五十名的草根微博都学习了一遍：发什么内容说什么话可以吸引大家关注，用户的评论是什么；向名人博主偷招——为什么有的博主粉丝数很多，有的微博转发量很大……不断反思，并优化自己的内容，但他从没想过做要自己原创微博内容。

（5）互粉：拿自己的微博账号去加2 000个粉丝，有800～1 000个会反过来加他好友。

（6）转发：尹光旭加粉丝比较多的账号为好友，想办法让其转发自己的微博，或者让自己另外9个账号一起转发"冷笑话精选"账号的微博。当时姚晨帮他转过一次，一下就给他带了2 000粉丝。

案例点评：

从这个案例我们不难看出，"冷笑话精选"的成功有两个关键性因素。

（1）成功是留给有准备的人的。"冷笑话精选"的成功，与他们之前在豆瓣积累的成功经验密不可分。

（2）早起的鸟儿有食吃。"冷笑话精选"在第一时间进驻微博，并快速找到了定位和方向，并发力。有的时候，时机真的非常重要。

案例4-4：微博运营计划实例

下面，再给大家分享一份某公司完整的微博运营计划，仅供参考。

项目			工作方法
内容	频率	周一至周五	每天微博发布不少于7条
		周六、周日	每天微博发布不少于6条
	时间	周一至周五	（1）8:00-8:30，发布当日第一条"早安微博"；（2）10:00-10:30、11:30-12:30、14:30-15:30、16:30-18:00、20:30-21:00，各发布一条微博；（3）23:00左右发布当日最后一条"晚安微博"
		周六、周日	（1）9:00-9:30，发布当日第一条"早安微博"；（2）11:00-12:00、14:00-16:00、18:00-19:00、21:00-22:00，各发布一条微博；（3）23:00左右发布当日最后一条"晚安微博"
	具体运营内容	早、晚微博问候	每天在8:30与23:00左右向微博粉丝们说早安与晚安
		原创微博	关于旅游/摄影/娱乐/实用等话题，发表时尽量以文字+图片、文字+视频/音频、文字+图片+视频/音频的形式
		热门转发	热门的新鲜事/情感小哲理/娱乐/搞笑等内容转发
		公司信息公告	新店开张/网站改版/公司的新促销活动等信息的发布
活动	专题类	发布频率/时间	每月1场，发布时间参考9:00-10:00、16:00-18:00、22:00-23:00，也可视活动实际情况而定
		发布形式	利用企业微博页面上的活动栏做活动，活动项将收录至微博活动这一应用中去，因此更适合正式一些的活动。可配合节假日或网络热门话题发起活动
	有奖互动类	发布频率/时间	每月2~3场，此类活动发布避开专题活动进行的时间，避免影响专题活动效果
		发布形式	可利用微博的活动栏，也可直接发布微博，利用粉丝的相互转发达到推广的目的
	其他非正式类活动	发布频率/时间	每周1次，此类活动发布避开专题活动与有奖活动进行的时间，避免影响以上的活动效果
		发布形式	通过推荐有礼、提问有礼等形式，增加微博粉丝的互动

续表

项目			工作方法
推广	微博外联	与企业微博合作	通过联合做活动/相互转发内容等形式,达到推广的目的
		与粉丝数高的博主合作	通过付费或不付费合作的形式,请这些粉丝数高的博主转发/推荐微博
		付费推广	通过在微推推等平台发布任务的形式推广;其他付费形式
	内部推广	各城区微博之间的互动	各城区微博之间相互转发等形式,提高微博的互动性
		员工对微博的关注与互动	公司员工对官方微博的关注,并转发一些活动与有意思的话题
		官网首页支持	与官网相互推广与支持
	线下推广	各门店部分海报/单页的支持	对于一些长期/重要的活动可以在门店(客房)放置一些宣传资料
		各门店大堂视频的支持	可通过技术手段实现微博的直播
		各门店前台的推荐	对于一些重要的活动,前台可介绍活动的相关信息

案例点评:

分享这份计划,并不是说它有多好,主要是因为它够完善,有一定的借鉴意义,多学习其思路,然后举一反三,形成自己独特的风格。

4.6 微博营销的9个原则

1. 真诚原则

真诚不仅是微博营销的基本原则,其实也是做任何事,做任何互动交流的基本原则。微博营销绝对是一个以年计算的长期行为。微博上交朋友和现实中交朋友一样,好的声誉就是财富。积累良好的声誉需要时间,而没有真诚的互动就不可能有良好的声誉。

2. 乐观开朗原则

在现实中,人们更愿意和乐观开朗的人交朋友。微博上的互动交往也不例外。除了"嫉妒"你的乐观开朗外,没有人会讨厌你的幽默感,没有人会讨厌你与他分享快乐。

3. 宽容原则

宽容意味着大气和绅士风度,而苛刻意味着小气,没有多少人会喜欢苛刻性格的人。

当然，宽容不意味着没有价值观，不意味着凡事做"和事佬""和稀泥"，相反的，你应该有鲜明的价值观，并且坚持这种价值观，不随波逐流，左右摇摆。一个好的例子是：谷歌在"不作恶"价值观上的坚持为其赢得了巨大的声誉。摇摆、随波逐流与真诚原则相抵触，势必给品牌形象带来严重的损害。

4. 个性魅力原则

在微博上做推广的企业和个人很多，微博营销因此也竞争激烈，千篇一律的营销手段将使得受众产生审美疲劳，只有那些具有个性魅力的微博账号（其实是账号后面的微博营销者）才能脱颖而出。如同现实生活中一样，个人"品牌"最有价值的核心部分是个性魅力。微博营销者这个角色至关重要，因为他（她）就是企业的网络形象大使，他（她）的个性魅力代表了企业的个性魅力。

提起在个性魅力方面表现最好的微博营销企业，就不得不提杜蕾斯，杜蕾斯的官方微博可以说是有个性、有温度的代表。

5. 利益原则

能满足粉丝内心需求的事物都是需要我们去创造的。比如戴尔经常通过微博发布一些打折信息和秒杀信息。

6. 趣味原则

实际上，我们发现，无论是在国外的 twitter 上，还是在国内的新浪微博上，幽默的段子、恶搞的图片、滑稽的视频总是获得大众的青睐——男女老少皆宜。适度地与你的朋友分享这些好玩的东西百利而无一害。一般情况下，包含有广告内容的营销信息，更需要以有趣的方法引起大家的转发和评论。

7. 互动原则

微博有奖转发活动一直都是微博互动的主要方式，但实质上，更多的人是在关注奖品，对企业的实际宣传内容并不关心。相较赠送奖品，微博经营者认真回复留言，用心感受粉丝的想法，更能唤起粉丝的情感认同。这就像是朋友之间的交流，时间久了会产生一种微妙的情感连接，而非利益连接，这种联系持久而坚固。当然，适时结合一些利益作为回馈，粉丝会更加忠诚。

8. 创新原则

微博这一新生事物刚刚在全球范围内商业化应用不久，加之自身非常高的扩展性，使得微博营销的模式具有很大的探索空间。抓住机会，有效创新，你就可以从中轻松获益。

9. 保持热度的原则

为了让微博信息保持一定的热度，我们可以有意设置一些问题让别人来答疑，甚至可以掀起一场辩论，让你的消息及其回复不断地引起波澜，产生震动。

4.7 微博营销的9个技巧

1. 注重价值的传递

企业博客经营者首先要改变观念——企业微博的"索取"与"给予"之分，企业微博是一个给予平台。截至2011年，微博数量已经以亿计算，只有那些能对关注者创造价值的微博自身才有价值，此时企业微博才可能达到期望的商业目的。企业只有认清了这个因果关系，才可能从企业微博中受益。

2. 注重微博个性化

微博的特点是"关系""互动"，因此，虽然是企业微博，但也切忌仅作为一个官方发布消息的窗口那种冷冰冰的模式。要给人感觉像一个人，有感情，有思考，有回应，有自己的特点与个性。

关注者觉得你的微博和其他微博差不多，或是别的微博可以替代你，那你就是不成功的。这和品牌与商品的定位一样，必须塑造个性。这样的微博才会具有很高的黏性，可以持续积累粉丝与关注度，因为此时的微博有了不可替代性与独特的魅力。

3. 注重发布的连续性

微博就像一本随时更新的电子杂志，要注重定时、定量、定向发布内容。当粉丝登录微博后，能够第一时间想看看你的微博有什么新动态，这无疑是成功的最高境界。

4. 注重加强互动性

微博的魅力在于互动，拥有一群不说话的粉丝是很"危险"的，因为他们慢慢会变成不看你内容的粉丝，最后很可能是离开。因此，互动性是使微博持续发展的关键。第一个应该注意的问题就是，企业宣传信息不能超过微博信息的10%，最佳比例是3%～5%。更多的信息应该融入到粉丝感兴趣的内容之中。

"活动内容+奖品+关注（转发/评论）"的活动形式一直是微博互动的主要方式，但实质上奖品比企业所想宣传的内容更吸引粉丝的眼球。相较赠送奖品，能认真回复留言，用心感受粉丝的回应，才能换取情感的认同。如果情感与"利益"（奖品）共存，那就更完美了。

案例4-5：可口可乐"换装"活动

2014年可口可乐在全国掀起了一场"换装"热潮。可口可乐利用互联网上的热门词汇推出了一系列"昵称瓶"新装，诸如"文艺青年""小清新""学霸""闺蜜""喵星人"等几十个极具个性，又符合特定人群定位的有趣昵称被印在可口可乐的瓶标上（见图 4.15）。

图 4.15　可口可乐昵称瓶

在新浪微博上，可口可乐最初借助媒体明星、草根大号等意见领袖进行内容的预热，赠送了印有他们名字的昵称瓶，于是他们都纷纷在社交网络上晒出自己独一无二的可口可乐定制昵称瓶。一时之间，各个明星粉丝和普通消费者纷纷在微博上求可口可乐定制昵称瓶，表示要过一下"明星瘾"或自己留作收藏等，更有部分网民表示希望借此向自己的暗恋对象表白。

继第一波社交平台悬念预热后，第二波官方活动正式启动，以五月天深圳演唱会为标志。第三波高潮就是利用 social commerce 在微博上维持活动的热度。可口可乐与新浪微博微钱包一起合作推广可口可乐昵称瓶定制版，让更多普通的消费者也可以定制属于自己的可口可乐昵称瓶。

第一天，300 瓶可口可乐，1 小时被抢光。

第二天，500 瓶可口可乐，30 分钟被抢光。

第三天，500 瓶可口可乐，5 分钟被抢光。

接下来几天，商品都是在 1 分钟内秒杀完毕。

这是让人震惊的数字，而且呈现出越来越快的趋势。前三天一千多的销量，已经产生新浪微博五千多的分享与讨论。于是有更多的网友知晓并且参与到活动中来，如同滚雪球一样，知道和参与的人越来越多，抢购一空的时间也越来越短。这也正是社交网络的真正吸引人之处，依靠口碑带动品牌与产品影响力的几何级的递增。

在微博上定制一瓶属于你的可口可乐，从"线上"微博定制瓶子到"线下"消费者收到定制瓶，继而透过消费者拍照分享又回到"线上"，O2O 模式让社交推广活动形成一种长尾效应。

案例点评：

与粉丝形成互动，是微博的特点，更是微博活动的精髓。正如本节最开始的时候笔者说的，千万不能把微博当成一个广告平台，频繁发广告。微博是一个互动平台，要能与用户形成互动。可口可乐在与粉丝互动方面非常擅长，同时也擅长在包装瓶上做文章。

5. 注重系统性布局

任何一个营销活动，想要取得持续而巨大的成功，都不能脱离了系统性，单纯来运作一个点子，很难取得持续成功。微博营销虽然看起来很简单，对大多企业来说效果也很有限，从而被很多企业当做可有可无的网络营销小玩意儿。其实，微博这种全新形态的互动形式，潜力无限，需要引起大家足够的重视。

企业想要微博发挥更大的效果就要将其纳入整体营销规划中来，这样微博才有机会发挥更多作用。

6. 注重准确的定位

微博粉丝众多当然是好事，但是，对于企业微博来说，"粉丝"质量更重要。因为企业微博最终的商业价值，或许就需要这些有价值的粉丝。这涉及微博定位的问题。很多企业抱怨：微博人数都过万了，可转载、留言的人很少，宣传效果不明显。这其中一个很重要的原因就是定位不准确。假设自己为玩具行业，那么就围绕一些产品目标顾客关注的相关信息来发布，吸引目标顾客的关注，而不是只考虑吸引眼球，导致吸引来的都不是潜在消费群体。在起步阶段很多企业微博都容易陷入这个误区当中，完全以吸引大量粉丝为目的，却忽视了粉丝是否为目标消费群体这个重要问题。

7. 企业微博专业化

企业微博定位专一很重要，但是专业更重要。同场竞技，只有专业才可能超越对手，持续吸引关注目光，专业是一个企业微博重要的竞争力指标。

微博不是企业的装饰品，如果不能做到专业，只是流于平庸，倒不如不去建设企业微博，因为，作为一个"零距离"接触的交流平台，负面的信息与不良的用户体验很容易迅速传播开，并为企业带来不利的影响。

8. 注重控制的有效性

微博不会飞，但是速度却快得惊人，当极高的传播速度结合传递规模，所创造出惊人的力量有可能是正面的，也可能是负面的。因此，必须有效管控企业微博这把双刃剑。

9. 注重方法与技巧

很多人把微博功能等同于短信，随意发布消息。但是对于一个企业微博来说，就不能如此。企业开设微博不是为了消遣娱乐，创造企业的价值是己任，任何不以创造企业价值为目的的企业微博都是"耍流氓"！

想把企业微博变得有声有色，持续发展，单纯在内容上传递价值还不够，必须讲求一些技巧与方法。例如，微博话题的设定，表达方法就很重要。如果你的博文是提问性的，或是带有悬念的，引导粉丝思考与参与，那么浏览和回复的人自然就多，也容易给人留下印象。反之带来新闻稿一样的博文，粉丝想参与都无从下手。

4.8　微博借力营销

借势营销是指借助于外力或别人的优势资源来实现自己制定的营销目标或是营销效果。相对于广告等传播手段，借力营销能够起到以小博大、花小钱办大事的作用，往往能取得四两拨千斤的传播效果。在说借力营销之前，我们先来看一个案例。

案例 4-6：搬家也可借力

很多年前，大英图书馆老馆年久失修，在新的地方建了一个新的图书馆，新馆建成以后，要把老馆的书搬到新馆去。这本来是搬家公司的活，没什么好策划的，把书装上车，拉走，运到新馆即可。问题是按预算需要 350 万英镑，而图书馆没有这么多钱。眼看雨季就要到了，不马上搬家，这损失就大了。怎么办？馆长一筹莫展。

正当馆长苦恼的时候，一个馆员找到馆长，说他有一个解决方案，不过仍然需要 150 万英镑。馆长十分高兴，因为图书馆有能力支付这笔钱。

"快说出来！"馆长很着急。

馆员说："好主意也是商品，我有一个条件。"

"什么条件？"

"如果 150 万英镑全部花完了，那权当我给图书馆做贡献了；如果有剩余，图书馆要把剩余的钱给我。"

"那有什么问题，350 万英镑我都认可了，150 万英镑以内剩余的钱给你，我马上就能做主！"馆长很坚定地说。

"那我们来签个合同？"馆员意识到发财的机会来了。

合同签订后，按照馆员的方案，150 万英镑连零头都没有用完，就把图书馆给搬了。原来，馆员在报纸上刊登了一则消息："从即日起，大英图书馆免费无限量让市民借阅图书，条件是从老馆借出，还到新馆去。"

其实古往今来，关于借势的例子数不胜数，如中国历史上著名的草船借箭，就是其中的经典。

既然是借势，我们就需要找到一些能被我们借的东西。

4.8.1　借力品牌营销

有效借助已有知名品牌，可以快速提升自身品牌的知名度和影响力。比如在奥运期间的奥运借势营销，就是典型代表。奥运会作为人类历史上最大规模的体育盛会，受到了全球的瞩目。特别是商界奇才尤伯罗斯创造性地将奥运和商业紧密结合起来，并使 1984 年的洛杉矶奥运会成为"第一次赚钱的奥运会"以来，奥运经济越来越成为众商家关注的焦点。比如在北京申奥活动中，可口可乐、通用汽车、喜力啤酒、农夫山泉、富士胶卷等公司都积极参与，这些企业围绕奥运赛事除了投入赞助费外，还从公益、文化、热点等各个角度采取了一系列相关的营销活动。

4.8.2　借力渠道营销

在实施网络营销时，通畅的推广渠道是非常关键的因素。但不是每个企业都有条件和能力建立自己的渠道。所以有的时候，我们不得不想办法借助别人的成熟渠道来进行推广。

在这个方面，软件行业用得是比较深入的，比如最常见的一种手段就是软件绑定。在安装一些小软件时，它经常推荐和提示你安装一些相关的其他软件。而一些恶劣的软件，则根本不提示，直接强行帮你安装，你甚至都不知道是什么时候被安装上的。

还有一个典型的例子就是 360 卫士手机版，会有一些诸如"清理加速""软件管理""手机杀毒"等方面的功能，如果你以为这些都是 360 卫士手机版自带的功能，那就错了，当你运行这些功能的时候，相应软件才会下载到手机里，这样利用 360 卫士手机版这个渠道，360 就可以同时推好多款与手机优化相关的软件了。

4.8.3　借力事件营销

热门事件，关注的人肯定多，所以借助这些热门事件宣传一下自己的公司或产品，可以起到较好的效果。比如杜蕾斯的官微，基本上网络中出现一点热门事件，他们都能借上力，推出一个十分贴热点的文案，达到自己品牌营销的目的。

案例 4-7：五环变四环借力营销

第 22 届冬奥会开幕式上，名为"俄罗斯之梦"的冰雪盛宴之中出现了一点小小的瑕疵。在体育场上空漂浮的五朵雪绒花本应该慢慢展开最终变形为象征着奥运会的五环形象，但右上角的一朵雪绒花却因为故障并没有展开。"五环变四环"，这样的失误通过电视转播呈现在了全世界观众们的面前（见图 4.16）。

图 4.16   第 22 届冬奥会开幕式上的（五环变四环）

一家名为 zazzle 的在线创意网站很快就推出了名为"索契故障"的 T 恤衫，里面有各种颜色可以选择，但是价格不菲，男款需要 22.95 美元，女款也要 19.95 美元。国内电商迅速跟进，推出了其中的白色男款 T 恤，一位淘宝卖家一天就卖出了 500 多件。

红牛饮料则以"打开的是能量，未打开的是潜能"作为宣传标语，使得网友吐槽活动继续升温（见图 4.17）。

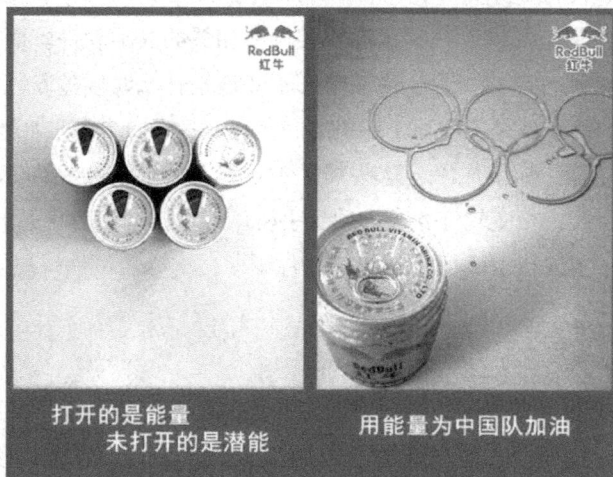

图 4.17   红牛的借力营销

中国联通推出营销广告，"你做不到的，沃来帮你"。

有浏览器厂商戏称，五环没打开，是 IE 浏览器太慢，不如换一个试试。360、联想等公司也把自己公司 Logo 放在缺席的五环处，通过公司微博账号纷纷借机营销。

案例点评：

奥运会无疑是所有厂商都关注的焦点，但国际奥委会对奥运商标的授权使用管理非常严格，未经授权的商家是不能使用奥运相关元素的。但"四环"并不在奥组委授权范畴之内，商家使用的话，算不上侵权，各大商家敏锐地抓住时机，借了一把奥运会的力。

案例4-8：李娜退役借力营销

两次大满贯捧杯，世界排名最高达到第二，中国网球金花一姐李娜宣布退役时吸引大众广泛关注，各商家抓住时机，李娜宣布退役当天纷纷借力营销。

杜蕾斯

11：00 @杜蕾斯官方微博：一路有李，娜就很好！#李娜退役#

奔驰

11：13 @梅赛德斯-奔驰：今天，著名网球运动员、梅赛德斯-奔驰品牌大使@李娜 因伤正式宣布退役。作为奔驰全球首位中国籍品牌大使，李娜两次大满贯冠军的辉煌战绩创造了中国乃至亚洲网球的全新历史，我们以她为荣！现在，她将离开那曾经有过欢笑和泪水的赛场，我们将一如既往地关注并支持李娜，并祝福她未来的人生更加精彩！

奔驰延续#星辉传奇#话题，"星辉旅途，感谢有你"的文案水到渠成。

可口可乐

11：26 @可口可乐：娜些快乐，感谢有你。#李娜退役#

可口可乐的消息下，网友呼声最高的是：出个纪念款吧！足见昵称瓶、歌词瓶的影响力。

伊利

11：29 @伊利婴幼儿配方奶粉：从一个单纯喜欢网球的小女孩到世界瞩目的网坛明星，一路走来，坚毅的身影和付出的汗水，都使得李娜这个名字深刻在我们心中。今天，她将告别赛场，迎来新的人生风景。这不是结束，这是新的开始，祝福娜姐在新的人生旅途中灿烂绽放。#李娜退役#

耐克

11：33 @NIKE：敢出头的鸟才配飞更远。向飞翔了15年的出头鸟致敬。#做个出头鸟#@李娜

力帆汽车

12：06 @力帆汽车：下一段征程，一触即发！#李娜退役#

飞利浦

13：32 @飞利浦娱乐影音：#李娜退役# 听从自己的声音，娜样就很好！

康师傅冰红茶

15：23 @康师傅冰红茶官方微博：#李娜退役#娜young精彩！

气味图书馆

15：24 @气味图书馆官方微博：#李娜退役#你已经带给了我们太多的惊喜，而你，伴

随荣誉的同时却是更多的伤病。即使你放下球拍，你依然是我们心目中的英雄！李娜加油！我们和你一路香随～

脉动

16：03 @随时脉动：#李娜退役# 十五年网球生涯，两座大满贯奖杯，每一个扣人心弦的时刻，每一个激动人心的瞬间都让我们热血沸腾。感谢你，娜些年带给我们的脉动（见图4.18）。

图4.18 脉动借力李娜退役时的微博配图

魅族

15：00 @魅族科技：你的不妥协，在我们心中；我们的不妥协，在你手中。#李娜退役#

案例点评：

李娜退役是2014年重大事件之一，这些企业成功利用大众对李娜退役的关注，将自己品牌融合在事件之中，既迎合了大众关注热点，又传播了品牌，这种借力热点事件营销是微博最常用的营销方式。

互联网中借势营销应用得非常广泛，除了上面说的3种情况，还可以借名人效应，但不管是借渠道、借事件还是借名人，最核心的关键点在于，内容一定要是大众所关心的，只有这样才能达到事半功倍的效果。

4.9　微博刷数据

现在说起微博，基本上就是指新浪微博。提起微博营销，就不得不说说微博刷数据的事情。微博之所以会这么快被微信抢去风头，很大一方面源自微博自身的过度营销。当很多企业都发现微博是个营销宝地之后，专业刷数据的团队也应运而生。微博上与数据相关的有以下几项：粉丝数、评论数、转发数、点赞数以及话题的关注数。由于微博平台没有很好的防刷机制，这些数据就很容易被人工操作。淘宝搜索一下"微博刷粉丝"，可以找到好多卖家（见图 4.19）。其还把粉丝质量做了分类，例如，初级粉、真人粉、高级粉。不同质量的价格也不一样，最好的方式是在做活动的同时，三类粉丝混合都刷一些。

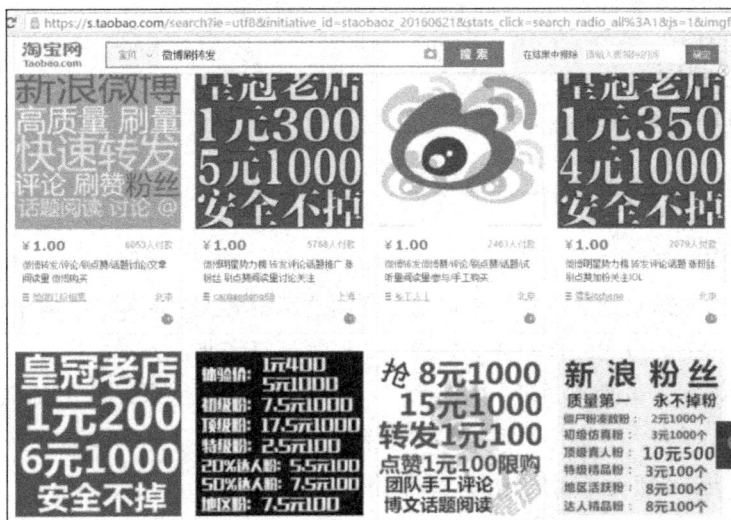

图 4.19　淘宝刷微博数据卖家

有人会遇到掉粉的情况，比如我买了 1 万粉，过了半个月发现只剩下 6 000 粉了。这是因为微博官方在打击这些机器人粉，所以才存在真人粉、高级粉，卖家也才有一种售后保证叫"保证不掉粉"。现在的技术，在微博机器人这块已经很成熟了，从注册、起名、上传头像这种基础工作，到关注别人、转发、评论文章这种互动行为，再到发博文、甚至@某人这种自主行为，基本不用人工参与，机器人全程可完成。正是因为这样，所以像刷热门排行榜之类的事情才变得可控。可以说在微博的世界里，几乎没有什么是不能刷的。微博官方也非常头疼刷数据这种行为，但就目前的情况来看，并没有太好的解决办法，其实并不一定是技术上解决不了，更多的是出于运营方面的考虑。

5

第 5 章
微信营销

　　本章主要讲述微信及微信公众平台的建设、运营和营销。微信公众平台本属于自媒体的一个渠道，但微信营销非常火，在移动互联网营销中受关注度最高、应用最广泛，甚至在移动互联网营销的概念还没有兴起之前，微信营销已经非常火爆，早已深入人心了。而且微信营销的内容，也确实要多一些，所以本书将其单独拿出来，独立成章。

　　通过本章的学习，我们可以深入了解微信公众号的操作、运营和营销方法。

　　本章关键词：微信　微信公众号　朋友圈　微信营销

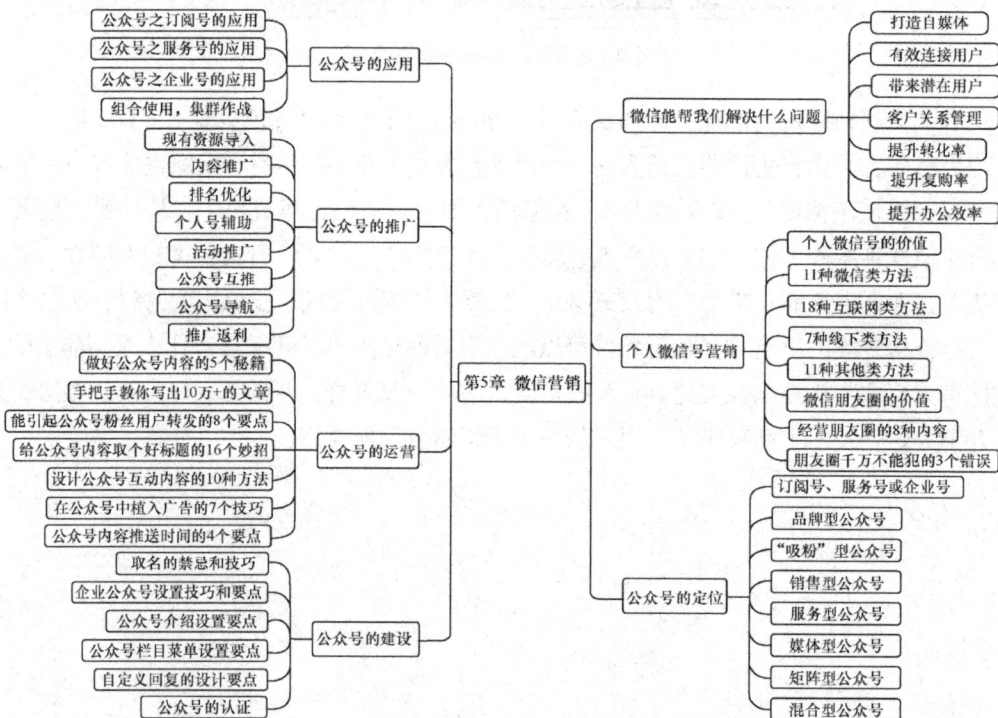

5.1 概述

微信（WeChat）是腾讯公司于 2011 年 1 月 21 日推出的一个为智能终端提供即时通信服务的免费应用程序，支持跨通信运营商、跨操作系统平台，通过网络快速发送免费（需消耗少量网络流量）语音短信、视频、图片和文字。同时，用户也可以通过共享流媒体内容的资料和基于位置的社交插件"摇一摇""漂流瓶""朋友圈""公众平台""语音记事本"等功能。截止到 2015 年第一季度，微信已经覆盖全国 90% 以上的智能手机，月活跃用户达到 5.49 亿，用户覆盖 200 多个国家和地区。此外，各品牌的微信公众账号总数已经超过 800 万个，移动应用对接数量超过 85 000 个，微信支付用户则达到了 4 亿左右。腾讯公司 2016 年公布的最新一期财报显示，微信月活跃用户已达 8.06 亿。

提到移动互联网营销，微信是绕不开的话题，因为它实在太火了，火到有的人认为移动互联网营销就是指微信营销，微信营销就是移动互联网的全部。就好像在网络营销领域，SEO 曾经风靡一时，一些不太了解网络营销的人以为 SEO 就是网络营销的全部一样。

需要提醒大家的是：如果把微信营销看得太重，就容易在移动互联网营销的道路上一叶障目，这绝对不是什么好事。就像当年 SEO 火的时候一样，很多企业的网络营销工作，完全是围着 SEO 转，比如企业做官方网站，只考虑符合不符合 SEO 标准，会不会在搜索引擎上得到排名。而这么做，最后的结果就是可能确实在搜索引擎获得排名了，但是转化率、销售额却上不去。

当然，笔者并不是在否定微信营销的价值，说它不好，只是希望大家能够客观地去看待它：微信只是众多移动互联网工具中的一种，微信营销也只是众多移动互联网营销方法中的一个。只不过由于微信的用户多，普及度高，所以微信营销这种方式用得比较多，就像当年 SEO 之所以流行，就是因为搜索引擎普及度高一样，仅此而已。

这个方法就算再好，也不可能适合于所有企业；这个方法就算再好，也不可能适用于所有场景；这个方法就算再好，也不可能解决所有问题。根据自己的实际情况，选择最适合自己的才是关键。

5.2 微信能帮我们解决什么问题

在学习微信营销之前，我们需要认真思考一个问题：什么情况下，微信营销才适合我们呢？或者说微信能帮我们解决什么问题呢？

1. 打造自媒体

作为移动互联网的重要组成部分，微信公众号是成为自媒体的不二选择。因为目前在手机端，微信的用户数最多，微信每天的打开率最高，用户每天使用微信的时间最长，已经养成了使用和阅读习惯。所以不管是企业还是个人，只要想做自媒体，首选都要创建微信公众号。

2. 有效连接用户

在没有微信之前，企业很难和用户建立有效连接。比如一家酒类企业，每年可能会销售 1 000 万瓶白酒，但是谁买了这些酒呢？企业能够有效地和这些买过酒的人建立连接吗？显然很难。

传统的方式，是在包装上印上企业电话、地址，但是打电话的人有多少？而且消费者打了电话后，企业能和他保持长久的联系吗？进入互联网时代后，大家又开始在商品包装上印网址、QQ 号、邮箱地址，但是主动访问企业的网站，通过 QQ 号和邮箱地址联系企业的人又有多少？微博兴起之后，状况好些，但是微博的沟通性却十分有限。微信公众平台兴起以后，大家突然发现，原来微信公众平台是一个非常好的连接用户的工具。企业可以随时把信息传递给用户，用户也可以很方便地把自己的意见反馈给企业。重要的是，用户与企业建立联系并不需要付出太多成本，甚至不需单独下载一个APP。

微信公众号可以很好地将企业与关注企业动态的用户建立联系，这种联系不是互相留了电话号码，一年也不互动一次，而是企业天天可以与用户进行互动。

3. 带来潜在用户

微信可以带来潜在用户，这几乎是一个不需要讨论的问题，因为微信本身就是作为一个推广渠道来使用的。比如常见的方法有，围绕目标用户群的特点和需求建立有针对性的公众号，然后通过公众号来吸引潜在粉丝；或策划软文、活动等在微信中传播，通过内容、活动吸引潜在用户。

对于企业来说，潜在用户就是关注企业内容的用户，这些用户可以产生多大价值，取决于企业未来商业化道路怎么走。关于自媒体怎么盈利的问题，将在第7章中介绍。

4. 提升转化率

根据权威机构统计，通常企业 90% 的销售是在第 4 至 11 次跟踪后完成的。所以仅仅依靠那些见面一次就成单的销售肯定是远远不能满足企业的需求。无论什么企业，其大部分的销售额都是来源于追销，所以追销才是提升销的王道。

而微信是最有效的追销工具和手段。因为传统的方式，无论是电话、短信，还是 QQ 等，只能一对一追销，效率不行，而即使一对一追销，用户内心可能也会有抵触情绪；而短信群发、邮件群发等方式，虽然能做到大范围追销，但是接受度有限，这种方式的效果越来越差。

而通过微信朋友圈、公众号及微信个人号一对一的组合方式，可以避免这些问题，使追销效果达到最大化，继而提升最终的销售转化率。

5. 客户关系管理

现代企业越来越重视客户关系的维护，这一点，从客户关系管理软件（CRM）的火爆应用就可窥见一二。而从某种程度上来说，微信公众号是一个天生的 CRM，是维护客户关系的利器。因为每个订阅公众号的用户，背后都会自动形成一个数据库，这个数据库你自己可以管理。微信公众平台提供了分组、客户资料查看等功能，包括一些基本的客户素材。而且微信还提供了开发接口，如果技术条件允许，你也可以根据自己的需求进行二次开发。

6. 提升复购率

判断一个销售人员优秀与否，不是看他能够开发多少新用户，而要看他能让多少老用户反复购买。因为开发一个新用户的成本，至少是维护一个老用户成本的七倍左右。这个道理很多人都明白，但是想让老用户反复购买，并不是一件容易的事。让老用户经常复购的前提，除了产品体验好之外，还需要经常与用户联系，维护关系和感情。用户少的情况下还好说，用户多了后，如何保持联系？而微信的优势，就是可以大范围地维护客户关系，实时沟通、互动、交流。

7. 提升办公效率

2014 年，微信公众号在原有订阅号、服务号的基础上，又重磅推出了企业号。企业号可以帮助企业快速实现移动化办公。企业在开通企业号后，可以直接利用微信及企业号的基础功能，加强员工的沟通与协同，提升企业文化建设、公告通知、知识管理，比如微信打卡、企业通讯录、在线 OA、销售订单管理、子公司管理等。

5.3 公众号的应用

微信分个人号和公众号，而公众号又分为订阅号、服务号、企业号，选择适合自己的，才能达到最好的营销效果。下面笔者先为大家详细解说一下公众号。

5.3.1 公众号之订阅号的应用

前面已经说过，微信公众号分为订阅号、服务号、企业号 3 种。首先，先来介绍一下订阅号的功能特点。

公众平台订阅号的定位是为用户提供信息和资讯为主，比如央视等传统媒体，或是新兴的自媒体等（见图 5.1）。如果个人想申请微信公众号，可以申请开通订阅号。

在功能方面，订阅号每天可以发送一条群发消息。发给订阅用户（粉丝）的消息，将会显示在对方的"订阅号"文件夹中。目前个人订阅号已不支持"认证"功能，开通"原创"功能的订阅号可以自定义页面。企业公众号经过认证以后，自定义菜单中可以引用站外链接，未认证的号不可以使用该功能。

如果我们的营销是为了满足以下几种情况，可以选择申请订阅号。

1．自媒体平台

订阅号的功能特点，注定了它是一个非常好的媒体平台。图 5.2 是笔者的自媒体公众号。具体如何搭建微信公众账号，请参看后面的内容。

图 5.1　微信公众号

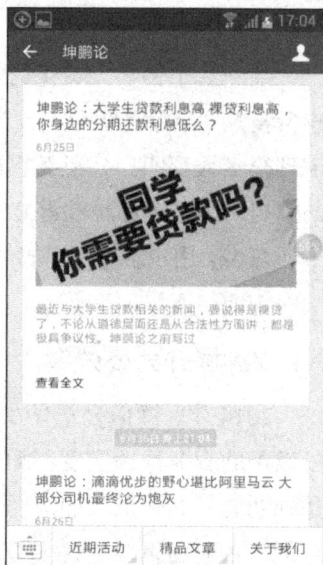

图 5.2　笔者的自媒体公众号

2．"吸粉"平台

我们也可以将订阅号作为推广工具来使用，通过订阅号吸引潜在用户关注，继而产生转化。比如最常用的策略有：针对目标用户群，创建若干订阅号。如果是销售化妆品，那就可以围绕女性用户关注的焦点来建设账号，发布化妆、美容、星座等内容。具体的"吸粉"的手段，也可参看本章后面部分的内容。

3．辅助销售

如果公司产品是大众化产品，非销售人员一对一销售模式，例如日用品等，那则可以用订阅号来辅助销售。例如，在投放的广告上、在各种宣传资料上等，都植入订阅号，引导用户添加；然后通过订阅号与用户建立联系，例如在公众号上传播品牌故事、产品理念、产品文化、公司背景实力、产品的效果分析、成功案例、用户的反馈等，然后再通过各种互动活动、体验活动、促销活动等引导成交。

4. 培养粉丝

订阅号还是培养粉丝的绝佳平台。想把一个用户变成企业的粉丝并不容易。在实现这个目标的过程中要做大量的工作，首先要相互了解，然后要经常接触、沟通、互动，加深感情等。对于很多企业来说，想大范围地和用户保持这样的关系并不容易，而订阅号可以帮助企业达成目标。

我们可以通过各种手段引导用户添加我们的订阅号，例如将公众号植入到产品包装、产品使用说明书中等，然后通过订阅号长期与用户保持联系，比如向用户传递我们的文化理念，经常策划一些可以加深用户情感的活动，慢慢培养用户对我们的认知，最终让他们成为我们的粉丝。

5.3.2 公众号之服务号的应用

公众平台服务号定位是以服务功能为主，旨在为用户提供服务。它最适合于需要为用户提供各种服务的企业，例如银行、酒店等。

在功能方面，服务号和订阅号也有一些差异。服务号每个月只能群发四条消息，这点较之订阅号每天一条的频率来说要少很多。但是服务号群发信息的时候，用户手机会像收到短信一样接收到信息，显示在用户的聊天列表当中；而订阅号发布的消息，只会出现在订阅号文件夹中。服务号认证后可以支持高级接口，高级接口能够获取和分析用户信息等；而订阅号无法获得高级接口。关于服务号和订阅号的具体差别，请参看图5.3。

功能权限	普通订阅号	认证订阅号	普通服务号	认证服务号
消息直接显示在好友对话列表中			✓	✓
消息显示在"订阅号"文件夹中	✓	✓		
每天可以群发一条消息	✓	✓		
每个月可以群发四条消息			✓	✓
基本的消息接收/回复接口	✓	✓	✓	✓
聊天界面底部,自定义菜单	✓	✓	✓	✓
九大高级接口				✓
可申请开通微信支付				✓

图 5.3 服务号和订阅号的具体差别

相对于订阅号，服务号的使用门槛高一些，不像订阅号可以马上申请，马上使用，没有任何难度和门槛。这是因为企业在使用服务号时，需要针对企业的自身需求进行相关功能的开发，这就需要企业具备一定的技术能力，或是拿出一定的预算请专业公司协助。

服务号的定位是聚集在"服务"二字，所以其在企业营销的过程中，扮演的角色也比较固定，不像订阅号或是个人号那样可以在不同的层面灵活运用。其主要作用和价值就是体现在针对用户的服务上。企业在营销过程中，可以通过服务号，为用户提供更好的服务体验，继而增加用户对企业的认可度，通过服务号黏住用户，最终让用户产生复购，以及成为企业的粉丝。

下面，通过一组小案例，让大家直观地了解一下服务号在不同行业和领域中的运用。

案例 5-1：服务号在不同行业里的应用

招商银行是个非常愿意尝试新鲜事物的企业，经常走在同行前列。招商银行信用卡很早就开通了其官方服务号（见图 5.4），通过招商信用卡的公众服务号，用户可以快速查询信用卡账单、额度及积分；快速还款、申请账单分期；可以通过微信转接人工服务；在进行信用卡消费时，微信会免费进行提醒等。如果你不是招商信用卡的客户，还可以直接通过微信办卡！

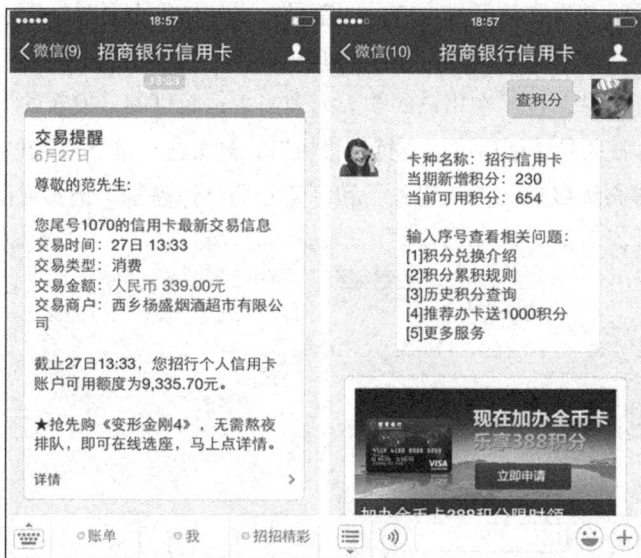

图 5.4　招商银行信用卡服务号

广东联通公司，也开通了企业服务号（见图 5.5）。如果用户在其服务号中绑定手机号，可以直接查看积分流量、套餐余量、手机上网流量、微信专属流量等，同时此服务号还提供客服咨询服务。

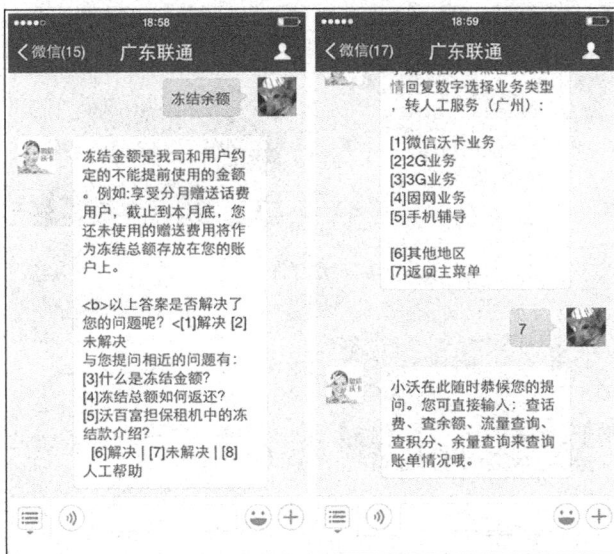

图 5.5　广东联通公司服务号

南方航空也有自己的服务号（见图 5.6）。用户可以在南航的服务号上，直接办理值机手续、挑选座位，还可以查询航班信息，查询目的地城市天气等。

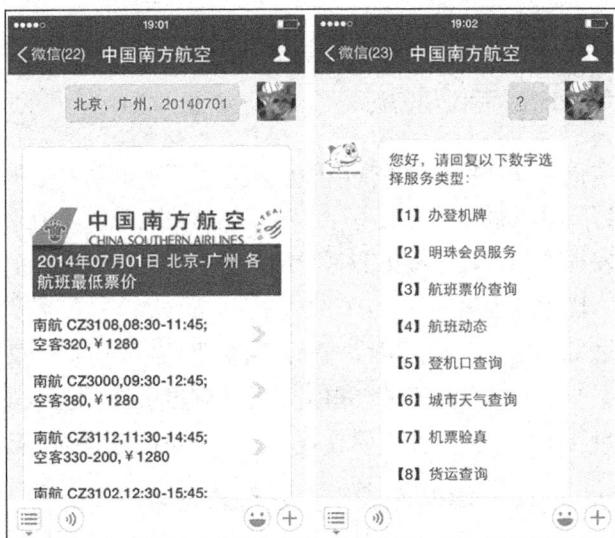

图 5.6　南方航空服务号

广州公安局也开通了官方服务号（见图 5.7）。其可以为用户提供最新最快警务资讯、办事指南，用户可在此查询交通违法信息、业务办理进度、路况动态资讯，预约出入境和户政业务办理服务，还可直接办理往来港澳通行证及再次签注等。

图 5.7　广州公安局服务号

案例点评：

现在，公众号已经相当普及，其中也涌现出了非常多的优秀公众号。这里列举的，只是很少很少一部分，只是抛砖引玉。如果大家想在这此方面有深入研究和学习，建议多去关注一些优秀账号，尤其是和你行业相关的、借鉴性大的账号。

5.3.3　公众号之企业号的应用

企业号是腾讯微信在 2014 年全新推出的产品，它的定位是为企业解决办公移动化问题，其使用方式和订阅号及服务号完全不同。从营销的角度来说，企业号无法直接为企业的互联网营销直接发挥作用，其作用更多是间接、辅助的，例如降低企业的管理成本、沟通成本、提升效率、优化流程等。

对于想尝试办公移动化的企业，可以选择开通企业号。不过在这里提醒一下，与服务号一样，若想使用企业号，同样需要进行相关开发，需要具备一定的技术实力或是有一定的预算。下面，通过一组小案例，让大家直观了解一下企业号的应用效果。

案例 5-2：企业号的应用

先来说家电行业巨头美的在企业号方面的尝试。美的主要通过企业号优化销售服务管理流程（见图 5.8）。

在售前方面，导购员可以通过企业号随时随地上报销量、管理库存、申请调货、管理陈列等，提升终端销售工作效率。

售后方面，售后工程师可以直接通过企业号用手机接收工单、查询产品维修记录、现场申请配件、完善服务档案，展示产品保修期、收费政策等信息，同时引导消费者使用二维码对服务进行现场评价。

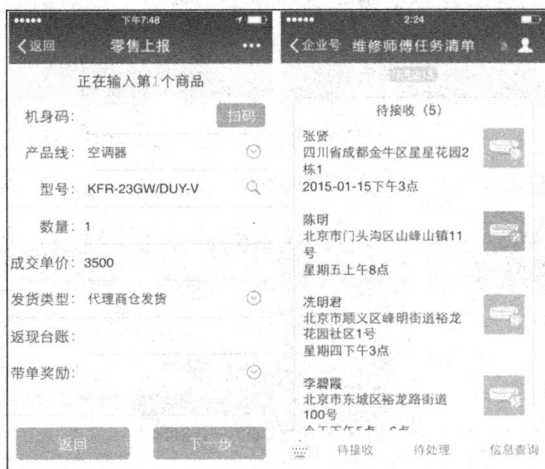

图5.8 美的的企业号

在管理方面，各门店负责人可以直接通过手机上报销量、承接家电售后服务，帮助门店工作人员为消费者提供更好的服务，并提升企业对终端市场的管理。

尝试的结果也是比较喜人的，比如售后功能仅上线1个月，日处理工单量就超过了1万，占总单量的25%。

东莞零售巨鳄美宜佳连锁便利店在这方面的尝试很成功。美宜佳的企业号帮助每一个店主能方便、快捷地掌握门店经营情况，接受公司经营指导，了解最新资讯，达成经营目标。其主要包含以下功能（见图5.9）。

图5.9 美宜佳的企业号

（1）"我的报表"让店主随时随地掌握门店的销售、应收账款、退货、促销补差等情况。

（2）"日常操作"让店主轻松实现店铺管理，如报货、调价、盘点、库存校正等。

（3）"一键报障"为门店突发问题提供方便、快捷的包括文字、图片、声音等全方位描述问题的准确报障通道，同时形成工作流，便于问题的跟进、解决、总结与改进。

再来看一下企业号在汽车行业中的应用。车企的规模都比较大，规模大就意味着管理成本高、难度大。而上海通用汽车通过企业号，有效地提升了管理效率（见图 5.10）。

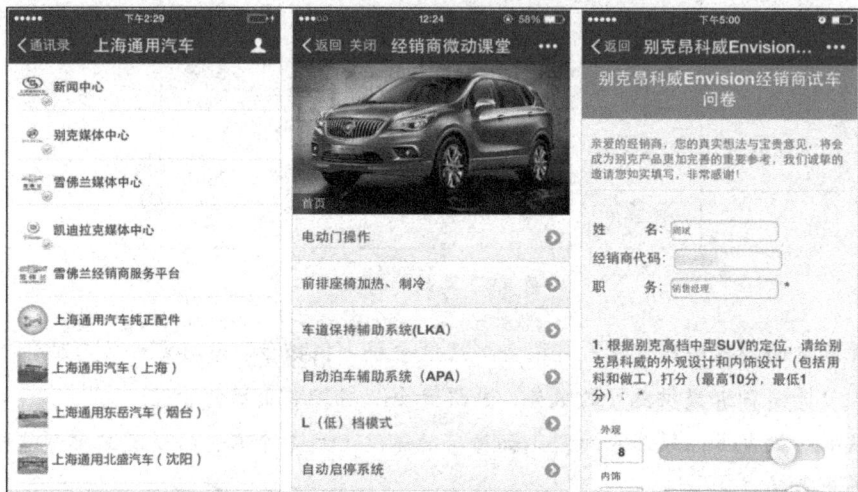

图 5.10　汽车行业中的企业号

首先，通用汽车将企业号作为公关部、市场部、公关代理及执行公司、核心媒体的信息公告平台，提供核心产品及品牌信息查询、稿件下发、工作手册检索及活动信息管理、提醒。

其次，通过企业号，其为员工及经销商，提供日常培训、内部案例分享及学习服务。

再次，通过企业号提供员工福利及服务，以及相关员工信息查询，包括人员服务（餐厅、班车等信息）、HR 助手（员工信息查询）和工厂开放日（员工及家属活动）等。

最后，为员工和经销商提供车展、经销商大会等活动的管理、查询和通知，包括活动流程、信息统计、航班查询、酒店选择、服务投票等。

案例点评：

虽然企业号的作用不能直接体现在营销方面，但是通过企业号，降低企业管理成本、提升效率，也是创造效益的体现。建议条件允许的企业，都来体验一下企业号带来的便利。

案例 5-3：企业号解决连锁店的巡店问题

著名冰激凌品牌哈根达斯在全国共有 300 多家门店，散落在 60 多个城市，巡店管理是公司日常运营的例行工作，是架设于公司和店铺之间相互沟通的桥梁。门店不仅肩负着实现公司营业额的任务，更是线下的品牌展示区，其重要性不言而喻。

过去，哈根达斯巡店人员发现了在运营上存在的不少问题，比如产品摆放区域利用率不够合理，明星产品在店内的推广标志不明显等。这些问题的出现，到底是暂时现象还是长久性问题？这些问题是否有上报店长甚至区域管理者？上报后能否得到迅速的反馈和解决？其他门店是否也存在同样问题？这些问题能不能一次性根治？

以上这些问题，一直困扰着他们，而当哈根达斯开通微信企业号后，第一时间将企业号与企业管理对接，借助微信企业号的巡店功能，解决了这些存在已久的巡店管理痛点，让巡店工作变得标准化、及时化、移动化。

现在，哈根达斯的巡店督导，会根据他们内部企业号内置巡店模块的规范要求对各个检查细项进行检查，对门店陈列存在的问题通过"拍照+文字描述+打分"的方式，在现场制作巡店报告，把存在问题和评估结果即刻发送给相应的管理人员，管理人员收到后会根据该情况拟定相应的解决方案，及时以微信的形式传达至店长。

举个例子，哈根达斯企业号投入使用不久，通过巡店督导在巡店模块中的反馈，管理人员发现，某区域一部分的门店在重点产品陈列和明星产品标识的使用方面存在欠缺。管理者可以利用微信企业号中的任务模块，为存在问题的门店下达一项任务，提出要求，对此问题进行整改。门店负责人对于任务执行的进度、反馈，则可以直观地通过微信企业号来查看。管理者可以全面了解各个门店解决问题的进度，包括物料如何摆放等，都可以通过任务下达模块直接传达给各个门店的负责人，门店负责人则根据任务的细项逐条跟进，而巡店人员也可以将活动的执行情况列入到巡店条目中，使其得到最大限度的执行。

除了提升管理效能外，哈根达斯的管理者还通过微信企业号实现每日运营数据的便捷获取，实时了解各门店经营情况，以多种维度查看门店的巡店报告。例如，通过某个门店一段时间内巡店的平均得分和巡店趋势，评定该门店近期的运营情况；通过多个门店的扣分点汇总，确认门店运营中存在的共性问题；除了在门店维度上得到数据的管理汇总之外，在巡店督导的维度上也可以进行数据的汇总和查看，如自动生成针对某个督导一段时间内巡店次数、综合得分、照片数、评论数的汇总，以方便管理者对于巡店督导的管理和考核。

在以上基础上，哈根达斯微信企业号又接入了产品订单上报的功能，当门店发现某个产品缺货时，直接在微信企业号上提交申请，信息就可以上传至总部相关负责部门，信息传达更加便捷迅速。后期这个功能将和哈根达斯本身的库销存系统打通，真正将进货、销货转移到微信上来。

案例点评：

哈根达斯的微信企业号已初步具备O2O和C2B定制的属性，尤其和国内最大移动互联网流量平台微信的合作，让哈根达斯的转型举动更接地气，更具成效。因为它能够高效率地连接线上（管理者）和线下（门店），通过各项简单有力的工具和对数据的统计和分析，高效率、低成本地去发现问题、解决问题，并且避免问题的再次发生，这也是巡店管理存在的意义所在。

当然，要想让企业号与企业有机融合，满足企业的个性化需求，则需要进行相应的技术开发，对于没有技术开发实力的企业，可以考虑与第三方的企业合作，或是选用现成的工具。比如哈根达斯企业号的这些功能，就是借助了第三方公司畅移信息开发的"巡店宝"，其主要功能如下。

巡店管理——巡店组工作人员在各巡视目标现场即时提交巡店报告，描述具体问题，并拍摄和上传发现的问题图片。巡店评估结果可直接派发给店铺值班经理或指定的相关人员进行跟进改善。巡店宝的推出，有效结合哈根达斯的门店合格率排行榜制度，有效激发一线门店的工作积极性。

内部公告——哈根达斯针对运营条线的各种通知，通过内部社区，便捷快速及时地传达到全体员工。

内部通讯录——巡店组的员工可随时在微信企业号的通讯录中，快速查找到相应的门店负责人，及时告知巡店过程中发现的问题，有图有真相，沟通更顺畅。

任务下发——根据巡店督导发现的店铺管理问题，区域负责人提出相应的改造建议、实施思路和执行检验节点，反馈给相关门店负责人，责成整改并接受下一轮巡视。

5.3.4 组合使用，集群作战

企业在具体运用微信时，可以只选择个人号，或是订阅号、服务号使用，也可以将它们有机结合，打配合站，或是建设账号群，集群作战。

在销售层面，我们可以让业务员在具体销售时，配合微信个人号使用，同时公司层面再建立官方公众号辅助销售，所有业务员在与客户接洽时，也引导用户添加公众号，通过业务员、业务员个人微信、公众号三位一体来影响用户，促进成交。

在推广方面，我们可以建立多个微信公众号，比如围绕目标用户的需求和特点，同时建设十几个，甚至几十个账号进行集群作战。而且多账号还更容易推广，因为不同的账号之间，就可以相互推广、相互带流量。

在服务方面，我们可以将服务号、订阅号、服务号搭配使用，不同账号负责不同功能和不同用户群体。比如有的企业是1个服务号加2个以上订阅号，订阅号的作用是吸引潜在用户以及进行售前引导，服务号的作用是提升用户满意度，产生二次消费。也有企业是将企业号和服务号配合使用。

当然，账号越多，运营成本也肯定越高，所以企业在具体操作时，可根据自身资金、人力、用户来部署，个人建议先申请订阅号，结合第三方开发平台做信息推送，后期可以再申请服务号提供服务及企业号来实现办公移动化。

下面让我们一起来看一个组合使用的应用案例。

案例5-4：公众号在医院中的应用

广东省韶关市粤北人民医院已经拥有120余年历史，虽然它的"年龄"很大了，但是思想却很前卫，在企业号的尝试上，走的很靠前。

粤北人民医院先后建立了服务号和企业号，并将二者打通，将患者与医生有机地联系了起来，实现了患者挂号、就诊、检查、诊后咨询全流程O2O闭环服务。

在前端，患者可以在手机上挂号、就诊，检查。就诊之后，患者还可以通过微信及时与医生进行反馈与咨询（见图5.11）。

在后端，医生可以通过手机及时了解病人的情况，尤其是当病人的某项身体检验数据超出正常范围，达到危及生命的数值时，系统会第一时间提醒其主治医生和主任医生（见图5.12）。

在管理方面，系统会每天对医院前一天的运营情况、门诊人数、出入院人数等基础数据进行统计，以图文形式进行汇报，让院长第一时间掌握医院经营情况（见图5.13）。

图5.11　通过微信进行交流　图5.12　通过微信了解用户情况 图5.13　通过微信进行企业管理

同时医院的员工们，可以通过企业号查看与自己相关的院内重要通知等；还可以新增通知，并发送给不同的部门和员工等。

案例点评：

在营销过程中，相关的策略或工具配合使用，往往能实现1+1大于2的效果。本案例中的粤北医院，只是将服务号与订阅号打通，便轻松实现了在移动端的布局，通过手机将患者、医生连接在了一起，从前端服务到后端管理，直接一条线打通。

5.4 公众号的定位

不管是企业还是个人，在进行微信营销时，大部分情况下是基于公众号来实现，所以接来下先重点说说公众号的使用。

在操作层面，公众号很简单，并没有什么太大的难度，即使没操作过公众号，登录公众号的官方网站（https://mp.weixin.qq.com），按照官方的提示和说明，也能很快上手。所以本章对公众号的操作并不做过多介绍。

想将公众号用好，用出效果，难点不在基本操作，而在于思路和方法。那企业如何才能将公众号用好呢？首先是先进行公众号的定位。

5.4.1 订阅号、服务号 OR 企业号

对于微信公众平台的定位来说，首先要面对的就是使用什么类型的公众号。上一节我们对订阅号、服务号、企业号分别进行了介绍，本节我们从实际应用角度出发，看一下在具体场景下，应该使用哪种类型的公众号。

1. 订阅号应用场景

（1）宣传使用订阅号

如果企业的公众号以宣传推广为主，例如宣传企业文化、品牌及最新动向，那意味着你的定位是为粉丝提供新闻资讯，首选肯定是订阅号。

（2）分享交流使用订阅号

如果你想利用公众号跟粉丝分享或交流最新的产品、要闻或者最新资讯，讨论粉丝关注的话题，那么还是订阅号更适合。因为订阅号每周发送量多，这样你才能有更多机会为粉丝提供各种信息，服务号的推送频率满足不了这方面的需求。

2. 服务号使用场景

（1）产品销售使用服务号

服务号有支付功能，订阅号没有，所以如果你是想销售产品，就必须使用服务号，而且要想尽一切办法让用户关注服务号而不是订阅号。

（2）提供服务使用服务号

如果是想为会员提供服务，那肯定是得选服务号了，因为很多功能只有服务号有而订

阅号没有。

3. 企业号应用场景

企业号常用于企业内部文化建设，主要是为了企业内部员工培训、通知下发等使用，企业号有人数限制，每个关注用户都需要经过确认，未经确认的人无法关注企业号。

5.4.2 品牌型公众号

品牌型的公众号更多是侧重于展示，其定位核心与品牌型网站很像，目的是为了让目标用户全面地了解企业，对企业有深入和深刻的认识。对于有品牌展示、业务展示、产品展示等需求的企业，非常适合开通公众号。

如果是展示企业的品牌，关键要将品牌的核心展示出来，具体的手法有品牌故事、品牌背景、品牌文化等（见图 5.14）。

如果是展示企业的形象，关键是要将企业的精、气、神展示出来，包括企业的实力、企业的背景、团队的风貌、团队的文化、公司的发展故事等。

如果是展示业务产品，关键要将业务的差异化展现出来，企业的业务或产品，与同行有什么不同，具有什么独一无二的特点和属性。图 5.15、图 5.16 分别是软件企业与房地产公司的官方公众号。

图 5.14　创维官方公众号　　图 5.15　软件企业官方公众号　　图 5.16　房产企业官方公众号

5.4.3 "吸粉"型公众号

"吸粉"型的公众号目的就是为了聚集潜在用户，通常这类账号仅从外观判断，是完全看不出来与企业有什么联系的。图 5.17 所示的公众号，名字叫"O2O 实战策略"，表面上看，更像个自媒体账号，因为其定位和内容，完全是围绕 O2O 展开。而实际上，这是一家企业服务机构的公众号，此机构的目标用户以传统企业为主，而现在传统企业都在头疼转型问题，像电子商务、网络营销、移动营销、O2O、微商等，都是传统企业关注的焦点。所以此机构围绕目标用户的这些需求，建设了一系列公众号，这个 O2O 实战策略，只是众多公众号中的一个。

通过这个案例大家可能已经发现了，"吸粉"型公众号的特点是围绕目标用户的需求来设计，公众号涉及的主题内容，一定是用户喜欢的，甚至用户会主动去寻找的内容。内容的来源，是原创还是转载不重要，关键要精，要符合用户需求和喜好。

5.4.4　销售型公众号

移动电子商务发展迅猛，用户在移动端买东西的习惯正在逐步养成，所以公众号也可以作为一个销售平台来使用（见图 5.18）。

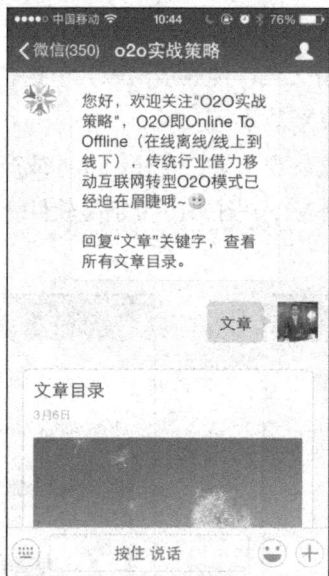

图 5.17　"吸粉"型公众号　　　　图 5.18　销售型公众号

销售型的公众号，与销售型的网站，建设和运营理念是相通的。在营销型网站建设方面，笔者有一套独家的理论和方法，名为"五力合一营销型网站建设系统"（见图 5.19）。这套系统，在移动互联网、在公众号建设上同样适用。按照这套理论体系，一个营销型的网站或公众号，要具备以下 5 个要点。

（1）展示力：此力要点是要将产品独特的卖点、优势展示出来。

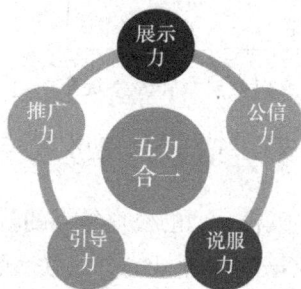

图 5.19　五力合一营销型网站建设系统

（2）公信力：此力的要点是要让用户对企业、产品产生信任。

（3）说服力：此力的要点是通过页面使用户对产品产生强烈的购买欲望，促成销售。

（4）引导力：此力的要点是如果用户不主动成交，那就引导用户咨询，或留下联系方式。

（5）推广力：此力的要点是使页面具备推广性，在网页端，主要是指网站要符合 SEO 标准，能够在搜索引擎获得排名；在公众号中，主要体现在账号要设计能够引导用户口碑传播的策略及内容。

5.4.5　服务型公众号

服务型的公众号是为了给用户提供优质的服务而创建，目的是为了增加用户的消费体验或产品体验，继而提升口碑、增加黏性、产生复购（见图 5.20）。

这个服务可以是售前服务、售中服务，也可以是售后服务，甚至可以提供公众服务。服务内容方面，需要企业根据自身实际的业务情况、用户需求及公司的条件而策划。比如咨询服务、答疑服务、投诉服务、报修服务、各种查询服务、产品真伪验证服务等。

在这里笔者提醒大家，不管服务内容如何设计，其核心主旨一定是为了让用户满意，而不是为了盲目追赶潮流。基于此原则，设计服务内容时可以把握以下两个方向。

（1）原先通过线下或互联网上提供的服务，如果能用移动互联网的形式使之更快捷，让用户体验更好，则移动互联网化。比如投诉报修、产品真伪验证等，在手机上操作就更方便和快捷。

（2）结合移动互联网的新特性、新技术、新优势，设计一些新的服务。比如对于连锁类的企业，就可以利用移动互联网的定位技术，设计寻找附近的分店、寻找附近的客服、寻找附近的服务人员等功能。

5.4.6　媒体型公众号

媒体型公众号，旨在将公众号当成一个媒体去打造和运营。通常各种媒体的官方公众号，都是属于此类（见图 5.21）。对于想打造自媒体的企业、个人，也非此类型莫属。

但是媒体型公众号较之前几种类型的公众号，也是最难建设的。要想将一个公众号打造成媒体的效果，像媒体那样有影响力，并不比打造一本刊物容易。应该说核心的理念、思想、流程是差不多的，只不过在操作上，要比制作传统刊物简单些，不像传统刊物那样要约稿、要进行复杂的排版、印刷、发行等。

要打造一个媒体型的账号，首先要确定目标受众，即公众号是给谁看的，想要影响谁。

图 5.20　服务型公众号

图 5.21　地方自媒体公众号

其次是围绕目标受众的特点和需求，明确媒体属性，就像传统媒体那样，定位是全国性媒体，还是地方媒体；是综合媒体，还是行业媒体；是新闻媒体，还是文学刊物，抑或娱乐刊物。

再次是内容方向，以做新闻为例，定位是社会新闻为主，还是时事新闻为主，或是军事新闻为主。

最后是特色内容的打造。纵观传统媒体，任何一个能在江湖上闯出名头的媒体，一定要有自己的特色或拳头产品，例如湖南卫视是以娱乐为主，拳头产品有最早的《快乐大本营》，后来的《超级女生》，现在的《我是歌手》等。

具体以什么为特色，要根据目标用户特点及结合同类账号来策划。例如以尖锐的观点为特色、以原创为特色、以访谈为特色、以网友投入为特色、以八卦消息为特色、以特色新闻为特色等，如果没有原创能力，但是眼光独到，那以精选内容为特色也没问题。

5.4.7　矩阵型公众号

矩阵型公众号，是指围绕企业的情况，建设一系列账号，集团作战。在矩阵的建设上，根据需求和目的的不同，分为以下几种。

1. 品牌矩阵

如果企业的品牌比较多，可以以品牌为单位，每一个品牌都建设一个公众号，形成品牌矩阵群。

2. 区域矩阵

区域矩阵顾名思义，是以区域为单位进行矩阵建设，适用两种情况：第一种是企业在各地有子公司，以子公司为单位进行建设；第二种是针对目标用户或业务类型，以地区+名字，进行矩阵建设，比如北京旅游、天津旅游、成都旅游等。

3. 业务矩阵

根据公司的实际业务或产品，进行矩阵建设。例如创维集团旗下的公众号有创维电视、创维设计、创维电器、创维团购、创维学院、创维照明、创维直销部、创维环境电视、创维光电、创维白电、创维盒子、创维数字等几十个公众号。

4. 用户矩阵

围绕用户的需求，建设一系列公众号，比如化妆品企业可以建议护肤宝典、明星美容秘籍、化妆方法大全等公众号，与用户分享各种技巧干货。这些公众号可以看起来和企业没关系，但要和企业有一定相关性，在账号运营过程中，要保持中立姿态，但又能将企业的理念等给植入并升华，润物细无声地影响用户。

5.4.8 混合型公众号

混合型公众号顾名思义，就是可以将以上类型的公众号，组织使用，从而达到更佳的效果。目前，很多有条件或在移动互联网上走得比较近的企业，都是混合使用，有的企业甚至有上百个公众号。

5.5 公众号的建设

公众号明确定位后，接下来开始进行账号的建设。

5.5.1 取名的禁忌和技巧

公众号的名字很是重要，好的名字，可以对公众号的运营和推广起到锦上添花的作用，而不合适的名字，则有可能制约公众号的发展。下面，就说说取名字的一些方法和要点。

1. 取名的方法

（1）直呼其名法：对于企业的官方公众号、形象公众号、品牌公众号等，可以直接采用企业或品牌的名字作为公众号名字。

（2）形象比喻法：比喻法的核心是通过比喻的方式，将公众号具象成某个现实中的事物。例如，音乐类的公众号可以叫音乐工厂，足球类的可以叫足球公园等。

（3）反问强调法：以提问的方式，引起用户兴趣，同时起到强调账号定位的作用。例如，今晚看什么、今天吃点啥、怎么多赚钱等。

（4）功能作用法：此方法的核心是直接将账号的作用或提供的服务，作为名字。例如，酒店助手、航班助手等。

（5）特色定位法：直接将账号的核心定位或特色，作为公众号名字。例如，小道消息、冷笑话精选、地方方言、方言笑话等。

（6）行业地区法：以行业或是地区作为账号的名字，例如杭州房产、健康百科等。

2. 取名的禁忌

为公众号取名字的方法太多了，上面列举的方法只是希望起到一个抛砖引玉的作用，大家在实际取名时，不要拘于一格，越有创意越好。不过在发挥创意时，要注意以下几点。

（1）符合用户搜索习惯：公众号的名字，应尽可能符合用户的搜索习惯，这样可以增加用户主动搜索关注的概率，不符合用户搜索习惯的名字，很容易让用户放弃搜索。

（2）能直观体现账号定位：账号的名字，最好是直接能够体现账号的内容定位和特色，简单地说，就是让用户一眼能明白你是干什么的，能给用户带来什么。如果名字不够直观，很容易让用户觉得自己找错了，从而失去用户。

（3）不要使用生僻字词：生僻的字词，不利于用户理解，也不利于用户搜索。一时理解不了可能就不会关注，同时更不利于传播。

（4）不要过于天马行空：取名字要发挥创意，但是也不能天马行空到没有限度，无论什么创意，一定要能落地，要和账号的定位能联系上。例如取个名字叫"知子谷"，谁能理解这是做什么的呢？除非这已经是知名品牌，否则从营销的角度来说，真的不是一个好名字。

（5）名字不要过于宽泛：太宽泛的名字，会显得过于普通和没有特色，对用户几乎没有吸引力。例如，直接将"美食"作为账号名称，就不如"北京美食""土家私房菜"的名字更加有针对性和特点。

（6）注意用户承受能力：公众号名称可以前卫大胆一点，但是注意不要太出格，要考虑到用户的承受能力，要符合微信公众号的相关规定，不可低俗或没有底线。

5.5.2　企业公众号设置技巧和要点

设置企业微信号，是很重要的！按目前微信的规定，企业微信号一旦设定，是不能更改的，如果企业微信号设置有误，是会制约后期推广的。

好的微信号，利于记忆和传播；差的微信号，即使用户想关注你，却可能因为记不住号码而放弃，或是即使记住号码了，却可能会因为微信号太长，输入时出错。例如有的企业微信号，由二十几个字母组成，而且还是毫无规律可循的组合，非常不利于推广。

其实设置企业微信号，也不难，只要把握住以下两点。

第一，微信号越短越好，越短越利于传播。

第二，微信号要利于记忆，例如，可以直接用账号的拼音，或是有规律可循的数字组合。

5.5.3　公众号介绍设置要点

公众号介绍看似只是短短一两行字，很简单，但是却暗藏玄机，对公众号的推广影响很大。因为当用户搜索到一个公众号之后，首先映入眼帘的，正是公众号的介绍（见图5.22）。此时，好的介绍，会吸引用户看完了之后关注，差的介绍，会让用户选择忽略。

撰写公众号介绍，其实也不难，只要把握住以下两点即可。

（1）要有一定的"干货"。一些企业公众号的简介，就是单纯的公司业务介绍或经营范围介绍，没有吸引力。最好是能突出公众号的定位、特点，可以帮助用户解决什么问题等。从人性的角度来说，只有当用户认为这个账号能给他带来帮助或好处时，才愿意主动关注。

（2）文字越有个性越好。文字越有个性，越容易引发关注，像幽默的文字、犀利的文字，都很容易吸引眼球。例如，一个名为"小道消息"的公众账号简介就非常有意思："只有小道消息才能拯救中国互联网，只有小道消息才能拯救中国创业者。哦，当然这是一句玩笑话。这里为你分享一些我对互联网的思考和观点，别的地方可能没有的东西。"

5.5.4　公众号栏目菜单设置要点

公众号认证后，可以设置栏目菜单（见图5.23）。这个功能非常重要，如果设置得当，可以增加用户的体验，提升用户黏性。

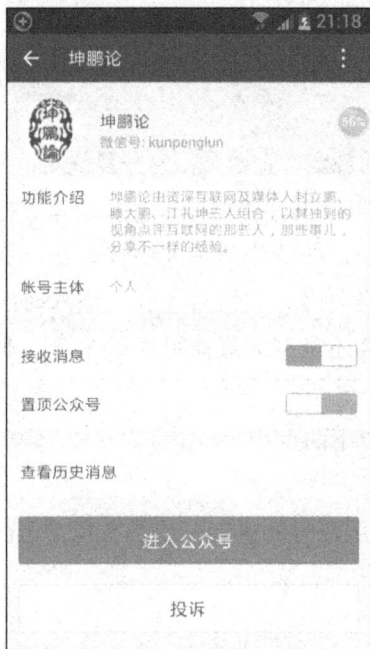

图 5.22　公众号的介绍

图 5.23　"坤鹏论"栏目菜单

栏目菜单按照目前微信的规则，可创建最多 3 个一级菜单，每个一级菜单下可创建最多 5 个二级菜单，一级菜单最多 4 个汉字，二级菜单最多 8 个汉字。

基于这个规则，设置栏目说简单也简单，就最多区区 15 个栏目，而且形式样式固定，非常简单；说难也难，因为我们设置的栏目要能提升用户体验，增加用户黏性。

根据笔者的经验，设置栏目有以下几个要点。

（1）老生长谈，栏目要围绕用户的需求和兴趣来设计，这是一切一切的大前提。

（2）具体操作时，先头脑风暴，把所有能够分析到的、符合用户需求的栏目名称都列出来。头脑风暴过程中，可以多多借鉴其他公众号甚至网站的栏目设置。

（3）所有栏目列出来后，进行优先级排序，分析哪个是用户最想要的，哪个是第二想要的。

（4）留下优先级最高的 15 个栏目，如果不足 15 个，则留空，宁缺毋滥。

（5）将 15 个栏目进行组合，因为腾讯的规则是 3 个一级栏目，每个一级栏目下 5 个二级栏目。注意，无论怎么组合，一定要符合用户查找内容的逻辑。

5.5.5　自定义回复的设计要点

自定义回复功能是公众号的运营利器，如果设置得当，相当于雇佣了一个甚至几个机器人，24 小时值班并与用户互动。公众号自定义回复有 3 种模式：被添加自动回复、消息自动回复、关键词自动回复。下面一个一个给大家介绍其要点。

1. 被添加自动回复

被添加自动回复，是指用户关注了一个公众号后，公众号自动推送给用户的消息（见图 5.24）。

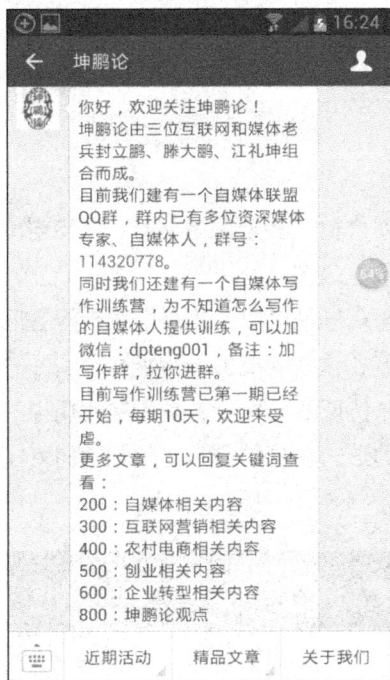

图 5.24　公众号自动推送的消息

设置被添加自动回复时，主要有以下几个要点。

（1）文字不要过多，不要超过一个手机屏幕的长度。

（2）文字高度概括和精练，能够准确描述公众号的主题及内容定位、公众号的特点、公众号提供的内容或服务等。

（3）格式整洁，符合排版需求，该换行换行，该分段分段。

（4）适当使用表情，会让推送的消息生动很多。

（5）适当穿插一些特效，例如出现"生日快乐"这一词汇屏幕会有蛋糕出现。

（6）如果内容太多，可以配合"关键词自动回复"，让用户输入相关的关键词来获取内容。例如"回复1了解产品背景，回复2获取品牌故事"。

2. 消息自动回复

微信公众平台设置用户消息回复后，当粉丝发送微信消息给公众号时，公众号会自动将设置的信息回复给用户。这个与 QQ 离线时的自动回复信息表现形式一样。

这个功能，通常在以下几种情况下使用。

（1）原公众号废弃，重新建立了新公众号，那么可以设置一个自动回复，无论用户回复什么，都提醒用户关注新公众号。

（2）公众号管理员休假或是长时间无法处理账号消息，此时可以设置一个自动回复，让用户通过其他方式联系管理员。

（3）如果公众号是当成客服平台来使用，那在非上班时间，或是客服不在线的情况下，通过自动回复告知用户。

3. 关键词自动回复

关键词自动回复是指当用户输入特定关键词时，将指定内容推送给用户。这个功能的应用最广泛，可以实现的效果也最多。

（1）智能应答机。如果公众号是以服务或是给用户解答问题为主，那么可以将一些常见问题设置成关键词自动回复，这样就能够像智能机器人一样，实现自动应答。

（2）代替导航条。对于非认证的公众号，是无法使用导航栏功能的。此时，公众号可以将栏目以关键词自动回复的形式呈现给用户，例如"回复 1 查看关于我们，回复 2 查看产品目录，回复 3 查看产品介绍等"（见图 5.25）。

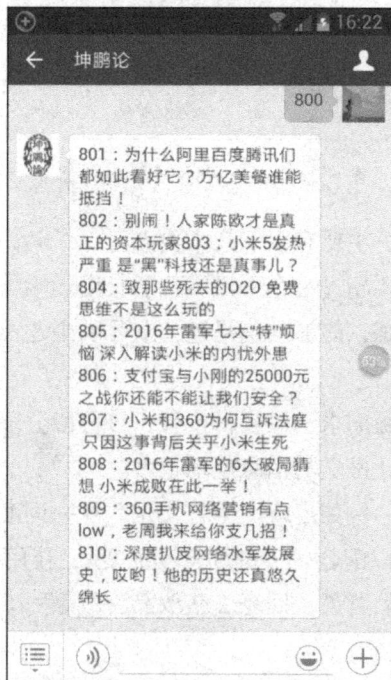

图 5.25 自动回复代替导航条

（3）补充菜单栏。即使是认证账号，可以使用公众号自带的栏目导航功能，但是微信公众号自带的导航，只有3个一级栏目，每个一级栏目下也只有5个二级栏目。而如果将关键词自动回复与栏目导航配合使用的话，则可以实现无限分级。

（4）历史索引库。公众号运营久了后，沉淀下来的历史内容会非常多。正常情况下，如果用户想查看历史内容，只能通过点击公众号的"查看历史消息"来实现。但是在内容很多的情况下，这种方式并不方便。而我们可以通过关键词自动回复内容，将历史内容做一个梳理和分类，做一个关键词索引，并将它编成图文消息，便于用户查找和阅读这些历史内容。

关于具体的设置方法，这里就不介绍了，微信公众平台官方有详细说明，下面说说具体操作时的几个注意事项。

（1）尽量用简单的数字或者词汇作为关键词，不要搞一些难分辨的多字母或者多汉字。

（2）如果需要展示的内容太多，可以像导航那样分级展示，例如产品功效有12345，你可以用回复关键词"功效"，列出12345，这样别人对应输入12345时，就再回复对应的图文给用户。

（3）用数字触发回复时最好有规律可循，例如101、102、103。

（4）如果需要呈现给用户的内容太多，可以将内容设计成图文或是一组图文（一般五个为宜）推送给用户。

（5）页面模板：对于已经开通"原创"功能的微信公众号，会开通页面模板功能，利用"页面模板"功能可以将已发布的文章排得像自媒体，每个模板可以有3张幻灯片和最多30篇文章。

5.5.6　公众号的认证

公众号能获得认证的，尽量进行认证，认证后的公众号会有更多功能和权限，不过目前个人公众号已经不可以认证。

公众号支持以下几种认证主体：企业（企业法人、非企业法人、个体工商、外资企业驻华代表处）、网店商家（支持天猫、QQ网购商家）、媒体（事业单位媒体、其他媒体）、政府及事业单位、其他组织。

如果你的公众号符合认证条件，那再支付300元服务费，就可以申请认证了。认证后的界面如图5.26所示。

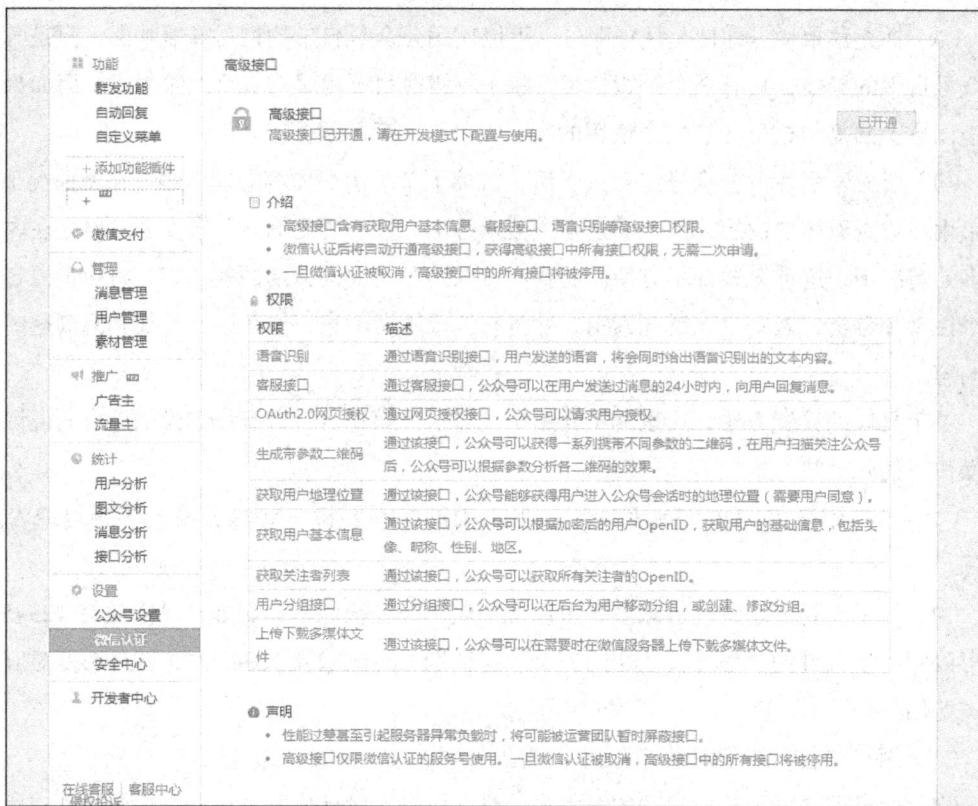

图 5.26　公众号认证后的界面

5.6　公众号的运营

公众号设置完成，只是迈出了"万里长征"的第一步，要想成功运营，还有很长的路要走。日常的运营和维护是获得成功的关键。**公众号的运营，核心是内容，重点是互动。**本节重点介绍一下运营方面的经验。

5.6.1　做好公众号内容的 5 个秘籍

先说说如何创作公众号的内容。

1．纯原创

原创的内容，肯定更具备竞争力和优势。但是一提到原创，许多人便头疼，因为大多数人都是比较缺乏创意的。其实公众号内容的原创，没那么难，不一定非是长篇大论。下面说说创作公众号原创内容的 6 个方法。

（1）文字

文字是最基本的内容形式，和传统媒体内容相比，公众号的内容简单得多，主要体现在两个核心层面上：首先是字数不宜过多，因为手机屏幕面积有限，字数控制在1 000字以内为宜；其次是内容不需要过于深奥，因为内容控制在1 000字以内，想把复杂的问题说清楚并不容易。而且用户在手机上阅读时，基本上都是利用碎片化时间，不能让用户感觉太"烧脑"。

如果文字比较少，显得内容很短，怎么办呢？多配图、多分段即可丰富内容。

只要掌握这两种方法，哪怕只有500字的文章，也可以"看起来很丰富"。

互联网时代本身就是一个读图时代，移动互联网更是如此，况且图文并茂更宜于用户的理解，让其阅读起来也不会觉得那么累。不过给文章配的图，最好是与文章内容相关，不要配一些特别不相关的图片。

（2）访谈

如果1 000字的内容也感觉比较困难的话，那可以用一个讨巧的方式，就是做访谈。针对公众号的定位和涉及的领域，你可以去采访相关的专家、名人，访问相关的企业负责人、高管、行业从业人员或用户等。

这里说的访谈，形式上也很简单，全程通过互联网就能搞定：先寻找访谈对象，然后通过QQ或微信等与之取得联系；如果对方接受访谈，则针对访谈对象的情况和特点，准备至少10个以上的问题；将访谈问题发给对方，如果有问题，则修改，没问题，则让其围绕这些问题写出他的观点或想法等；对方将内容完成后，我们对内容进行加工，主要就是文字润色、排版等，之后将内容发布。

（3）图片

除了文字，我们还可以制作图片类的内容。比如说制作一些有意思的图片去传播，例如幽默搞笑类的图片，这个图片可以是静态的，也可以是动态的。现在手机上就有很多制作动态图的APP，非常简单和方便。

制作图片的关键是创意要好，创意来源有二：一是自己的创意，当然，这个比较难；二是来自网络的创意。我国有几亿的网民，网上每天都会出现许多有意思的素材，可以多多关注互联网上相关的站点找灵感。

如果是专业性的公众号，还可以针对本领域制作一些专业化的图片。从以往的经验来看，思维导图或是流程图（见图5.27），就比较受欢迎。

（4）漫画

如果将图片升级一下，我们还可以将生活、工作中的一些人和事，做成漫画来传播。在传递企业文化、品牌理念时，这个方法非常有效。可能有人一听到漫画，就感觉需要有专业的人，其实不然。像网络上著名的暴走漫画，从专业绘画角度来说，非常简单粗糙。这个不是重点，内容有趣才是关键。

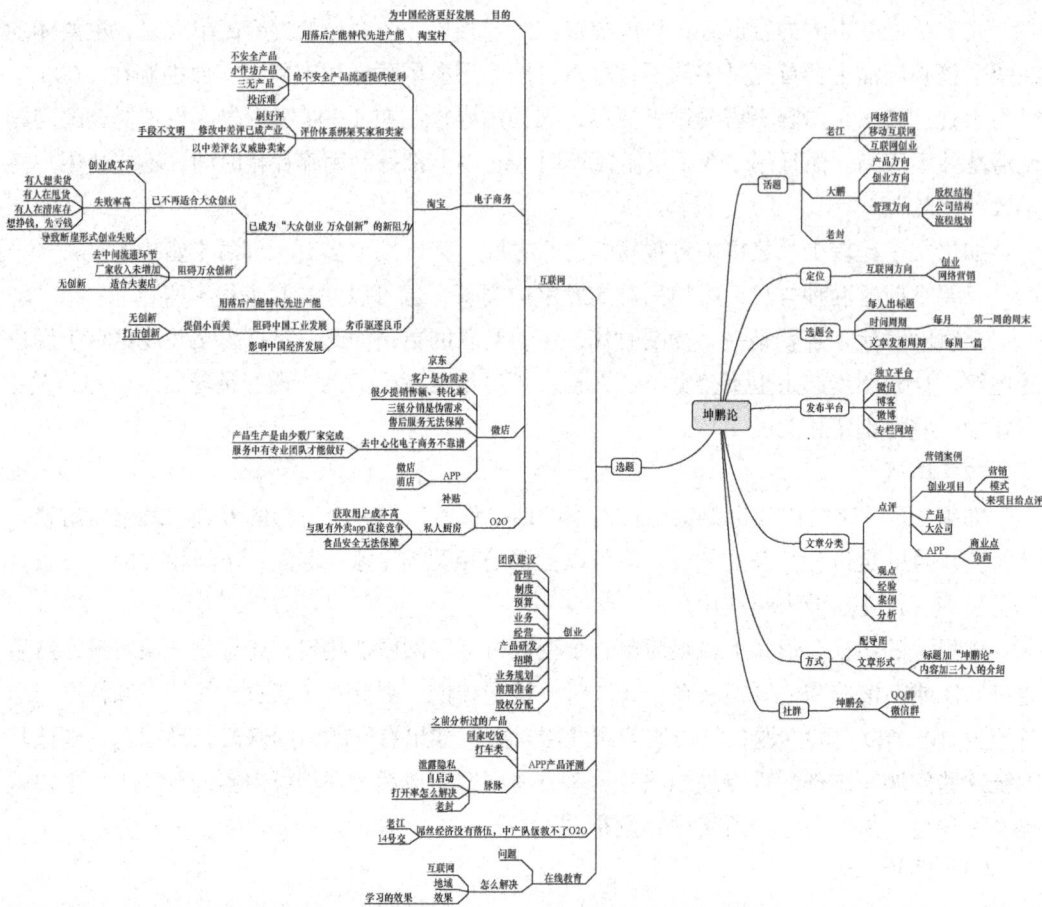

图 5.27　讨论稿整理思维导图

（5）视频

漫画再升级，就是视频了。随着视频制作技术的发现，现在制作视频也越来越容易，比如在手机上，就有很多制作视频的 APP，而且制作出来的效果还非常不错。这个视频可以是一个带点情景的小段子，可以是观点分享、可以是事件点评，也可以将网络上的一些视频进行汇总，比如说"幽默集锦"一类的，也可以是将网络上的一些素材进行加工，比如 2015 年红极一时的"duang"，就是有人将成龙早些年的一段访谈视频重新编辑制作成了一个短片而火起来的。

（6）语音

微信公众号是可以直接发语音的，所以我们也可以直接制作语音内容。例如，著名自媒体公众号罗辑思维，主打的就是语音内容。此外我们也可以将网络电台与公众号结合，效果也不错。

2. 二次创作

如果原创内容确实有困难，那也可以进行二次创作。简单地说，就是在其他现有内容的基础上，进行重新加工。

所谓"二次创作"，相信很多自媒体人都不陌生，也有很多人在这么做。对于原创内容难，基本问题也就是两点：

- 不知道写什么。
- 不知道怎么写。

所以改编别人的文章至少解决了"不知道写什么"的难题。因此笔者今天告诉大家，怎么解决"不知道怎么写"的问题。

（1）新闻改编

大家可能不太了解，网络出版内容也是有版权的，虽然维权的成本很高，但同样有相关法律约束。但有些新闻类内容是没有版权保护的，比如时事新闻。

新闻作为一种以叙事为主的文体，基本要素为"6W"，即：谁（Who）、何时（When）、何地（Where）、何事（What）、为何（Why）、过程如何（How）。

换一种说法就是：人物、时间、地点、起因、经过、结果。

新闻内容也是网络上最常见的一种内容形式，所以找新闻应该不存在什么难度，重点在于表达形式的新颖以及时效性。改写新闻，最简单的方式就是重新编排，用自己的话或角度重新描述一下。来个一句话新闻做个示例，例如网上原文新闻内容是：

2016 年 5 月 15 日，由中商联合会媒体购物委员会主办，推一把及金牌顾问承办的《第九届推一把互联网营销大会》在北京黄河京都会议中心成功举办，与会嘉宾在大会上做了精彩演讲，大会得到参会人员一致好评。

我们进行相应的内容重排如下：

北京黄河京都会议中心在 2016 年 5 月 15 日迎来了一次行业盛典，《第九届推一把互联网营销大会》在此成功举办，本次大会由中商联合会媒体购物委员会主办，由推一把及金牌顾问联合承办，众多互联网营销界领军人物及投资界人士在会上做了主题演讲，大会得到参会人员一致好评。

在文章改写方面，笔者建议大家多向正规媒体学习，多去借鉴它们的内容。比如网易新闻"每日轻松一刻"，就是挑选近几天内比较有意思的一些新闻进行重新编排，同样非常受欢迎。

（2）盘点

盘点是二次改编最好的方法之一，因为盘点类文章主题很好确定，内容也基本是现成的，拿过来就能用。

可以对某一类相关的内容进行罗列，重新加工，比如：

《年终盘点：2015 年 10 大互联网行业热词》

《2015 年最新网络热词排行榜（年终大盘点）》

《2015 年我国最佳家电产品数据大盘点》

《盘点十大教育事件——2015 年教育大事记年终盘点》等。

再比如：

《明星撞脸大盘点：史上最全撞脸明星对比照》

《明星的身份证照片大集合》等。

盘点内容不需要做太深度的改编，只要把几个不同的事情罗列在一起，前后加一段承上启下的话就可以。或者干脆给每段加个小标题，或者借鉴原文标题改编成文章的小标题。

（3）案例

无论是哪个行业中的人，对案例都是非常感兴趣的。比如女孩都对化妆、减肥类的案例感兴趣，行业人员都对本行业的成功案例感兴趣，所以搜集某一领域的案例进行二次加工、创作是非常好的办法。

当然，如果把这招与上面盘点合在一起用，效果会更好，比如：

《史上最经典的 7 大营销案例！教你玩转双 11！》

《2015 年十大危机公关成功案例！公关人必学》

（4）数据

数据类的内容，也是大家非常喜欢的。比如全国人民的平均工资、消费水平等等。全国各行业、各部门，每年都会公布许多数据，同时还有一些单位或个人做的调查数据。我们可以将这些数据重新加工整理，然后做成图表等形式来发布，效果非常好。如图 5.28 所示，这篇名为《2015 品牌社交媒体营销的五大趋势》的文章，便是完全用图表的方式呈现的。

（5）PPT

将一些优秀的内容用 PPT 的方式呈现也不失为一种好方法。如图 5.29 所示，这篇名为《36 页 PPT 带你看遍互联网！》的内容，便是用 PPT 的形式向大家解读了什么是互联网思维。严格地说，从效果的层面来说，36 页 PPT 并不能让大家真正深入理解互联网思维的核心，但是其胜在直观、简单、容易阅读，对于懒人和现代都市快节奏的生活来说，更容易被人接受和得到传播。

而且加工的过程，也是自己学习提高的过程。想把一篇文章整理成 PPT，至少需要对文章中心思想有些了解，掌握提炼文章核心内容的一些技巧。

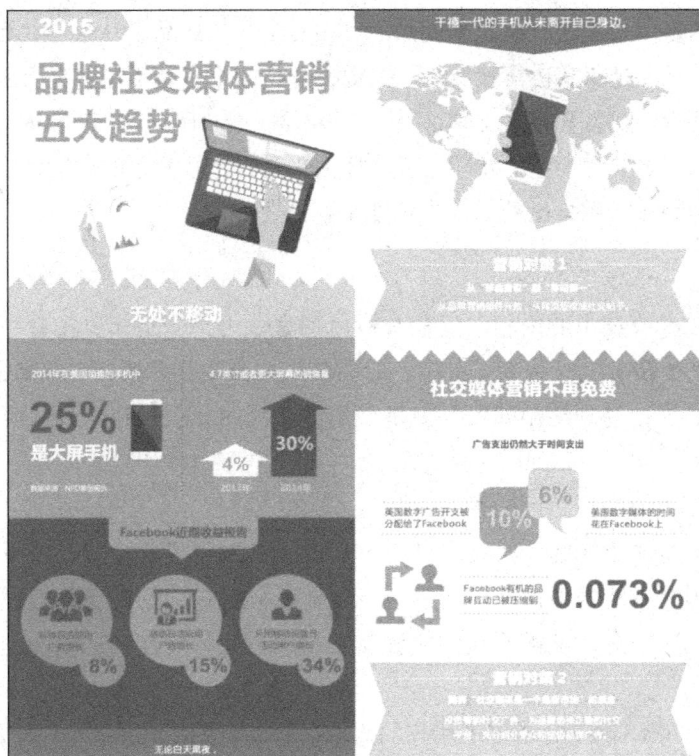

图 5.28　图表展现的文章

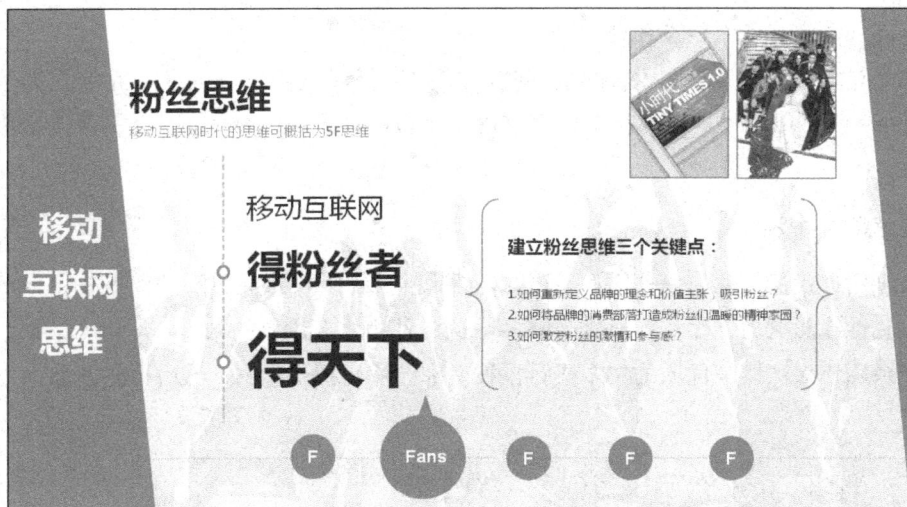

图 5.29　PPT 形式展现的文章

3.　采写新闻

如果公众号的定位涉及一些时效性的内容，那采写新闻也是不错的内容来源。

新闻类的内容，是比较好组织和创作的。相对于文学作品、专业文献等，它对文字的要求没那么高，只要把事实讲清楚就行，关键在于新闻本身是不是够吸引人，其次是需要把事件事的新闻点给挖掘和描述出来。

当然，我们不需要像专业的新闻记者那样去采写，比较简单的做法，是将网络上现成的新闻进行重新编排，用自己的话或是角度重新描述一下。

4. 转载

原创或是二次改编类的内容，比较有特色和竞争力，但是却要花费一番工夫。如果条件不允许，直接转载也没关系。实际上现在微信公众中，大部分内容都是以转载为主。转载看起来很容易，复制粘贴即可，但是想用转载的内容获得粉丝的认可，却又不是那么容易。

转载的核心要点在于3个方面。

（1）对用户需求的把握。其实对于用户来说，是原创或是转载，并不是最重要的，最重要的是内容能不能吸引他们。所以这就需要我们对用户的需求和心理有深刻的了解和认识。想做到这一点，就需要我们能够经常与用户接触和互动，站在用户的角度去思考问题。

（2）对内容的甄别能力。掌握了用户的需求后，接下来就是围绕用户的需求去选内容，在选择内容时，就要具备一定的甄别判断能力，能够判断出内容是不是用户喜欢的。

在这个问题上，建议大家多去看其他公众号以及朋友圈里的内容，多去总结阅读量高、转载量高的内容有什么特点和规律。

（3）互联网流行元素和内容的敏感度。甄别出足够优质内容的前提，是有足够量的内容供选择。所以我们平时要多去关注互联网上出现的各种新内容、新元素，保持足够的敏感度。

5. 用户投稿

鼓励用户投稿，也是一种非常不错的内容产生方式。不过此方法的前提是账号具有一定的权威性或影响力，比如粉丝数足够多，这样用户才有投稿的动力。

如果用户无法撰写优质的文章进行投稿，那让用户提供素材，然后再重新加工也是一种方法。

5.6.2 手把手教你写出 10 万+的文章

但凡是个有点追求的微信文案人员，都希望自己每篇大作都可以轻松阅读量上 10 万+，特别是看着别人文章 10 万+而自己的文章 10+的时候。

想要有 10 万+的阅读量，下面四个条件只要具备两条就够了，具备得越多，阅读量就越大。

1. 做一个合格的标题党

标题的作用是让用户点击，好标题可以吸引更多人点击。

标题党其实不是从互联网开始的，而是从平面媒体时就已经开始了，只是互联网把标题党发挥到了极致。

当你看到《一个裸男和一群禽兽》时，你会想到什么？会不会有点击进去一看究竟的欲望？当你看到下图所示的内容时，在感叹自己上当的同时，是不是也有分享给其他人的想法？

笔者今天就说说要怎么做一个合格的标题党。

（1）借名人效应

如果能借助名人效应是非常好的办法，名人可以是人，当然也可以是名企，能用则用，不能用就想办法用。而且用名人效应要遵循一个原则，能用大家熟悉的就决不用陌生的，能用当红的就决不用过气的。

（2）借助热点事件

不仅内容需要借热点，标题更要借热点，比如最近火得不能再火的papi酱，为啥papi酱的文章能刷爆最近的新闻？就是因为只要写了和她相关的文章就有大量的阅读。反之，正因为和她有关的新闻有大量的阅读，所以大家更愿意写。前几天笔者在今日头条里看到有个标题党在借papi酱的势，说papi酱和老干妈合作推出一个新的辣酱品牌，单就借助热点的方式而言，是非常好的。

比如这个时候整个新闻标题出来：

《内幕消息：papi酱处女广告拍卖已确定××品牌 不低于2 000万》

应该挺吸引眼球的吧？

（3）制造悬念

标题是要吸引人点击的，最好不要写成叙述性，而是要吸引用户点击，所以制造悬念是很好的办法，要让用户看了标题之后有一种意犹未尽的感觉，非得点击进去看看结果是怎么样的。可以用疑问的方式或一句话只说一半的方式。例如，之前笔者看过一个标题《月薪 3 千与月薪 3 万的文案，差别究竟在哪里？》，如果你是文案相关岗位，是不是特别想点击进去看看？

（4）制造强烈对比

这种对比一定是常人不可思议的，比如创投圈经常用的一种标题形式就是《我是如何用五分钟搞定天使投资的》，对于很多几个月甚至更长时间都没拉到投资的创业者而言，是不是很想学学？再比如《买了一套别墅，他用了三千万，我却只用了三百元》。

2. 内容让人有分享的欲望

内容只是吸引人还不够，还得让看了的人有愿意分享的欲望，只有这样，文章才有传播性，在关注用户数不足的情况下，文章的传播性至关重要。

那什么样的文章传播性强呢？

（1）健康养生

（2）心灵鸡汤

（3）轻松搞笑

（4）生活相关

（5）小资生活

（6）娱乐八卦

不管是微博还是微信公众号，再或者是今日头条，以上几类文章都是特别受欢迎的，有很好传播性的文章内容，而且很容易形成一传十，十传百的病毒传播。这种病毒性传播的效果是微信文案人员求之不得的。所以可以看到，从微博到微信，再到其他自媒体平台，这些类型的文章是最多了。今日头条里随便一篇与明星相关的烂文章就能有几十万的阅读量，这是专业领域文章可望不可即的。

如果你在一个比较冷门的领域，比如像笔者这类专业性比较强的领域，就算文章质量再好，想有一个 10 万+的阅读量也是非常困难的。

所以如果你想快速写出 10 万+的文章，最好不要像笔者这样选一个专业性比较强的领域。

3. 有足够多的微信好友

每个微信号最多可以加 5 000 人，笔者见到最夸张的人拥有差不多 10 个微信号，每个微信号的好友数都接近 5 000 人。

这是什么概念？差不多 5 万个微信好友。同时发一个朋友圈，考虑到各种转化率，同时也会有几千人看到吧？只要文章写得别太差，传播性别太差，就算公众号没多少关注用户，想达到 10 万+也不是很难的事情。

当然，不是每个人都有这种毅力和能力能圈到近 5 万好友，但 5 000 好友还是有可能的。如果再发动几个同样级别的好友一起帮忙传播一下，效果也是不错的。或者也可以考虑花钱买点 KOL 大号转发。

就笔者的经验来看，经营个人号要比经营公众号相对要容易得多，而且这两件事情并不冲突，所以为了你的 10 万+，努力加好友吧！

4．有足够多的订阅用户

这句话看似是句废话，实际上并非如此。君不见中国移动、中国联通的推文章，篇篇阅读量都是以万为单位，招商银行信用卡中心、平安车险的推文，10 万+根本不是事儿，是因为它们文章写得有多好么？

非也！

是因为它们有足够多的关注用户，像招商银行信用卡中心有上千万的关注用户，就算阅读率只有 1%，那也是轻轻松松上 10 万。

把这个写出来，不是想给大家写不出 10 万+的文章找理由，而是想给大家鼓鼓劲。有些时候，你的文章没有 10 万+，并不是文章写得不好，也不是你不够努力，而是你的积累不够。积累很重要，努力把自己的关注量做起来吧，这是每篇文章阅读量的基础。

其实除了以上四条外，笔者还提醒各位认真思考一下，你真的有必要运营订阅号吗？

服务号的劣势很多人都知道——发文量少，每周一篇，但好处也很明显——阅读率高。

订阅号的劣势也很明显——阅读率低，公众号开始的时候，阅读率达到 10%算是优秀的公众号，目前的阅读号能达到 3% 的阅读率就已经很不错了。

如果你并不需要每天都发推文，或者是以功能性服务为主，笔者强烈建议考虑一下放弃订阅号使用服务号。打开率高意味着在关注用户数相同的情况下，阅读量会更高。

比如 papi 酱，她推文的速度基本上不会多于每周一次，如果运营服务号，阅读量会更高。

当然，她现在订阅号推文的打开率也不低。但毕竟我们不是 papi 酱，我们订阅号推文的打开率是没那么高的。

5.6.3 能引起公众号粉丝用户转发的 8 个要点

公众号的内容，仅仅是让用户有阅读的欲望，不是我们最终想要的结果。我们最希望看到的是用户能够在看完内容后，还会转发到自己的朋友圈。这样才能真正提升文章的阅读量、扩大公众号的影响力，以及带来新的粉丝。

那文章如何写，或是如何加工，才能让人转发呢？核心关键点是文章中一定要至少有一个能够打动用户内心、触动用户心灵的亮点，例如以下几种。

1. 共鸣

能够引发用户内心强烈共鸣的内容，是非常容易被转发的。例如，《献给 90 后：大学生一毕业就失业》，对于那些已经毕业，但在找工作路上不断碰钉子的"90 后"来说，这篇文章简直说的就是自己呀，非常有共鸣，所以就会很愿意转给自己的同学，或是分享到朋友圈。再如，《中国夫妻最缺什么？说得太好了，揭开万千夫妻离婚之谜》，对于夫妻关系正处于紧张期的人来说，文章里说到的夫妻间可能出现的几种问题，似乎都在自己身上出现过，而且还很难解决。还有遍布朋友圈的心灵鸡汤类文章，其实就是在引起用户共鸣这个地方做足了功课，所以鸡汤类文章的转发量普遍都非常大。能引起用户强烈共鸣的文章，分享数量想不提高都难。

2. 争议

能够引发用户争议的内容，也很容易成为热点，例如，《互联网舆论应该加强监管还是开放自由》，再例如，《北京小汽车尾号限行是否应该继续》。争议性的话题实际上相当于辩论赛的话题，正方、反方都有足够多的理由来证明自己观点的正确性和对方的错误性，越是相持不下、争论不休，这个话题的传播就越广。原因很简单，不管是正方还是反方，都希望驳倒对方，拉更多认同自己观点的人支持自己，在数量上占优势无疑是驳倒对方最有效的方法，至少大多数人会这么认为。

3. 好奇

好奇心是人类的天性，有悬念的标题会让很多人会点开来看，而且是情不自禁去点，如果内容真的好，更会引导转发。其实利用用户好奇心达到提高文章点击量的方法是最常见的一种互联网起标题的方法。基本上所有软件弹窗里的标题，都是一句话只说一半，欲言又止的感觉，目的就是勾起用户的好奇心进而点击。

4. 开心

从心理学的角度来说，每个人都愿意把好东西分享给亲朋好友，而分享快乐，是最不需要成本的。从朋友圈经常被转载的各种幽默视频、段子，就可以得到佐证。从情感方面打动用户，让用户发自内心地感到开心，也是很容易获得转发、分享的好题材。

5. 新知

新的知识，用户也愿意在朋友圈分享，因为同分享快乐一样。在朋友圈转发这种分享知识的方式，也是不需要成本的，例如《为什么晕眩的时候会想吐？》，这类与生活密切相关的知识比较受欢迎。还有一些特别生僻的知识其实也受欢迎，如果可以在长知识的同时，还会让大家觉得特别有意思，所以也会主动分享。

6. 解惑

如果你的内容能够解决用户心中的问题或困惑，也会引发转发，如《为什么有的人工作 5 年月薪还是少得可怜？》，不过这类文章想引起大量转发，除了解惑以外，最好还能引起用户的共鸣，这样的效果会更好。如果只是解惑，可能转发效果要差一些。

7. 帮助

如果内容能够帮助用户解决生活或是工作当中的问题，也会引发转发，比如《2015，绝对不要在公司混日子!》激励了无数人，再比如一些经验技巧类的文章，普遍转发量都比较高。就拿笔者之前写过的一篇文章《企业营销的核心，揭秘如何与用户建议沟通策略》，这篇文章转发量能占到阅读量的 40% 以上，远比其他评论类文章的转发量要大。

8. 引导转发

除了要在内容上下功夫外，还要在文章中引导用户去转发，例如，放上这样的话："如果您感觉本文还不错或对您有帮助，那请分享给您的朋友!"微信公众号已经不允许使用这类引导性话术了。但从微信封杀这类引导就可以分析出，这种方法是非常有效的，不然微信为什么要封杀呢？想要提高文章阅读量，自己努力运营当然是必须要做的，通过内容引导用户自发分享则是上上策。

5.6.4 给公众号内容取个好标题的 16 个妙招

标题的作用非常重要，能够直接影响内容的点击量。因为正常情况下，用户是先看标题，后看内容，看了标题后，才去考虑要不要看内容。即使是非常优质的内容，但是如果标题激发不起人的点击欲望，那阅读量并不会太高；反之，即使内容很烂，但是标题很诱人，阅读量有时也会非常喜人。

从某种程度上来说，我们要学会做一名"标题党"。下面，就和大家分享一下"标题党流传在江湖中"的 16 个妙招。

（1）描述型。直接将内容的核心告诉你，一般直入型的标题要想奏效，就需要内容本身必须吸引人才行，如《2016 流行色，美翻了》《世界最全的咖啡知识》。

（2）告诫型。这类标题的特点是字面上告诫用户不能干某某事，撰写这类标题时，最好是在标题前面直接加上警告二字增强效果。

（3）疑问型。标题本身就是一个疑问，但是却不给答案，引导用户点击文章来找答案。

（4）夸张型。标题里有一些夸张的词汇，来描述内容的效果，常用的词有："笑死我了""震惊""震撼""不可思议""出大事了""太火了"等，具体的标题有：《一个小视频，笑我三天》《让 1 亿人流泪的视频》等。

（5）玄虚型。这类标题说白了就是卖关子、故弄玄虚，让你看了标题知其然却不知其所以然，如《今天全国都在下雨，原来是因为他！》《原来这才是×××的真相》等。

（6）数字型。标题里加数字，往往都会收到不错的效果。

（7）恐吓型。标题抛出一个令人恐惧的结论或结果，以此来吸引用户点击。

（8）反问型。通过反问用户的形式，激发兴趣，如《微信赚钱，是真的吗？》。

（9）肯定型。标题里直接要求用户必须看，或是必须转。一般这类标题都会出现"××必看""必转""必须分享""不看不行"等字眼，如《朋友圈已经被这只东北猴子刷爆了，必须分享》等。

（10）最×型。标题里直接出现"史上最×""中国最×"这样的字眼，如《史上最美清洁工》《中国最牛的卡车司机》等。

（11）紧迫型。标题里直接给人时间上的紧迫感，一般这样的标题都会出现速看、马上看等字眼。

（12）揭秘型。这类标题一般都会出现"爆光""爆料"这样的字眼来吸引人。

（13）结论型。提出一个结论，这个结论可能出人意料，也可能让人不认可，但是没关系，目的达到了，如《中国人 90% 不会喝茶》。

（14）意外型。标题给出的内容，出乎意料，很让人意外，如《大叔第一次上医院，竟然查出怀孕了》等。

（15）对比型。对比名人或是知名品牌、产品，如《东北夫妻隔空吵架，这个小品没上春晚可惜了》。

（16）创新型。进行一些形式上的创新，如《南方暴雨：雨雨雨南雨雨雨方雨雨雨》。

5.6.5 设计公众号互动内容的 10 种方法

本节开篇说过，公众号的运营，核心是内容，重点是互动。内容是为了吸引用户、留住用户，互动是为了增加与用户的感情，让用户变成粉丝。那公众号如何才能增加互动性，与用户互动起来呢？教大家几招。

1. 互动栏目

在策划公众号时，直接策划一些带有互动性质的栏目。比如说笔者的公众号中，就有"企业招聘""人才求职"这样的栏目，这些栏目，都是用户互动的栏目，用户如果有招聘或求职需求，发给笔者，笔者即会在公众号中免费帮他们发布。

2. 内容互动

可以在公众号的内容中,与用户互动。比如在文章中引用用户的评论、来信,或是调侃用户等。网易新闻的"新闻 7 点整"等栏目,就经常这么做,如图 5.30 所示。

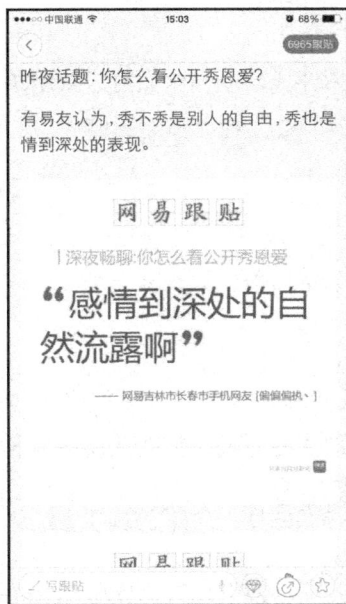

图 5.30　网易的内容互动

3. 互动调查

调查也是一种非常传统但却非常有效的方式,这种方式不但能与用户经常互动交流,还能搜集各种数据,了解用户习惯等,可谓一箭双雕。

4. 有奖竞猜

兑猜类的方式也很传统,但是却经久不衰,如猜歌名、猜谜语等,任何时候都能让用户乐此不疲。当然,前提最好是有些小奖品来刺激,效果更好。这个奖品不一定非得是企业自己花钱采购,也可以是与其他厂商通过合作的方式互换的。如果公众号粉丝多,甚至可以直接寻求赞助。

5. 有奖征文

如果公众号的影响力还可以,用户群甚至够大,征文也是一个非常不错的方式。如果征文有难度的话,也可以简单一点,比如看图编故事。

6. 有奖征集

设计征集类活动,最好门槛低一些,越简单越好,规则越简单,越容易吸引用户参加。

比如征名、征宣传语类的方式就比较简单。

7. 答疑解惑

如果条件允许，可以设置一个答疑类的栏目或环节，每天固定时间帮助用户解答问题。

8. 用户评比

可以周期性地推出一些用户评比活动，比如最活跃用户、转载量最高用户等，这么做的好处一是能够与用户产生互动，二是树立典型，培养核心粉丝，三是让用户之间产生竞争感。

9. 游戏抽奖

抽奖类的活动或游戏，应该是用户最喜欢参与的了，比如常见的刮刮卡、大转盘等。

10. 群辅助

除了公众号本身的互动外，我们应该学会借助一些其他的工具。比如说建立 QQ 群、微信群，引导用户加入群，通过群的方式，辅助互动，培养用户。

5.6.6 在公众号中植入广告的 7 个技巧

建立公众号，最终的目的肯定是为了宣传，这点无可厚非。但是如果宣传过火，则可能适得其反，使用户取消对我们的关注。正确的做法是，应该像影视剧那样，学会植入广告，广告的痕迹越轻越好。

1. 人文关怀

人文关怀是广告植入非常好的方式，这一点从每年春节晚会上各大企业愿意花大价钱祝大家春节快乐就可以看得出来。例如，招商银行平时也会发一些活动促销短信，每次收到的时候，确实都很烦，但在用户过生日的当天，招商银行会发生日祝福短信，瞬间让人对招商银行的好感度提高了许多。由此可见，将广告融合在人文关怀中是不太容易引起用户反感的。不管是企业还是个人，在发布内容的时候，这一点是需要利用好的。

2. 人物访谈

人物访谈可以很好地将广告融入内容当中。例如，很多电影、电视剧，在宣传的时候，主创人员也会频繁上几个访谈类节目。企业可以通过人物访谈的形式，来传递一些企业的信息。比如：通过访谈客户，向用户传递产品效果等信息；通过访谈合作伙伴，让用户了解企业的实力；通过访谈内部员工、高管，让用户了解企业文化。这种通过第三人称将企业信息传递出去的方式，更容易让用户接受。如果企业自己站在那里说自己的产品效果怎么好，说自己的实力怎么强，企业文化有多好，公信力就要差很多。

针对个人自媒体，其实也可以做访谈，可以访谈个人，也可以访谈企业，把自己作为一名采访记者，或者作为一种访谈类节目主持人。这样还减少了自己写原创文章的压力了。

3. 媒体报道

就像上一条说的，我们不能做自己夸自己的事情，没有公信力。但我们可以转载某媒体对我们的正面报道。这样相当于告诉用户：不是我自己在说自己好，而是媒体在说我好，我只是让你知道媒体在说我好而已。这方面的应用，如果大家之前有留意的话，可以看到有些传统企业网站都会有一个叫"媒体报道"的栏目，其实想达到的就是这个目的。

企业可以把一些比较直接的宣传资料，以媒体报道的形式呈现，比如让第三方权威媒体报道，然后进行转载。当然，并不是所有企业都能得到权威媒体报道，那是不是就没有办法了呢？当然不是，我们还可以主动找权威媒体合作。至于互联网上的权威媒体就更容易操作了，先自己准备几篇新闻稿，找门户网站给发布一下，然后自己再转载门户网站的报道。

4. 有奖活动

有奖活动也是非常好的一种广告植入方式，比如所有活动都是按目标用户喜欢的方式进行的，只是奖品是由某企业提供的，然后在活动说明里加上几句对企业的感谢之类的。甚至如果奖品丰富的话，还可以对中奖用户进行一些采访，让中奖用户说一些对企业感谢的话，这样既可以吸引用户，又可以为企业做宣传。

当然，有奖活动也是要好好策划一下的，千万不要整出像"KFC秒杀门事件"这样的结果。本来是想做用户有奖活动，结果做成了考验企业危机公关能力的活动了。

5. 互动游戏

可以设置一些简单的游戏，让用户参与，在游戏中植入广告。比如笔者的一个学员，是销售精油的，在情人节时，设计了一个"测试桃花运"的游戏；测试完成后，系统会根据测试结果向用户推荐相关的精油。

6. 客户案例

将广告以案例的形式植入到内容中是最好的方式，随着文章阅读量的提高，效果也会越来越明显。之前笔者做过一次测试，在一篇文章里把朋友的项目作为一个案例讲解，给朋友带去了几十个客户。针对客户案例这个操作方法，笔者认为，最成功的当属"桂林山水甲天下"和"老舍茶馆"了。不管是有心还是无意，这两句话植入到我们义务教育阶段的语文课本中，起到的效果实际上要比其他企业投入多少亿的广告费达到的效果还要好。试想，现有"80后"一代人，甚至于90年代初的，有多少人不知道"桂林山水甲天下"这一说法的？当想要在国内找个旅游地点时，桂林是多少人脑中出现的"一定要去看看"的地方？千万不要小看"客户案例"的效果。

7. 名人效应

如果能借名人效应，是再好不过的，就像为什么这么多企业都愿意花大价钱请明星当代言人一样，名人本身就有粉丝。如果能把名人效应与广告很好地融合，达到的效果就更理想了。当年本山大叔那句经典台词"走一走比较大的城市，去趟铁岭"，让铁岭一下子成为全国知名的城市了，在此之前，除了辽宁人，有多少人会知道铁岭呢？现在讲网红，讲 IP 创业，实际上也是要把自己先塑造成名人，然后以此变现。由此可见，名人效应在这方面是非常有优势的。

5.6.7 公众号内容推送时间的 4 个要点

正常情况下，早上8点左右和晚上7点后，是用户阅读微信的高峰时段。但是具体操作时，要具体情况具体确定。

（1）人群特点。上班族，早上8点推送没问题，但是如果目标用户群是老板，可能9~10点更适宜些。

（2）地域特点。我国幅员辽阔，还要考虑地域问题。像新疆和北京，差着两个时区呢。

（3）内容特点。如果是像新闻一类时效性的内容，早晨推送比较适宜，但是一些需要静下心来阅读的文章，可能就是下班后更适合性。而一些八卦类的内容更适合中午。

（4）实践总结。最重要的，要在公众号运营的过程中，通过观察、分析数据等来总结，什么时间段是最适合发布本账号的内容。

5.7 公众号的推广

如何加粉丝，是令所有人都头疼的事儿，接下来，就说说这个大家最头疼、最关心的问题。

5.7.1 现有资源导入

其实每个企业，都有很多现成的资源，如果将这些资源有效利用起来，就能给公众号带来不少粉丝。比如说，企业员工的名片、企业的各种宣传资料、广告牌、官方网站、企业员工的邮箱、产品的包装袋、包装盒、产品的说明书、门店资源等。

当然，也有不少企业用这些资源宣传过公众号，但是效果却不好。在这里笔者提醒大家，宣传公众号，并不是将公众号的二维码或企业微信号印到这些资源、素材上就会有人关注的。很多企业之所以宣传了，但没效果，问题就出在这儿，只是单纯地将二维码宣传了出去。

某商家门店墙上的二维码   某酒店指示牌上的二维码

在宣传资料上印个二维码并不难，但是如果想让用户关注就难了。如果想让用户关注，关键要和用户讲明白，关注你有什么好处。只有让用户觉得关注你对自己有好处的事情，用户才会关注。

5.7.2　内容推广

对于公众号来说，通过内容本身传播，是最好的推广方式。如果内容好，用户就会转载，其他人看了内容，就有可能关注。

当然，内容好用户不一定会关注，还要适当进行引导，比如在每篇文章顶部和底部提示用户关注账号，在文章末尾介绍公众号的定位和特色等（见图 5.31、图 5.32）。

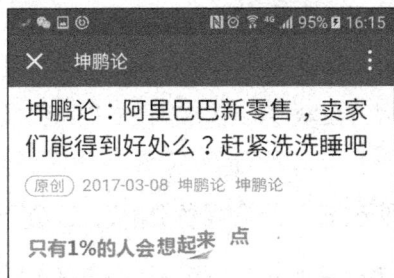

图 5.31　引导粉丝关注（一）

图 5.32 引导粉丝关注（二）

此外，我们还可以借助各种充满创意的方式来引导用户关注。

5.7.3 排名优化

一些用户会通过微信搜索功能，主动查找感兴趣的公众号进行关注。如果当用户搜索相关关键词时，我们的公众号能在结果页中排在前面，则有可能吸引粉丝关注。如果想达到这种效果，需要做以下几个工作。

（1）公众号名称中，应该包含用户经常搜索的词。

（2）公众号进行认证，因为认证过的公众号，会排在未认证公众号的前面。

（3）要快速积累粉丝，因为公众号的排名，主要是以粉丝量为基础。

下面来说一个案例。

案例 5-5：公众号优化也能日进万元

2012 年时，笔者曾在东北开设过一个分公司，那年夏天，微信公众号正式上线。由于笔者的公司是做网络营销的，所以分公司的小伙伴第一时间对此进行了尝试和研究。

所有做公众号的朋友，最终面对的问题都是同一个问题，那就是如何推广吸引粉丝。当时我们主要尝试了两个方法，第一个是通过个人号带动，第二个就是上面说的排名优化。

先说一下成绩，通过排名优化的方式，试验账号每天能增加500多个粉丝，两个月之后，在该账号尝试销售女性产品，第一天纯利润便破万。

下面说一下具体操作的思路。

首先当时是为了试水，所以账号的定位偏大众化，主要是定位在女性。因为女性群体的消费能力强。

在给账号取名时，我们确定会用排名优化的方式，基于此，名字中要包含用户常搜索的词。当时我们就思考，什么样的词，是女性用户常搜索的呢？最终我们确定的方案是借力明星。哪个明星被关注度最高，我们就借谁的力。

我们通过百度指数工具，查询了当时的明星排名榜，最终选了某女明星。

账号主体名字确定了，那内容应该如何定位呢？女性关注度比较高的内容基本上就是化妆、美容等。于是账号最终的名字为"×××美容护肤"（注：这个×××是明星的名字）。

当时微信公众号比较好认证，只要粉丝过500人就可以申请。所以公众号上线之后，粉丝数很快冲破了500，顺利进行了认证。

之后很快，在微信搜索该名星的名字，或是美容护肤这两个关键词时，我们的公众号都名列前茅，每天带来几百粉丝，最终实现了盈利。

案例点评：

其实排名优化这个方法，严格来说，并不新鲜，在PC互联网时代，搜索引擎排名优化，就非常的流行。只不过很多人缺少举一反三的能力，比如有的人懂得搜索引擎优化，但是换一个平台，却想不到这个方法，或是不知道如何操作了。

如果想提高学习的效果，真正将学习到的知识运用到实战中，一定要学会举一反三，因为知识是死的，只有活学活用，才能奏效。

比如优化这个方法，其实所有有排名的地方，都可以优化。而且优化的核心原理也都一样：找到其排名原理，针对其原理进行优化。

5.7.4　个人号辅助

由于个人号与公众号的差异，导致个人号与公众号的推广方式也有不小的差异，从方法数量上来说，个人号的推广方式更多，更灵活。所以我们也可以将个人号与公众号配合使用，先通过个人号吸引粉丝，然后再引导这些粉丝关注公众号。

关于个人个号吸引粉丝的方式，请参见本章后面的内容。

5.7.5　活动推广

如果预算允许，通过活动推广，是非常简单、快捷、有效的一种方式。我们可以送一些实物的礼品，比如面包厂可以送面包、饮料厂可以送饮料，或是采购一些小礼品，甚至直接赠送手机话费，如果条件不允许，可以送一些虚拟的物品，比如积分、电子书、教程等。

5.7.6　公众号互推

互推也是一个比较有效的方式，我们可以通过加入同行交流群、同行交流活动等方式，多认识一下同行，或其他公众号的运营者，然后相互在公众号里推广对方的账号。

不过要注意，推广时不要太过分，因为微信官方是不鼓励这种行为的，如果推广的力度过大，有被封号的风险。

5.7.7　公众号导航

互联网上有许多公众号导航网站，其定位与形式和 hao123 这样的网址导航站一样。我们可以把公众号提交到这些导航站上面。具体导航站地址，大家可以在百度搜索，有很多。

5.7.8　推广返利

最后一种方式，是引导用户帮助我们去推广，拉动粉丝。这种方式有点门槛，需要技术支持，开发相关的移动端返利系统。虽然门槛有点高，但是效果却非常好，尤其是配合微店或是微商城的话，效果更佳。

不过在开发程序和设置规则时要注意，不要宣传得过于夸张，以免被认为是虚假宣传，从而被举报或被封号。

下面来看一个小小的案例。

案例 5-6：两个月吸引 60 万粉丝

其实这个案例真的很小，几句话就能说清楚，但是效果却是惊人的。这个案例运用推广返利的方法，在不到两个月的时间，吸引了 60 万粉丝。而这个公众号，是以微商为主，这 60 万粉丝，是真真正正能产生订单的。

这个公众号，是一家枣业公司的公众号，目的是为了销售大枣。其具体操作流程很简单，关注其公众号，就能成为它们的会员。成为会员后，会给你一个会员编号及专属的推广二维码，然后你在你的朋友圈或是向朋友一对一分享这个二维码，那别人扫描它成为会员后，你就是他的介绍人（见图 5.33、图 5.34）。之后如果该会员消费，你就会获得返利佣金。

图 5.33　推广用的二维码

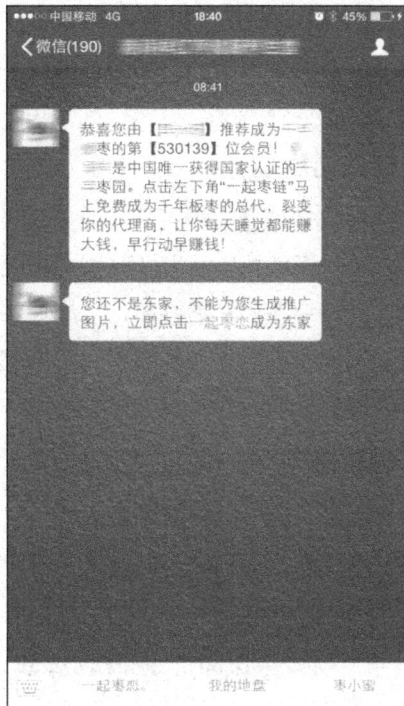

图 5.34　扫描二维码后进入公众号的界面

案例点评：

有的时候，小方法真的能解决大问题。不过在用这个方法时一定要注意，千万不要太过火，不要把规则设计得像传销一样，微信官方已经在打击这种行为了。

严格来说，本案例中这家企业设计的规则以及方案中的一些字眼，就有点过火，正是处于微信官方打击之列。但是之所以笔者在这儿将它呈现给大家，是因为它的这种思路是非常值得借鉴的。

5.8　个人微信号营销

公众号的部分分享完了，接下来再说说微信个人号。在营销层面，微信个人号有两大作用：第一个作用，是辅助推广，通过个人号带来用户；第二个作用是促进销售。在本节，重点和大家分享几十种加好友的方法以及如何使用朋友圈进行营销的方法。这些方法有难的、也有简单的，有中规中矩的，也有取巧的，但是绝对都是被验证过可行的。大家具体操作时，可以根据自身情况选择。

5.8.1　个人微信号的价值

微信个人号是针对普通大众用户的产品，主要是在手机上使用，普及率非常高。在进行营销时，以下情况或需求可以选择微信个人号。

1. 辅助销售

对于销售模式是靠销售人员或业务人员一对一沟通的企业，微信可以很好地帮助企业提升新用户的销售转化率，以及老用户的复购率。具体操作流程很简单：销售人员与客户洽谈结束之前，与客户互加微信，之后通过朋友圈持续影响用户，带来销售。流程是不是非常简单？但是使用得当，却能解决大问题。笔者的很多学员，使用了这个方法后，业绩都得到了不同程度的增长，甚至有的增长了三四倍。

2. 辅助推广

微信个人号，也可以辅助推广。其主要模式就是通过微信个人号添加精准目标用户为好友，之后通过微信的群发功能及朋友圈来影响用户。具体关于个人号加好友的方法，请参看本章 5.9 节的内容。

案例 5-7：传统企业利用公众号迅速提升业绩

笔者有一位长沙的学员 Z 总，开了一家钢结构公司，主要是生产岗亭。这家公司，是 Z 总和她的老公白手起家创建的。创业初期资金不足，所有工作都是自己来做，在推广方面，他们选择了相对成本较低的网络营销。在二人的努力下，公司慢慢打开了局面。

但是随着互联网的发展和竞争的加剧，其推广成本在增加，转化率在下降。推广成本的上升是因为各种渠道的成本在增加，他们选择的方法主要是百度竞价，做过竞价的朋友都知道，其成本是一直在往上涨。而由于同行选择网络营销的越来越多，转化率却下来了。

当移动营销兴起后，Z 总紧跟时代潮流，又参加了移动营销方面的培训。实际上当时她参加培训，都不清楚移动互联网能给她带来什么，但是因为她在网络营销上尝到了甜头，所以他相信移动互联网肯定也能带来惊喜。

学习之后，Z 总马上回去实践，果然带来了惊喜，一段时间之后，成效率迅速提升。她主要是将微信用在了销售环节上，弥补了互联网手段的不足。

之前，他们的做法是这样：首先，建立官方网站；其次，在百度投竞价，带来流量；接下来，进入网站的用户，一部分人浏览完页面之后，关掉页面走人。之后，一部分人咨询完无意向走人，另外一部分人有意向；对于有意向的人，引导他们实地考察。因为 Z 总的产品无法直接在线成交，新客户都会要求实际考察；对于确定要来实际考虑的人，还要不断地维护，因为期间可能有变故。

在这个过程中，每一个环节，都在流失用户：用户来到网站之后，一部分不咨询的，流失掉了；咨询的用户中，一部分没意向的，流失掉了；有意向的人中，一部分人没及时维护，流失掉了。

而引入微信后，不管是咨询的用户，还是没咨询的用户；不管是咨询过程中有意向还是没意向的用户，都引导加入销售人员的个人微信，然后通过微信朋友圈长期影响转化。流程优化之后，转化率显著提升。

除了新用户的转化提升外，还有老用户的复购和转介绍也提升了。因为Z总将老用户也导入了微信，很多久不联系的老客户，被重新激活，重新产生了订单。同时与客户的关系好了之后，一部分客户也开始帮忙转介绍，业绩自然得到了提升。

案例点评：

其实在销售环节，拼的是流程和细节，讲究的是环环相扣。而微信的出现，将这些环节有效地串了起来，使转化达到最大。本案例只是一个缩影，其实这个方法和原理，适用于绝大部分行业。

公众号和个人号，是完全不同的产品，包括产品界面、使用方式、功能等，完全不同。比如微信个人号是以APP的方式呈现，主要是通过手机登录；而公众号是以网页的形式出现，主要是通过网页端登录；从好友数量上来说，个人号目前最多只能添加5 000好友，微信公众号可以无限量添加粉丝，而且微信公众号支持向所有粉丝群发消息，而个人号一次只能群发200人。

5.8.2 11种微信类方法

先说说基于微信自身的推广方法。

1. 摇一摇

这是最基本的一种加好友方法，算是小方法，可以在空闲时间，穿插使用。这个方法胜在简单，但是缺点就是效率低，而且累。

2. 附近的人

这也是微信的基本功能之一，操作时，一是我们主动加别人，不过这个比较费时一些；还有一种是想办法让附近的人主动加我们，这就需要我们的头像、名字、简介非常吸引人才可以。

3. 手机号导入

这也是微信自带的功能，可以将你通讯录中的手机好友导入微信。

这个方法想产生更好的效果,重点是如何搞到大量手机号,主要有以下几个方法。

(1)手动找:网络上有很多公开的电话信息,可以根据自己的需求,到目标用户集中的地方手动搜集。比如说你想找房产中介,那就可以到分类信息网站、房产交易网站,比如说 58 同城等。

(2)软件搜索:互联网上也有一些软件,可以自动搜索。

(3)手动生成:还有一些软件,可以自动生成手机号码,不过自动生成的,不精准,而且可能生成出来的手机号是空号。

(4)资源互换:也可以与其他人互换数据库。

有了手机号码后,将这些号码导入手机通讯录(这个工作可以通过相关工具来完成,比如像 QQ 手机助手等类似工具,能把成千上万的电话号码导入到你的手机上),然后再利用微信的号码导入功能导入微信。

4. QQ 号导入

这也是微信自带的功能,与手机号导入类似,是将 QQ 号码里的好友,导入到微信中。这个方法的关键,是如何先通过 QQ 加到足够多的好友。具体大量加 QQ 好友的方法如下。

(1)QQ 好友基本查找:通过 QQ 自带的加好友功能加人,要比微信加人效率高。不过这个方法加的人,不是特别精准。因为 QQ 好友搜索,只能根据姓别、地区等进行检索。

(2)绑定别人的 QQ 号:如果你的朋友够多,可以将他们的 QQ 号借来,绑定到你的微信上。一个 QQ 号码的好友导完后,再解绑,然后再找个 QQ 绑定,以此类推。

(3)通过 QQ 群:先加精准的目标用户群,然后将 QQ 群里的人加为好友,导入微信。

(4)QQ 空间推广:去踩其他人的 QQ 空间或是给他们的空间留言,邀请他们互加好友。

5. 微信换群

这是一种目前比较常用的方式,具体操作步骤是,先建立若干微信群,然后与其他有微信群的人相互换群,然后再添加群里的人为好友。

6. 账号互推

与其他人,在朋友圈里相互推荐。如果你身边没有足够的人去进行互推,那可以考虑进入一些微信联盟的 QQ 群,互联网上有不少这样的合作群。

7. 公众号推广

公众号的推广,并不比个人号容易,不过我们是为了配合个人号,所以不需要像前面章节说的那样专业和系统。具体操作是这样的，针对用户非常喜欢的内容或方向，建立公众号，然后将公众号提交到各大公众号导航网站。当然，如果有时间和精力，再好好做一下公众号的内容，就更好了。

8．有偿转发

如果可以出一部分钱或是奖品，也可以考虑付费推广。当然，我们可以用一些成本比较低的方式，比如在猪八戒等威客类网站，发布任务。

9．大号推荐

如果能找一些知名度高、粉丝多的公众号推荐，或是找知名人士在他的个人微信号推荐，效果是非常好的。当然，除非是朋友，否则这种推广往往是需要付费的。

10．微信红包

这个方法用好了，效果非常好。一个典型的操作思路是这样的，在朋友圈发个消息：凡是在他们的朋友圈推荐你指定信息的，你就送他红包。而给他们的信息很简单：某某土豪发红包啦，想抢红包的，加他微信：××××××。如此循环。当然，具体的规则、流程也可以根据自己的实际改。

11．软件推广

通过加入软件、定位修改软件等工具推广，也是比较流行的方法。这类方法没什么难度，就是通过用一些自动添加好友的软件进行操作，这类软件目前很多，用起来也都比较简单，按照软件说明书使用就可以了。不过这类软件笔者不是很推荐，不是很正规，而且容易被封号。

5.8.3 18 种互联网类方法

下面再说说一些基于互联网和移动互联网的方法。

1．软文推广

软文是一种非常不错的方式，但是这个方法有一定的门槛，需要能写。内容有以下几个方向。

（1）经验类：如果目标用户有学经验的需求，可以写一些分享类的。比如目标用户是网店店主，他们肯定对网店的推广感兴趣；如果是女性，那基本上就是对化妆等女性话题感兴趣。

（2）故事类：可以写一些故事，故事可以是真实的，比如自己的创业故事；也可以是虚构的，比如一些情感故事。

（3）评论类：评论是以思想和观点取胜，不过前提是需要够犀利、够有深度或说服力。

（4）知识类：各种生活常识、知识等。

（5）情感类：比如心灵鸡汤、励志内容等。

软文写好后，可以发到相关的网站、论坛、贴吧，以及像百度文库一类的平台。

2. 视频推广

视频可以自己拍，也可以上网找一些用户非常喜欢，容易被传播和转载的视频，然后在视频里打上自己的微信号水印，或是直接在视频的结尾插入一个图片广告。

3. 电子书推广

针对目标用户的兴趣，做一些电子书传播，然后在电子书里植入微信号。比如针对肥胖人群，可以做一本减肥宝典；针对做电商的，可以做一本电商宝典等。这个电子书的内容可以是原创，也可以是上网找一些相关的文章资料，然后重新梳理编辑成电子书。

电子书做好后，可以上传到各大电子书或下载类的网站、论坛。

至于制作电子书的软件，互联网上有很多免费的，大家可以直接搜索电子书制作查找。

4. 邮件群发

邮件群发，是互联网上一种比较常用的方法，虽然效果不是特别好，但是胜在省心、省时、省力、省钱。因为群发软件运行时，都是全自动的，不需要人去干预。而且现在很多群发软件都是免费的，如果没有邮件地址，网上也有一些免费的邮件地址搜集软件，甚至网上还能找到一些免费的邮件地址数据库。

所以只要我们写一个好一点的文案，然后下载一个软件，再找到一些邮件地址，24小时挂机运行就可以了。

不过需要注意，用这个方法时，标题要注明是广告，内容不要让用户反感。

5. QQ 群推广

QQ 群的普及度非常高，很多 QQ 用户，都会加若干 QQ 群，所以这也是一个非常好的推广渠道。QQ 群本身的推广方式，也非常多。

（1）直接在群聊天框里发推广信息。注意不要直接发广告，一定要有些策略。比如先聊几句，再发广告，或是配合免费策略、资源推广、口碑推广等。

（2）在群共享里上传图片，图片里可以放微信号。

（3）在群共享里上传软文、视频或电子书。在软文、视频或电子书里，植入微信号。

6. 论坛贴吧

进入目标用户集中的论坛、贴吧进行推广，推广的方式有以下几种。

（1）配合软文，把软文发到论坛。

（2）配合免费策略，送东西。

（3）配合资源推广。

（4）直接发微信号。不过这需要有足够的技巧和创意才行。

7. 信息推广

信息推广是指在目标用户群集中的信息网站推广，如分类信息、B2B 类网站等。

8. "知道"推广

在百度知道、搜狗问问等问答类网站推广，回答相关的问题，在问题里留下微信号。

9. 社交软件

微信、QQ 都属于社交网站，推广的效果都非常好。而实际上，社交软件不止这些，比如陌陌、唱吧、YY、淘宝旺旺等，也都是社交软件，虽然它们的用户基数没有微信、QQ 大，但是推广效果也还不错。在微信、QQ 上推广的理念和方法，完全可以复制到其他社交软件上。

10. 陌陌吧推广

这里说的不是百度贴吧里的陌陌吧，而是社交软件陌陌推出的类似于贴吧的产品。

11. 豆瓣推广

利用豆瓣小组进行推广，豆瓣小组的人气非常火爆，与百度贴吧、陌陌吧有些类似。

12. 社交网站推广

社交网站，是指交友类的网站，比如征婚类的、聚会活动类的等。

13. 所有带社交功能的手机 APP

现在很多手机 APP，都带有社交功能，这些软件都可以利用。比如经纬名片通，这是一个名片管理软件，但是也可以搜索添加附近的人等。而且这类软件很多，值得尝试一下。

14. 聊天室推广法

虽然聊天室没有互联网刚兴起时那么火了，用的人越来越少，但是现在还在存活的聊天室，用户黏性都比较强，而且现在很多聊天室都是主题聊天室，人群也更精准。

15. 微博推广

作为最火的互联网平台之一，微博平台不容错过。微博本身的推广方法非常多，但是我们是为了带动微信，所以要选相对比较简单、省时、省力的方法，在这里推荐几个。

（1）互粉：关注别人，再让别人关注我们。

（2）微博活动：比如最常见的有奖转发，或是转发时@ 3 个人即可参与抽奖。

（3）大号转发：通过付费的形式，找微博大号帮忙转发。可以到微博易这样的平台找大号，成本比较低。

（4）粉丝通："粉丝通"是新浪微博官方产品，是基于微博海量的用户，把企业信息广泛传递给粉丝和潜在粉丝的营销产品。它会根据用户属性和社交关系将信息精准地投放给目标人群，同时微博"粉丝通"也具有普通微博的全部功能，如转发、评论、收藏、赞等。

（5）评论：评论别人的微博内容，在评论里宣传。互联网上有这方面的工具软件。

其他更多方法，请参看第 4 章微博营销的内容。

16. SEO

SEO 的中文名叫搜索引擎优化，是指通过技术手段，使用户搜索某方面关键词时，出现我们的内容。我们可以根据目标用户的搜索引擎，选择用户经常搜索的关键词，进行优化。具体优化方法如下。

第一步：将用户常搜索的关键词汇总，越多越好。另外，字数越多的关键词，越容易优化（注：SEO 的具体技术原理解释起来很长，想学习的可以买本 SEO 方面的书。大家只要记住关键词越长，越容易优化就好）。

第二步：围绕关键词组织文章或论坛帖子、电子书、视频、百度知道问答帖子等。组织内容时注意，内容的标题和正文中，一定要包含要优化的关键词。

第三步：将内容大量发布到知名度高的网站。

17. 博客推广

博客的推广方式也很多，比如我们可以做名博，但是这个比较难，这里说一个比较简单的，用博客做 SEO，具体流程如下。

第一步：选择要优化的关键词。

第二步：在各大知名博客网站申请开通博客，例如新浪、网易、天涯等。

第三步：要优化的关键词，要出现在博客名字中。

第四步：定期更新博客内容，频率越高越好；更新的数量，越多越好，但是每次更新的数量要差不多，不能相差太大。

第五步：更新的博客内容，一定是和优化的关键词相关，而且内容中要包含关键词。

18. 腾讯游戏

腾讯旗下有许多游戏，我们可以用手机游戏来寻找附近的人，丢纸条加好友。适合的游戏包括"天天酷跑""天天爱消除""节奏大师"等，其余游戏大家可以自行测试。加好友的方法很简单，下载以上游戏到手机里安装好，你先用自己的个人微信号登录，然后点附近的人，就可以看到附近的其他玩家了。这时你可以给他们丢纸条，附上一句话，比如"加个微信号××××吧，一起玩天天酷跑"，发送过去对方就可以收到了。重点是纸条的发送数量是不限制的，但是一般你最多能收到别人发给你的50个纸条。

5.8.4　7种线下类方法

除了互联网的方法外，一些基于线下的方法，也是非常有效的。

1．名片推广

名片虽简单，也是个小方法，但是胜在不复杂，随时随地可以推广。

2．门店导入

如果你有自己的门店，或是朋友有开门店的，可以通过门店导入。比如与进店的顾客相互添加好友、在店内贴海报等。

3．产品导入

如果你有自己的产品，或是代理销售其他产品，可以在产品包装盒、说明书、购物袋等贴上自己的微信号和二维码。

4．宣传单

发传单也是一种常见的方法，但是这种方法要奏效有几个注意事项。

（1）传单一定要发给精准有需求的人群。

（2）传单的内容要醒目，要有吸引眼球的地方。

（3）单子里一定要有能够诱惑用户加你的内容。例如，免费送用户一本价值100元的独家资料，获取方式就是加微信。

5．贴广告

很多社区都有免费贴广告的公告栏，可以在这样的地方贴广告。

6．参加活动

很多城市，都有各种线下活动，有网友间纯吃喝玩乐的，也有一些行业交流会。可以多参加目标用户群集中的活动，这种活动认识的用户，黏性都比较高。

活动信息，可以在百度搜索，也可以到一些专门的活动网站获取，像新浪微博，就有专门的活动板块。

7. 事件营销

可以策划一些能够引导公众关注的事件去吸引人关注，比如最简单的，在身上印上一个大大的二维码，去人多的地方引人瞩目；再复杂一点的，扮成蜘蛛侠、超人、葫芦娃，吸引用户扫二维码加好友。

5.8.5　11 种其他类方法

接下来要说的方法，都是既可以在互联网上使用，也可以在线下使用，而且基本上都需要和其他方法、工具或渠道配合使用。

1. 签名推广

在各种有签名的地方，留下微信号，例如 QQ 签名、电子邮件签名、论坛签名、微博签名等。这也包括线下的各种可以留签名的地方，例如一些咖啡厅里的交友墙、意见簿等。作为营销人，一定要养成随时随地营销的习惯。

2. 免费策略

准备一些用户喜欢的、且不容易获取到的内容，比如说电子书、视频等。然后将这些内容的介绍，发布在各种用户集中的地方，比如论坛、贴吧、QQ 群、微信群、YY、唱吧等，介绍写得越有诱惑力越好。内容最后注明，想免费获取这些内容，添加微信号获取。

3. 资源推广

将一些好的资源，打包成压缩包，在网络上传播。但是压缩包要设置密码，如果用户下载回去后想获取解压密码，则要通过添加微信号获取。

4. 口碑推广

这个方法是在前两种方法的基础上升级，引导用户帮你口碑传播。具体操作方法很简单，当用户想获取免费资料，或是解压密码时，必须在他的朋友圈转发某篇指定的文章（比如资源介绍的文章），或是推荐你的微信号。

5. 图片推广法

通过传播图片的方式，进行推广，图片中要包含微信号。这个图片可以是表情图（如果你自己具备设计能力的话）、网络上搜集的各种有意思的图片（如果有能力，进行二次加工更好）、自己制作的各种有意思的图，或是干脆将自己的二维码做成创意图片传播。

6. 种子推广法

BT 下载，是现在很多人下载资料的首选，尤其是下载一些电影电视剧。而 BT 下载首先要获取到相关的种子。我们可以搜集一些网络上需求量大的资源，然后在资源里加上我们的微信号，然后将这个资源的种子在互联网、移动互联网上传播。

7. 病毒推广

这个方式，需要技术支持，核心是制作一些祝福、搞笑，或是整蛊类的页面或程序。比如一个非常经典的小程序是这样：在页面里输入朋友的名字，然后这个页面里出现的内容，全是关于这个朋友的新闻，比如张三获世界十大青年了、张三当选联合国秘书长了。

制作好程序或页面后，在页面最后，放上微信号，引导用户添加，之后在网络上传播这个页面或程序。

8. 唱歌推广

如果唱歌好，可以录一些唱歌的视频，在网络上传播，或是在 YY、唱吧等平台唱歌，吸引用户关注微信号。

9. 免费分享

如果语言表达能力不错，那可以通过在 YY 等平台，免费讲课或分享的形式，来吸引用户添加微信，也可以把分享的内容制成视频或语音文件进行传播。

10. 免费服务

如果你有其他可以免费为用户服务、且不耗费太多时间和精力的技能，那可以通过免费服务来聚集人气。比如免费帮你给头像加 V 什么的（其实这个非常简单，用 PS 工具一分钟搞定，只是很多人不会用制图软件）。

11. 活动推广

策划一些创意小活动，比如说一个非常简单又非常经典的猜拳游戏：其形式其实通过微信猜拳。活动游戏是这样，首先准备些小礼品，然后预热宣传，规则很简单，添加你的微信，和你猜拳，你输了，就给对方礼品。

案例 5-8：月入近百万的微信营销妙招

这是几年前的案例了，有点老，但是很有代表性，在此分享给大家。

那时微信个人号还没有限制好友数量，可以无限添加好友。当时一位美女，用一个小方法，真的只是一个很小的方法，在两个月的时间，加到了几十万好友，最终月收入达到了近百万。

这是一个什么样的小方法呢？居然有这么神奇的效果？下面，笔者就来给大家揭晓答案，事情的经过是这样的：

某月某日，互联网上出现了一个帖子，而且这个帖子同时出现在了好几个地方，帖子的内容是这样的：一位美女说她两个月后即将出国，且很长时间不回来。本来出国是件开心的事，但是现在她却遇到了烦恼：她有一只心爱且比较名贵的狗狗，由于不能将狗狗带出国，而家里又没人可以照顾它，所以准备找个靠谱的、有缘的好心人收留它。

帖子写得很有特点，而且帖子里又附上了狗狗的照片和她的照片，狗美，人更美。并且她还在帖子里不断与大家互动。

帖子发出后，不断有人加她，据说两个月内，有几十万人加了她的微信。

两个月后，美女出国了，据说狗狗也送出去了。接下来的日子，美女不断地在朋友圈里晒她在国外的生活，也经常晒国外一些好的产品，尤其是重点晒了那些比国内便宜的产品，比如一些名牌鞋之类的，还加了很多感慨和评论。

这么晒的结果可想而知，一些微信里的好友，希望她能代购。接下来，顺理成章，美女开始做起了代购。据说高的时候，月收入近百万元。

这个案例有段时间，在网络上广为流传，后来有人在网络上揭露，说这是某代购平台做的营销活动，至于爆料说的是真是假就不清楚了。

案例点评：

如果爆料人说的是真的，那笔者不太认同这种带有欺骗性质的营销手段，而且现在"送狗法"也被用烂了。

但是这种创新的精度，绝对是值得大家学习的。

5.8.6　微信朋友圈的价值

微信朋友圈的出现，可以说帮助我们解决了一大营销的难题，什么难题呢？就是人多了怎么沟通和维护的问题。比如当你有 5 000 个重要客户时，如何维护？当你和一个意向客户沟通完成后，但对方却没有成交意向，后继如何继续维系关系？其实不仅是销售，生活中也一样，当你有 500 个好朋友时，如何保持关系？传统的方法是登门拜访、打电话或发短信，但一个人一天能拜见几个人？能打多少个电话？群发短信倒是覆盖的范围广，但诚意不足。有了互联网后，出现了 QQ、电子邮件等新形式的工具，但是和传统方式一样，如果一对一沟通，人多了维护不过来；如果是群发，有垃圾信息和骚扰的嫌疑，反而容易让人反感。而一旦维护不当，或沟通不畅，关系就会疏远。

通常来说，相互能经常看到对方最新的信息、经常看到对方的身影，时不时聊几句是维护关系的一种方式。但是当朋友、用户多了后，真的很难实现。微信朋友圈的出现，解决了这个问题。因为微信朋友圈是私密的，只有互为好友方可见；朋友圈的信息是被动可见，而不是主动群发；而朋友圈的到达率却非常好，发在朋友圈的信息，对方经常能看到。如果我们将沟通完了不成交的用户、成交过的老用户、不经常联系的朋友，统统加为微信好友，然后经常在朋友圈发信息的话，那我们的身影，就会经常在这些客户、朋友面前出现，他们会第一时间了解我们最新的生活及工作动态；如果再时不时地相互赞一下、评一下，保持互动联系，关系自然不会断。

当然，这个道理很简单，但是实施起来也是有一定技巧的。如果朋友圈信息发的得当，可能在不聊天的情况下，都能直接成交。但是如果发的不得当，甚至还会得罪人。

5.8.7 经营朋友圈的 8 种内容

朋友圈究竟应该发什么呢？答案是什么能够塑造形象就发什么。朋友圈的作用，是通过一系列内容，来塑造我们的形象，凸显我们的人格魅力，通过人格魅力，来长期影响别人。这才是朋友圈内容的核心和根本！具体要塑造什么样的形象、凸显什么样的魅力，根据自己的特点来。比如可以是成熟稳重的，或是积极向上的，或是时尚前卫的，或是年轻而有活力的，也可以是工作狂或是某方面的达人等。注意，无论塑造什么样的形象，都一定要是正面的，无论发什么样的内容，都一定是充满正能量的。绝不要胡乱地转发一些段子、励志故事、心灵鸡汤，或是没事在朋友圈抱怨、吐槽，这种内容塑造出来的形象，是正面不起来的。

下面，再给大家介绍一些具体的内容类型作为参考。

1. 爱学习

如果你爱学习，或是平常生活中与学习有关的活动较多，那可以经常在朋友圈晒一些参加培训、活动的现场图片及心得感言，也可以晒一些正在阅读的书以及感悟等。

2. 爱生活

如果你是一个热爱生活的人，那可以经常发一些做家务、做菜做饭的成果照；发一些对热门电影电视的感言；晒晒自己的兴趣爱好、生活趣事等。

3. 爱工作

如果你是一个事业心较重，经常沉醉于工作的人，那可以多发一些工作时的状态、工作上的成绩、感悟，也可以多晒晒公司的文化、工作环境等。

4. 懂感恩

如果你是一个非常懂得感恩的人，那就应该在朋友圈表达出来，比如对各种帮助过你的人的感谢等，塑造知恩图报的正面形象。

5. 人缘好

如果你是一个朋友较多、人缘很好的人，那可以在朋友圈经常晒晒与朋友们相聚的图片。

6. 正能量

这里的正能量，并不是指转发一些所谓正能量的内容，更多的是指将自己身上的正能量传播出去。比如你做的一些好人好事、原创的一些正能量的内容、言论等。

7. 引互动

发一些能够引发大家主动与你交流、沟通、互动的内容。比如说提问、有奖问答、有趣的事等。比如有一次笔者出差到湖南某市，半夜才到。一早晨推开窗，发现窗户外就是一条特别漂亮的大江，于是发了一条朋友圈，问此江名字，立刻引起了朋友们的热情回应。

8. 多原创

朋友圈的内容，一定要以原创为主。这里说的原创，并不是指长篇大论，比如刚刚笔者说的，在朋友圈提个小问题、发个生活中的趣事，都叫原创。只有原创的内容，才够真实，才能凸显和塑造出自己的形象。

案例 5-9：顺丰老总一个朋友圈，顶一亿广告费

2016 年发生了一起"顺丰小哥"事件。事情的起因是一名骑三轮送货车的顺丰快递员，在派送过程中与一辆黑色京 B 牌照小轿车发生轻微碰撞。黑色轿车驾驶员（中年男子）下车后连抽快递员耳光，并破口大骂。这件事被旁观者录下来并上传到了网上。

车祸引起的打架和快递小哥打架，这类事情都不新鲜，所以这件事情在当天也并没有引起太大反响，真正发生转折的是，在当晚 23：38 分，顺丰老总王卫发了一个朋友圈（见图 5.35），誓要将打人者的责任追究到底。

在微博和自媒体的推波助澜下，这件事情马上变成一个新闻热点。仅仅一天时间，微博热点话题蹿升到第二位，今日头条内关于快递小哥文章的评论动辄几百上千条。我们来分析一下，在这件事情的处理上，顺丰得到了什么。

1. 堪称事件营销的成功典范

对于互联网营销领域而言，这绝对算得上是事件营销的成功典范。能在事情发生的第二天就冲上微博热点事件排名第二的并不多见。笔者简单统计了一下今日头条上关于顺丰小哥的新闻不少于 50 篇，很多文章，单单是评论点赞的数量，都已经上万。百度搜索结果也迅速达到百万级以上。王卫及顺丰的强硬反应（见图 5.36），在最短时间内博得所有网友的支持，这一点从评论里一边倒的声讨就可以看得出来。抛开事件本身的性质，从事件营销的角度来分析，顺丰这次非常成功，把一件小事提升到道德的高度，占领道德制高点，迅速赢得媒体关注，也赢得了民意，这必将成为互联网营销史上浓墨重彩的一笔。

图 5.35　王卫朋友圈截图

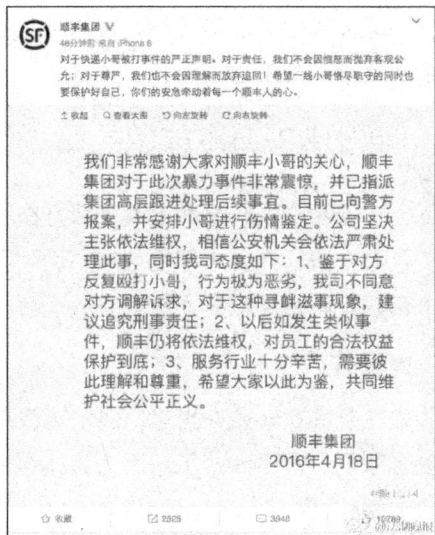

图 5.36　顺丰官微声明

2．树立良心企业的光辉形象

与其说王卫强硬的态度是说给顺丰员工看的，倒不如是说给大众看的。他这种强硬的、丝毫没有商量余地的口气，立马将一个良心企业的形象树立起来。多少企业一掷千金想砸出个良心企业的形象，结果是竹篮打水一场空。王卫只用了一条朋友圈就达到目的，赚大了。

其实大众都有同情弱者的心理，被打的顺丰小哥在这件事情里就是弱者，王卫只是抓住时机做了一件大家都支持的事情。这种营销方式，绝对值得所有企业学习。省钱、省时、省力，效果还奇佳。

3．打造员工暖暖的归属感

很多企业都在讲员工忠诚度，企业管理者也都是绞尽脑汁想办法提高员工忠诚度，效果不尽相同。但顺丰这种"不管发生什么事情，都有大哥在"的感觉，在提高员工忠诚度这件事情上的杀伤力，那是无敌的。对于一般的企业员工，特别是像快递这种高离职率的服务行业而言，一般来说，员工是没有多少归属感的，能找到一个在关键时刻替自己出头的公司，是最幸福的。

通过顺丰小哥这件事，笔者给企业提个醒，在遇到员工成为弱者的时候，一定要挺身而出，支持员工的成本特别低，但社会反响却是多少个亿都砸不出来的。退一万步讲，偶尔为一个员工撑腰，平时会有更多员工愿意为企业付出。

案例点评：

对于快递这个行业，企业形象的树立是非常困难的，而王卫仅仅利用一次微信朋友圈的推文，就将顺丰的企业形象树立起来，同时吸引了众多媒体和自媒体的关注和报道。单就这些媒体的正面报道，也不是几千万能达到的效果，更何况这些报道内容都是正面的。

所以，王卫这次微信朋友圈的推文，绝对值一亿广告费，甚至其他快递公司投入一亿广告费也达不到这个效果。

5.8.8　朋友圈千万不能犯的 3 个错误

实际上，现在许多企业和个人，都有在利用微信朋友圈做销售，尤其是微商。但是这么好的工具和方法，许多人却把它用"烂"了，不但没有效果，甚至还得罪了人。比如下面这 3 个错误，就是经常有人犯的。

1．大量转载

有些人特别喜欢转载，当然，偶尔转载一些优质的信息没问题。但是如果朋友圈全是转发，没有原创，就不太好了。因为这样会显得自己很没有主见和内涵。

2．大量刷屏

比转载更加不可取的，是大量刷屏，尤其是刷一些没意义的内容甚至是纯刷广告。转载的内容，好歹还有点可看性，而刷屏，尤其是刷广告（见图 5.37），只会让人心生反感，进而屏蔽或取消关注。

图 5.37　朋友圈刷广告

3．传播负能量

还有的人，虽然不发广告，也不乱转载，但是却总喜欢发一些负能量的内容。这样做，只会给自己的形象减分，降低别人对自己的好感。

CHAPTER

6

第6章
社交媒体营销

通过本章的学习，我们可以了解到如何利用现有社交软件实现营销。正所谓有人的地方就有营销，社交软件作为人群大量聚集地，是所有营销人员必须要关注的地方。

本章关键词：社交　QQ　陌陌　脉脉

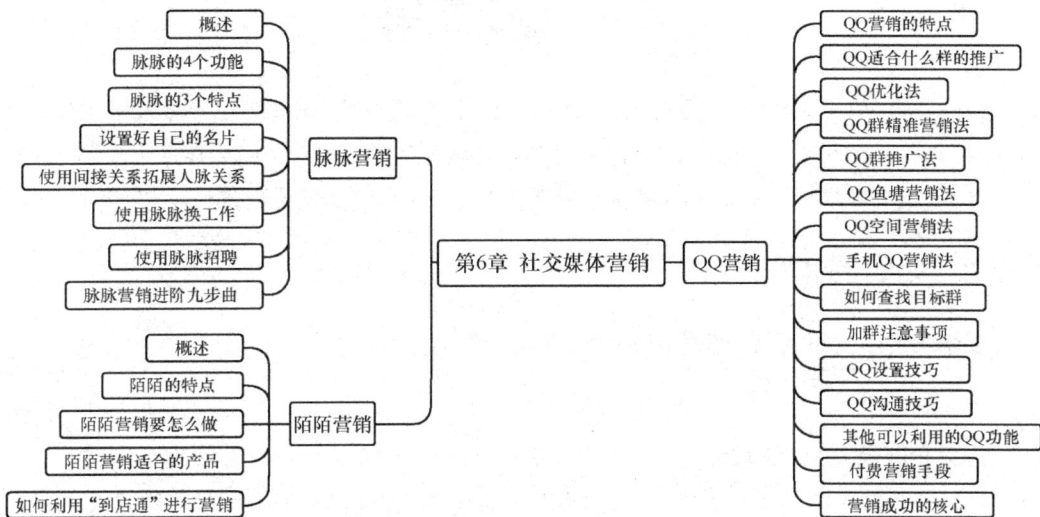

```
                                                       ┌─ QQ营销的特点
                     ┌─ 概述                            ├─ QQ适合什么样的推广
                     ├─ 脉脉的4个功能                    ├─ QQ优化法
                     ├─ 脉脉的3个特点                    ├─ QQ群精准营销法
                     ├─ 设置好自己的名片                 ├─ QQ群推广法
         脉脉营销 ────┼─ 使用间接关系拓展人脉关系         ├─ QQ鱼塘营销法
                     ├─ 使用脉脉换工作                   ├─ QQ空间营销法
                     ├─ 使用脉脉招聘          QQ营销 ────┼─ 手机QQ营销法
                     └─ 脉脉营销进阶九步曲               ├─ 如何查找目标群
第6章 社交媒体营销 ──┤                                  ├─ 加群注意事项
                     │         ┌─ 概述                  ├─ QQ设置技巧
                     │         ├─ 陌陌的特点            ├─ QQ沟通技巧
                     └─ 陌陌营销┼─ 陌陌营销要怎么做      ├─ 其他可以利用的QQ功能
                               ├─ 陌陌营销适合的产品    ├─ 付费营销手段
                               └─ 如何利用"到店通"进行营销└─ 营销成功的核心
```

6.1　概述

所谓社交，是指社会上人与人的交际往来，是人们运用一定的方式（工具）传递信息、交流思想，以达到某种目的的社会各项活动。社交软件即帮助人与人建立联系的软件。

1996 年夏天，以色列的 3 个年轻人维斯格、瓦迪和楚游芬格聚在一起决定开发一种软件，充分利用互联网即时交流的特点，来实现人与人之间快速直接的交流。于是国际互联网上出现了第一款 IM 软件，它的名字叫作"ICQ"，即"I SEEK YOU（我找你）"。并且在极短的时间内，风靡全球。

1997 年，马化腾接触到了 ICQ，并成为它的用户，他亲身感受到了 ICQ 的魅力。但是同样也看到了它的局限性：一是英文界面；二是在使用操作上有相当大的难度。这使得 ICQ 在国内的使用虽然也比较广，但始终不是特别普及，大多限于"网虫"级的高手。于是马化腾和他的伙伴们便想开发一款中文 ICQ 的软件，然后把它卖给有实力的企业。腾讯当时并没有想过自主经营，因为当时 ICQ 的营利模式并不明确，但是需要的投入却非常巨大。

这时正好有一家大企业有意投资中文 ICQ，于是马化腾着手开发设计了 OICQ（QQ 的前身）并投标。但是最后的结果却是没中标。如此，在机缘巧合之下，马化腾决定自己做 OICQ。而当时其给 OICQ 标的定价仅仅三十多万元而已。

QQ 作为一款即时通讯软件，创造了奇迹，2014 年的时候，同时在线人数就已突破 2 亿。2015 年时月活跃用户达到 8.434 亿。

6.2　QQ 营销

腾讯公司 2016 年 8 月 17 日公布的 2016 年 6 月 30 日未经审核的第二季度及中期业绩报告显示，QQ 月活跃账户数达到 8.99 亿，比去年同期增长 7%。QQ 智能终端月活跃账户达到 6.67 亿，比去年同期增长 6%。QQ 的普及程度及庞大用户数使其成为营销不可或缺的主阵地。

6.2.1　QQ 营销的特点

在学习 QQ 营销之前，我们有必要先了解一下 QQ 营销的特点。

1. 高适用性

作为我国最大的 IM 软件，QQ 的注册用户已经超过 10 亿，同时在线用户突破 2 亿，QQ 已经成为网民的必备工具之一，上网没有 QQ，就如现实中没有手机一样稀缺。从营销推广的角度来说，用户覆盖率如此之大、用户如此集中的平台，是必须要好好研究并加以利用的。

2. 精准、有针对性

QQ 的特点是一对一交流及圈子内小范围交流（群交流），而这种交流方式，可以让我们对用户进行更加精准和有针对性的推广，甚至可以根据每个用户的不同特点进行一对一的沟通。这种特点，是其他推广方式所不具备的。

3. 易于操作

与其他营销推广方法的专业性和繁杂程度相比，QQ 推广真的非常简单。只要会打字、会聊天，你就可能成为一名 QQ 推广高手。

4. 近乎零成本

QQ 推广的实施非常简单，准备一台可以上网的电脑，再申请一个免费的 QQ，就可以马上操作了。申请 QQ 会员（每月 10 元），都已经算是大投入了。和其他动辄几十上百万的营销项目相比，几乎是零成本。

5. 持续性

由于 QQ 推广的第一步是先与用户建立好友关系，所以我们可以对用户进行长期、持续性的推广。这个优势，是其他营销推广方式所不具备的。比如网络广告，我们根本不可能知道是谁看了广告、是男是女、叫什么名字，以及看完后有何感受。而在 QQ 上，我们明确地知道用户是谁，可以第一时间获得反馈。

6. 高效率

由于 QQ 推广的精准性与持续性，使得它最终的转化率要高于一般的网络推广方法，为我们节省了大量的时间与精力，提升了工作效率。

6.2.2 QQ 适合什么样的推广

虽然 QQ 推广的适用性高，但是针对不同的企业与产品，效果肯定不一样。那么在哪些情况下，效果会更佳呢？

1. 针对特定人群推广

对于受众人群集中，且喜欢在 QQ 群中交流的人群，使用 QQ 推广是一个非常不错的选择。比如像地方性网站、行业性网站，这类网站的目标用户特别喜欢在 QQ 群中讨论和交流。再比如像减肥、时尚、IT、汽车等产品，也非常适合 QQ 推广，因为这类产品的用户，也非常热衷于加入 QQ 群。

2. 针对固定人群推广

有些产品头疼的不是推广，而是如何增加用户的回访率、转化率。比如一些黏性较低的网站，用户可能几个月才登录一次，而时间一长，就会把该网站淡忘。在这种情况下，就可以通过建设 QQ 群来提高黏性。先建立网站官方 QQ 群，然后将用户都引导进群里面。这样即使用户一年不登录网站也没关系，因为我们已经将他们牢牢地抓在了手里。只要他们看到群，就会加深对网站的印象。当网站有活动或新信息时，我们可以通过群来引导用户参与。

3. 低流量指标推广

对于网站推广，流量是考核推广人员的重要指标之一。但是注意，如果你的网站流量指标很高，那么就不适用于 QQ 推广。因为 QQ 推广很难带来大量的流量，它更适合一些低流量指标的推广。比如企业网站，对流量要求非常低，随便在几个群里推广一下，就能达到指标要求。

4. 推广有针对性项目

对于一些简单、明确、针对性强的产品和项目，非常适用于 QQ 推广。比如一篇文章、一个专题、网络投票、线下活动聚会等。

5. 对现有用户进行维护

如何维护好现有用户？如何提高用户的满意度？这些都是营销人员头疼的问题。而通过 QQ 维护用户效果非常好。比如建立官方 QQ 群，通过群来指导用户使用产品，通过群来与用户加强联络、增进感情等。

6. 对潜在用户的深入挖掘

做营销与销售的都知道，衡量一名销售人员是否优秀，不是看他开发了多少新用户，而是他让多少新用户变成了老用户，让多少老用户重复消费。而对于网络营销来说，挖掘老用户最好的工具之一就是 QQ。

下面就说说 QQ 的一些具体的营销推广方法。

6.2.3 QQ 优化法

一个普通的 QQ 号码，最多可以加 500 个好友，但是登录 QQ 时，用户第一眼能够看到的好友最多只有十几个，剩下的 400 多人是关注不到的。如果用户和剩下的这 400 多人相互之间不联系，时间一长就会逐渐淡忘。而那十几个一登录就能看到的，即使不联系也会印象深刻，甚至随着时间的推移，记忆深刻，挥之不去。

从营销的角度来说，如果我们能排在别人的好友列表前面，那么即使一年不联系，也能达到推广的目的，甚至效果还更好。那如何增加 QQ 排名呢？

1. 开通会员

会员的排名要高于普通号码，名字还会加红，看起来更醒目。而且 QQ 会员最多可以添加 1 000 个好友。

2. 将 QQ 状态设置为"Q 我吧"

QQ 状态有"我在线上""Q 我吧""离开""忙碌""请勿打扰""隐身""离线"七

种。其中"Q 我吧"的优先级最高。如果普通号码将状态设置为"Q 我吧"，那么排名比会员还要高。不过，这种方式唯一的缺点就是收到 QQ 消息时，会直接弹出消息窗口（见图 6.1）。

图 6.1　设置 QQ 状态

3. 在名字前加特殊字符

QQ 排名规则是按照昵称首字母进行排序的，A、B、C、D……比如张三这个名字，首字母为 Z，那他的名字就会排在非常靠后的位置。除了字母外，特殊字符的优先级要高于普通字母。比如在名字前加个空格，就会排在所有名字的前面。

6.2.4　QQ 群精准营销法

现在企业做营销，找新客户的成本是越来越高，难度也越来越大，尤其是传统企业。而实际上，QQ 就能帮助我们用极低的成本，在短时间内找到目标用户，甚至是大量的目标用户。而且操作起来还非常简单，一点都不复杂，具体操作时，就三步。

第一步：确定目标人群。

首先要确定想通过 QQ 寻找什么样的目标人群，比如是男人，还是女人；是学生，还是白领；是北京地区的，还是上海地区的；是针对金融行业，还是互联网行业等。

第二步：寻找目标 QQ 群。

结合目标用户群的定位，分析在哪类 QQ 群中存在目标人群，然后找到这些群（见图6.2）。

图 6.2　QQ 群搜索结果

第三步：提取 QQ 群成员号码。

这时，你手头上已经有了一批精准的目标 QQ 群，接下来需要将这些 QQ 群中的 QQ 好友提取出来（见图 6.3）。这步工作可以通过相关工具来完成。

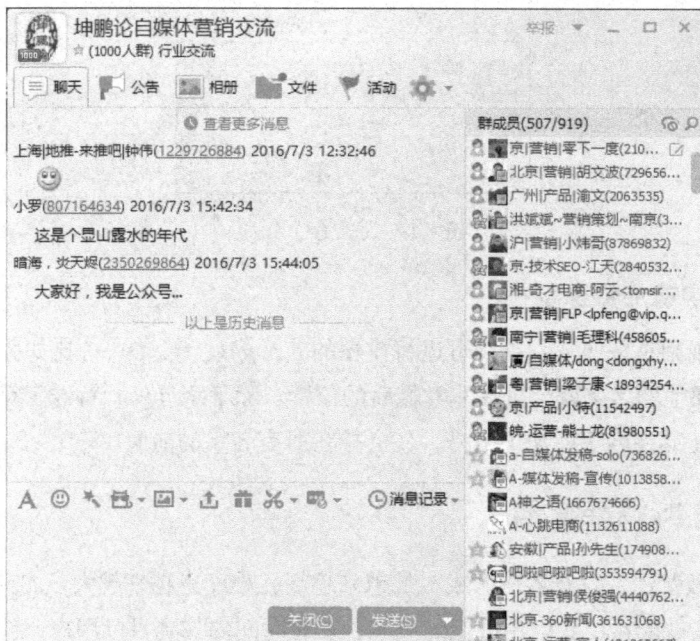

图 6.3　QQ 群好友列表

现在，你手头上已经有了大量精准用户的 QQ 号码。你可以将这些号码导入自己的个人 QQ，或者营销 QQ（以前叫企业 QQ），也可以配合 QQ 邮件营销使用。

小技巧：手动提取 QQ 群成员 QQ 号。

其实如果不通过工具，也可以提取 QQ 群中的 QQ 号。在 QQ 群列表中右击任意一个群名称，在弹出的右键菜单中点击"访问 QQ 群空间"，这个时候会打开群空间，网址是：

http://qun.qzone.qq.com/group。在打开的页面最顶端有菜单，将鼠标滑到"我的群"上，可以看到该QQ号所有群都显示出来（见图6.4）。点击要提取QQ号的群名称会打开该群的主页，然后再点击右侧的数字，所有群成员都会显示出来，包括群昵称和QQ号，全选复制，然后粘贴到Excel表格里再进行一下简单的处理就可以将QQ号提取出来了，不需要借助任何工具。

图6.4　QQ群空间中QQ号列表

6.2.5　QQ群推广法

企业最常用的QQ营销方法，可能就是在QQ群中发广告了。这个方法最简单，如果操作得当，效果也还可以。但是实际上很多企业在操作时，效果并不理想。

原因是很多人的意识还停留在单纯的群发广告阶段。比如笔者建立的群，每天都会有很多新人加群，进了群后，二话不说，马上开始疯狂地发广告。这样做，除了被管理员踢出群之外，还会收到什么效果呢？谁会没事津津有味地看群广告？就算看了，陌生人发的信息，谁敢相信？

而且QQ群不同于网站，它的信息是即时滚动的，只是机械式地加群、发广告，然后被踢，几乎是没什么效果的。所以对于QQ群推广，应该本着"一群一阵地"的原则，长期奋战。蜻蜓点水式的方式，绝对不可取。下面说说QQ群营销的方法与要点。

1. "先建感情后推广"原则

随着网络诈骗的出现，大家对于互联网上的信息越来越谨慎。在群里，只有熟人发的消息，大家才会放心地去看或点击。陌生人发的网址，几乎没人敢随便点击。所以对于QQ群推广来说，应该本着"先建感情后推广"的原则。只有和大家熟了，甚至成为朋友了，大家才会接受你的信息，也只有这样，营销推广才有效果。

比如进群时，先和大家打个招呼，晒晒自己的照片；时不时地和大家聊聊天；和大家分享点有价值的信息，例如，可以提前准备点电子书、小软件、学习视频什么的；如果时间多的话，再经常帮群里的人解决一下问题等。

2. "具体到人" 原则

推广的目的是什么？是为了比谁每天发的群多吗？当然不是。推广是为了达到最终的效果！不管是追求流量，还是追求销售，最终一定是为了提升效果。所以 QQ 群推广应该本着"具体到人"的原则，发多少个群不重要，重要的是让多少群员转化成为我们的用户。

想提高一个群的转化率，蜻蜓点水式地乱发广告肯定是徒劳的，只有在一个群里长期奋战，保证信息传递给每一个人、影响到每一个人时，转化率才会体现。

3. 广告 "少而精" 原则

为什么现在大家对电视广告意见很大？因为现在的电视节目，广告比正片时间还长。看一集 45 分钟的电视剧，能插播 20 分钟的广告。对于群也一样，在群内推广时，即使在群主不反对的情况下，广告也不能发得太频繁，否则就像电视广告，会让用户反感。重复的内容最多一天发送一次足矣，关键是要"少而精"。

4. 在聊天中植入广告

在群内发硬性广告的效果越来越差，软性植入广告才是提升效果的良药。其实平常群员聊天的时候，是推广的绝佳时机。我们可以在聊天时，多多融入要推广的内容，这样大家不但不会反感，反而会自然而然地接受我们的信息。

比如我们加的是女性相关的群，目的是推广减肥产品。那么当群里有关于减肥的话题时，马上加入讨论，交流的内容以分享为主。多和大家分享各种减肥的经验、心得，免费帮大家制订减肥计划。在这个过程中，悄悄地把要推广的信息植入进去。

5. 提升 QQ 群排名

在 QQ 群中，有没有不发信息也能达到推广效果的方式呢？当然有。只要在群名片中加上欲推广的信息，并让你的名字排在群成员列表的前面，即可达到这样的效果。试想一下，别人每天打开群，第一眼看到的就是你，是什么效果？时间一久，想不记住你都难，这叫强化记忆。

笔者有一个营销推广群，里面有位朋友就非常善于使用此道。他主要做网络公关业务，于是直接将群名字设置成了业务名称，并将名字排到了群内第一，比管理员的排名还要高（见图 6.5）。这个群内的许多人都有公关方面的业务需求，而群成员每天打开该群第一个看到的就是他，那有相关业务时会想到谁？肯定会想起他的。把细节做得这么极致，推广怎么可能没效果！

图 6.5 优化群排名

具体设置的方法，请参看 7.2.3 节的内容。

6. 强大的群邮件功能

QQ 群自带有群邮件功能，可以针对群内所有成员群发 QQ 邮件。这个功能非常强大，转化率也非常好。因为在发完邮件后，QQ 会在电脑右下角自动弹出邮件提醒消息，保证每个群内成员都能及时看到邮件内容。

不过唯一遗憾的就是，只有开启了群邮件功能的群，才可以使用该服务。如果群管理员关闭了该功能，则无法使用。所以有条件的话，还是多多建立自己的群吧。

7. 持久的群文件功能

群文件功能是群的固定功能之一，我们可以将要推广的信息整理成软文、视频、电子书、图片等，上传到群文件中。注意，上传的文件不要是赤裸裸的广告，应该是对用户有价值的内容，企业信息应该在内容有价值的基础上适当植入（见图 6.6）。

如果上传的文件有价值，不被管理员删除的话，这个文件就会一直存在于群文件中，即使你退群了，后进群的成员也可能会下载观看。可以说，其效果是非常持续和持久的。

图 6.6　QQ 群文件共享

8.　申请管理员或"搞定"群主

自建群费时费力，而在别人的群中又不能随便做推广，有没有折中的办法呢？解决方法就是申请群管理员。如果我们能成为其他群的管理员，那么不但能够免费使用群内的所有资源，而且还省去了建群和维护群等的烦琐，节省了大量的时间。一般想成为群管理员并不难，只要在群里表现得活跃些，然后和群主搞好关系，即可达成心愿。

更高明一些的方法是直接"搞定"群主。笔者有一位运营论坛的朋友，他的方法就是寻找大量的相关 QQ 群，然后与群主搞好关系，比如在论坛里将群主设成嘉宾、开通高级论坛权限等，最后让群主带着他的群成员进驻论坛，效果非常不错。

9.　建立 QQ 群联盟

前面说过，建立自己的群效果最好，而且群达到一定数量后，本身也会形成品牌。但是一个 QQ 号码能够建立的群数量有限，如何才能建立大量的 QQ 群呢？找人合作是正道。我们可以建立 QQ 群联盟（见图 6.7），多方合作，共享群资源。

10.　利用群的各种工具

除了以上介绍的内容外，所有可以利用的群工具都应该研究加以利用。比如 QQ 群还拥有群相册、群活动等各种辅助工具，而且随着 QQ 版本的升级，其还经常推出各种新的工具，适当地利用这些小功能，能够为推广工作锦上添花。

图 6.7　群联盟效果

6.2.6　QQ 鱼塘营销法

网络营销当中，有一种策略叫鱼塘策略。这个策略的核心思想是像养鱼一样，先将目标用户圈起来，然后慢慢培养与用户的关系与感情，之后再择机进行销售。而 QQ 群，是实现鱼塘策略的重要工具之一，这就同现实当中要养鱼，需要先挖个池塘一个道理，QQ 群就相当于池塘。

而且从效果的角度来说，在别人的群里做营销，总没自己的好，毕竟在别人的地盘，要受别人管制，非常不自由。而自己的群是"我的地盘我做主"，想怎么推广，就怎么推广。而且作为群主，在群里拥有绝对的权威性，群内的成员也对群主的印象最深。即使不发广告，也会产生非常好的营销效果。从实际效果来看，加 10 个群，都没有自建 1 个群的效果好。

具体操作时，我们可以针对潜在用户建立 QQ 群，通过长期在群里潜移默化地影响他们，而产生转化；也可以针对现有用户建立 QQ 群，通过群来维护与老用户的关系，增加黏性、提升复购率和产生转化。

当然，不是建群就一定有效果，肯定需要掌握一些技巧。

1．尽量多建高级群

高级群加的人更多，而维护一个 200 人的群和维护一个 2 000 人的群，时间成本是差不多的。所以尽可能地多建高级群！那如何才能建高级群呢？答案是开通腾讯的 QQ 会员等服务，具体不同的等级开通群的数量如下。

LV0：200 人群。

LV4：200 人群+1 个 500 人群。

LV16：200 人群+2 个 500 人群。

LV32：200 人群+3 个 500 人群。

LV48：200 人群+4 个 500 人群。

超级 QQ：额外 4 个 500 人群。

VIP1～5：额外 4 个 500 人群。

VIP6：额外 4 个 500 人群+1 个 1 000 人群。

VIP7：额外 4 个 500 人群+2 个 1 000 人群。

年费用户：额外 1 个 1 000 人群（QQ 4 级以下也可以创建）。

SVIP1～5：额外 4 个 500 人群。

SVIP6：额外 4 个 500 人群+1 个 1 000 人群。

SVIP7：额外 4 个 500 人群+2 个 1 000 人群。

年费 SVIP1～5：额外 1 个 1 000 人群。

年费 SVIP6～7：额外 1 个 1 000 人群+1 个 2 000 人群。

2. 群的主题要鲜明

建群的目的，是为了将目标用户圈起来，甚至吸引目标用户主动加入。所以想达到这个效果，就需要群的主题鲜明，主题越鲜明，吸引到的用户就越精准。例如，销售化妆品，那么群的主题一定要围绕"女性""美容""化妆"等关键词展开，且越精准越好。

3. 群名要有针对性

对于自建的群，可以在群名称前加一个有针对性的标志性词汇。比如笔者建的所有群的名称都加有 Tui18 的字样（Tui18 是"推一把"网站的域名，也是谐音）。例如，Tui18 网站运营交流群、Tui18 知名媒体编辑群、Tui18 市场推广交流群等。这样做可以加深群员对"推一把"网站的印象，久而久之还会形成口碑效应。

当群越来越多时，再进行编号，就好像开连锁店一样。例如，Tui18 市场推广 1 群、Tui18 市场推广 2 群。当你的"连锁店"足够多的时候，本身就会成为一个品牌。

4. 男女比例要适当

"男女搭配，干活不累"，这是多少老前辈通过实践验证出来的一条真理。群也是如此，如果一个群内男女比例适当，那么群内的氛围会非常好，会充满凝聚力。群员的凝聚力会让推广工作事半功倍。

5. 保持群的活跃度

只有群气氛活跃，成员才会喜欢群、产生群的归属感；会员有了归属感，才会听从群主的号令。所以大家千万不要做那种只建群、不管群的事。

不过建群容易维护难。当群越来越多时，想让每个群都保持一定的活跃度是件不容易的事情。所以招几个负责任的管理员一同来维护群是必不可少的一环。

6. 关怀群员

除了保持群的活跃度外，作为群主或企业官方，要经常关怀群员，这样才能加深感情。如找一些优质的资源，作为福利发给群员；如果条件允许，组织线上分享活动；如果都在本地，组织线下活动；群里人有困难时，适当地进行帮助；群里有人问问题时，及时解答等。

7. 提升群的排名

与前面说的 QQ 昵称排名原理一样，如果能使群排在别人的群列表前面，也会起到事半功倍的作用。QQ 群的排名还有一个规则，就是 1 000 人以上的群，名字会变红，同时排名更靠前（见图 6.8）。

图 6.8　1 000 人群排名效果

6.2.7　QQ空间营销法

不少人以为，QQ空间都是少男少女玩的东西，很非主流、很幼稚，更多的是用来娱乐。其实不然，如果能够有效地对QQ空间加以利用，营销的效果是非常显著的。

1. QQ空间的优势

（1）与QQ产品互通。QQ产品很多，比如QQ、手机QQ、腾讯微博、微信等，这些都是用户量超级大、超级有影响力的产品。而QQ空间，与这些产品基本上都是互通互联的，在营销时将它们配合使用，相互打配合战，效果更好。

（2）到达率好。当有用户给我们的QQ空间留言，或者评论我们空间里的内容时，电脑在右下角会弹窗提示（在电脑登录QQ的前提下）；如果是登录QQ空间或者用手机登录QQ，则会直接将好友的动态（包括发布的最新日志、说说、相册等）显示出来。

2. QQ空间的作用

基于这两大优势，QQ空间非常适合于做两件事。

（1）带来新客户。因为QQ空间与QQ是绑定的，所以可以直接用QQ空间去吸引海量的QQ用户。

（2）长期影响新老客户。因为QQ空间与QQ绑定，且到达率非常好，所以非常适合长期影响用户。在这一点上，和微信朋友圈有异曲同工之妙。

3. QQ空间的使用技巧

QQ空间的主要作用之一是影响用户，那靠什么影响呢？主要靠以下3个工具（见图6.9）。

（1）日志。QQ空间日志的性质和表现形式，与博客很像，或者说，我们可以将QQ日志当成一个博客来运营，通过在QQ空间发布优质的文章来影响用户。比如将企业的文化、产品的优势、客户案例等整理成文章。当然，也不要全是宣传企业的，也要适当发布一些对用户有帮助的内容。

（2）说说。说说的性质和表现形式，与微博很像，实际上之前的腾讯微博与说说就是互通的，所以我们可以将说说当成微博来运营。

（3）相册。相册也是QQ空间重要的组成部分之一。我们可以将展示企业实力的各种图片、展现团队文化的各种照片、客户见证的各种照片等传到相册，以此来影响浏览的用户。

4. 如何增加QQ空间的流量

有了空间内容后，还需要有人浏览才行。各种推广方法，都可以用来推广QQ空间，这里重点说说5种基于QQ本身的推广方法。

图 6.9　QQ 好友动态

（1）QQ 好友。对于 QQ 里的好友，是可以直接看到 QQ 空间内容的。所以，我们可以通过增加 QQ 好友数量的方法来带动对空间内容的浏览。

（2）内容转载。在空间日志中，自带有一键转发功能，我们可以在内容中加上引导性的语言，引导用户将内容转发到自己的 QQ 空间，或者微信朋友圈、微博等。

（3）赞别人。我们可以去赞别人空间的内容来引起关注，赞的人多了，自然有人回访。

（4）评论别人。赞的方式，效果要差一些，通过评论的方式会更直接些。在评论中，可以邀请别人来访问我们的空间。

（5）留言。我们也可以直接采用在别人空间留言的方式进行推广。

在这里提醒大家一下，在 QQ 空间的内容中，应该增加一些引导用户添加我们为好友的文字，只有用户关注了我们的空间，之后在空间发布的内容，才会出现在他们的好友动态中。

6.2.8 手机 QQ 营销法

QQ 有 PC 端 QQ 和手机 QQ 两个版本，而这两个版本的功能是有差异的。手机端独有的一些功能，尤其是基于 LBS 定位的一些功能，PC 端是没有的。而这些功能对营销是非常有帮助的。下面就说说手机 QQ 的这些功能。

1. 导入手机好友

手机 QQ，可以直接将手机通讯录中的号码导进 QQ。至于这个功能怎么用，大家自行发挥，如先找到大量目标用户的手机号，然后将手机号导入手机通讯录，再导进 QQ。

2. 添加附近的好友

手机 QQ，可以实现查找和添加附近好友的功能，这个功能与微信查看附近的人原理一致。对于要求针对精准目标地区人群进行推广的企业，非常适合（见图 6.10）。

图 6.10 查找附近的人

3. 添加附近的群

除了添加附近的好友外，手机 QQ 还可以基于地理位置添加附近的 QQ 群。

4. 热聊

热聊功能，有点像聊天室，聊天室的主题以周边的地标性建设为主题，如热点小区、大厦等（见图6.11）。

图 6.11　QQ 热聊功能

5. 约会

这个功能也是基于地理位置的，我们可以发起约会，然后周边的 QQ 用户即可看到，若有人有兴趣，即会联系。当然，我们也可以筛选感兴趣的约会去参加（见图6.12）。

图 6.12　周边的 QQ 用户

6. 活动

约会功能是一对一的，如果想一对多，就需要用到活动功能了。通过活动功能，我们可以发起活动，或者参加附近的活动（见图 6.13）。

7. 兴趣部落

兴趣部落，有些类似于百度贴吧，通过手机 QQ，我们可以关注附近的部落，也可以按照关键词搜索（见图 6.14）部落。当然，我们也可以申请属于自己的部落，申请地址是：http://buluo.qq.com。

图 6.13　QQ 活动

图 6.14　关键词搜索

6.2.9　如何查找目标群

说了这么多关于 QQ 群推广的话题，那如何才能找到大量的目标 QQ 群呢？方法主要有以下 4 种。

（1）通过 QQ 群平台。腾讯有一个官方的 QQ 群平台，那里汇集了所有的 QQ 群，网址是：http://qun.qq.com。

（2）直接搜索。打开搜索引擎，通过相关的关键词搜索查找群。

（3）登录相关的网站、论坛查找。很多行业性网站、论坛，都会建立大量的官方 QQ 群。比如大家想加与营销推广有关的 QQ 群，就可以直接到"推一把"网站或者"推一把"论坛查找。

（4）顺着群里的线索挖。如果以上 3 种方法你都不喜欢用，那么可以用最传统的方法，找人推荐。比如先找到目标群，与群成员建立良好关系后，再让群内的朋友推荐其他群给你，如此反复循环。通过这种方法，我们可以挖出无数个群。

6.2.10 加群注意事项

下面再说一下加群的注意事项。注意，下面说的是比较理想的情况，大家在具体操作时，请根据自己的实际情况适当变通。

1. 成员少的群尽量不加

QQ群分三种：第一种是普通群，人数上限为200人；第二种是高级群，人数上限为500人；第三种是超级群，人数上限为1 000人。笔者建议大家尽量加高级群或超级群，因为在同样付出的情况下，高级群的效果比普通群效果要好得多。当然，如果是超级VIP会员，还可以建2 000人的群。

2. 不活跃的群尽量不加

如果群里没人说话，多半是因为群成员把群屏蔽了，这样的群加了也没意义，因为发的信息没人关注。而且这样的群也缺少凝聚力，在一个没有凝聚力的圈子里做推广，效果会比较差。

3. 同质化严重的群不加

对于同领域或同行业的群，可能经常会出现这样的情况：加了100个群，看到的却全是老面孔。这样的群加再多也没效果。所以加群时，要注意成员差异化问题。对于同质化太严重的群，只保留一个即可。

4. 目标人群不集中的群不加

一个QQ群，最多只有几百人，所以在资源有限的情况下，就要深入挖掘资源的价值。如何提升QQ群的价值呢？首先就是要加目标人群精准的群。乱加群，不仅推广效果不好，还会让人产生反感情绪，甚至带来负面口碑。

5. 保持在群内的活跃度

刚进入新群时，要先表现得积极活跃一些，先和大家搞好关系，让大家熟悉你。总不在群里发言肯定是不行的，而且没有交流，就缺少了与群内成员拉近距离的机会。

6.2.11 QQ设置技巧

QQ营销有一个不能忽视的优点在于，不仅仅是你在线的时候，哪怕是你不在线的时候，QQ仍然还可以做营销，它可以7×24小时不休息。所以把QQ设置好是非常有必要的。

本节介绍四招，完善你的 QQ 资料，当你不在线的时候，让 QQ 替你做营销。

在与人交流的过程中，个人形象非常重要，特别是进行商业活动时，给客户的第一印象尤其关键，甚至会直接影响项目的成败。如果我们给客户的第一印象是成熟稳重、举止大方、谈吐优雅，浑身透着亲和力，那么合作会比较顺利。但是在互联网中，在看不到对方庐山真面目的情况下，如何留下好印象呢？答案就是 QQ 资料设置。

下面就说说具体的设置技巧。

1. 头像要正规

很多人都喜欢找搞笑的图片当 QQ 头像。如果你不是营销人员，这么做是没问题的，但如果你是营销人员，该 QQ 也是你用于营销的 QQ 号，那这么做就很是问题。

首先，社交工具中的头像一定要有特色，最好能够让人一眼记住。因为只有让用户记住你了，才有可能选择你的产品。

其次，头像要正规、稳重，给人以信任感，突出亲和力。笔者强烈建议大家用本人照片做头像。因为用本人头像，足够有特色，容易识别和记忆，同时会给人一种极强的信任感。

切忌使用那些幼稚、低俗的头像，那样会大大降低别人对我们的正面印象及好感度。试比较以下两个头像（见图 6.15 和图 6.16），你认为哪个头像能够让你的好感度更高？

图 6.15

图 6.16

2. 昵称要真实

我们先来看看一组网名，看看其中哪个名字更能让你产生好感度，如图 6.17 所示，是不是正中间的那个名字，显得更靠谱一些呢？没错，互联网上的昵称，是给别人留下好的第一印象的第二要素。与头像的原理一样，好的昵称要正规、稳重、有特色，要朗朗上口，便于记忆，且要突出信任感和亲和力。在这里强烈大家用实名，原因主要有以下

脑袋让驴给踢了
帅的惊动四方
怕瓦落地
（滕大鹏）
爬上墙头等红杏
非洲土著小白脸
善解人衣

图 6.17　昵称

几点。

首先，实名本身即象征着诚信。网络上有句流传已久的话："人在现实中用真名说假话，在网络中用假名说真话。"在这种大环境下，用真名将极大地增加别人对我们的信任感。

其次，实名容易记忆。在这个人人用网名的时代，我们用真名会显得非常突出，让人印象深刻。

再次，实名可以积累个人品牌与知名度。很少有人昵称固定不变，通常会随着年龄的增长、思想的变化而改变。而每换一个名字，就意味着要从头开始。笔者曾经有四个网络昵称都小有名气，但是由于各种原因经常变换，结果每改一次，之前的知名度、人气都要归零。如果当时懂得用实名，那积累到现在，个人品牌与知名度要高出许多。而个人品牌，就意味着背景、资源、良好的人际关系。

当然，也不是所有的人都适合用实名。比如有些人的名字太普通、不大气，或者重名的太多。在这种情况下，可以起一个貌似真名又很有特色的 ID，并一直使用。

尽量不要用那些太泛的名字，像叶子、温柔一刀之类的。比如有一次，笔者 QQ 中一位叫叶子的好友，对笔者发消息说，好久不联系，还记不记得她。说实话，笔者从第一次上网至今的十几年中，接触过十几个叫叶子的网友，到现在都还分不清她们谁是谁，更别说记住了。

英文名建议也慎用，因为英文名更难记，如果是常见英文名，重复的也很多，如笔者都记不清微信和 QQ 中，有多少个叫 grace 的人了。

最后，一旦名字确定，就轻易不要改名。因为在网络上大家只认识名字，一旦名称改变了，可能连至亲的人都认不出你。

3. 资料要丰富

在 QQ 资料中，除了能展示头像和名字外，还有许多其他的资料项目，比如性别、地区、职业、学历、签名等。这些资料设置得越丰富、越详细，给人的感觉就越真实、越靠谱。但是切记，信息要真实，不能乱写，否则一旦让人发现是假的，将直接对你产生负面印象。

此外，资料内的语言也应该规范，不要用火星文等很非主流、很幼稚的元素，这会极大地降低别人对你的评价。更不要在资料里放广告，笔者发现，不少做微商、做推广的人，都喜欢在签名里放广告，这很不可取。试想一下，在现实中，我们对手拿传单的广告人员是什么样的印象？

除了设置基本的资料外，最好经常更新微信朋友圈、微博内容、QQ 中的日志、相册等，这些都会增加真实感，增强亲和力。

4. 互联网上多留名

除了以上 QQ 的基本设置外，还建议大家在互联网上适当地留下自己的 QQ 号等可公开的个人信息，这样可以进一步增加信任感。试想一下，如果客户在网络上查不到任何关于你的资料，心里是什么感觉？肯定非常不踏实。

6.2.12　QQ 沟通技巧

1. 语气助词要慎用

通过微信、QQ 等工具聊天时，大家经常会带一些语气助词，比如哈哈、嘿嘿、呵呵、HOHO、晕、倒、啊等。但是你有没有想过，屏幕另一端的人看了这些词汇后，会有什么感觉？这些词汇会不会给对方带来不愉快的心理体验或暗示？

关于这个问题，笔者在 2009 年时专门做过两次网络调查，一次为单选调查，一次为多选调查，调查标题为"当你的网友说下面哪个词时，你最想抽他"。结果在单选调查中，有 64% 的人选择了"呵呵"（见图 6.18）；在多选调查中，有 40% 的人选择了"呵呵"（见图 6.19）。"呵呵"这个词高票当选，也就是说，当你不停地说"呵呵"时，对方很可能十分不快。

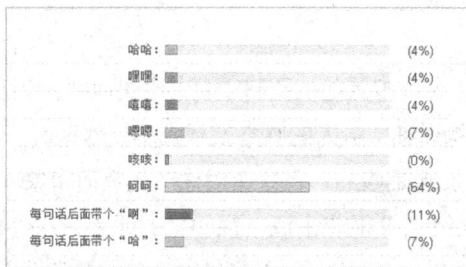

图 6.18　单选调查结果

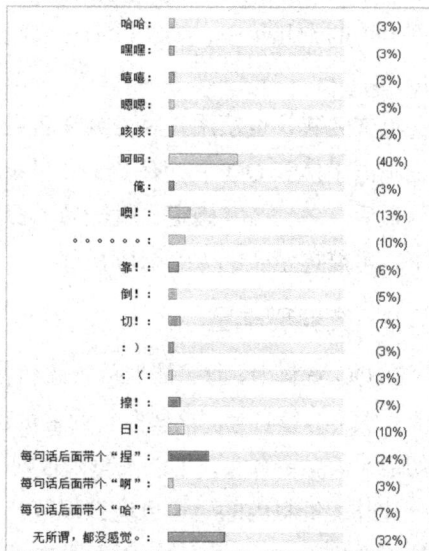

图 6.19　复选调查结果

这个调查意味着什么呢？意味着如果以往你在网络上的成交率很低，很可能就是因为聊天时用错了词汇。

2. 图片表情要慎发

表情是大家在聊天中最喜欢用的元素之一，一个恰当的表情能够起到调节关系、缓和气氛的作用。但是与语气助词一样，不当地使用表情，同样会令别人产生不愉快的心理感受。所以大家在用表情时，尽量不要用那些可能会引起别人抵触情绪、让人反感，或者降低自己身份的图片。比如一些过于色情和暴力，或者非常低俗的图片。

3. 称呼、称谓莫乱用

中国人非常讲究称谓，所以使用称谓时要谨慎，不能乱称呼别人，或者称呼中带有贬低的意思。比如在称呼别人时，不要用"小"字，如小王、小张、小李、小丽之类的，因为"小"字通常是长辈称呼晚辈，或者上级称呼下级时才使用的。除非对方的名字中自带"小"字，或者主动让你让他叫小×。一般对于不熟识的人，称呼×兄、×大哥、×总等是比较恰当的，且不容易出问题。

4. 聊天速度要适当

在网络上交流，主要通过打字进行，这就涉及聊天速度的问题。在这个问题上，应该本着"就慢不就快"的原则。比如对方一分钟打 20 字，而我们一分钟能打 120 字，这时就要迁就一下对方，按着对方的节奏交流。否则对方就会跟不上我们的思路，使沟通产生障碍。而且从心理体验的角度来说，对方有话说不出来，只能看着我们滔滔不绝地打字，感觉会非常痛苦。

除了聊天速度外，还要注意回复速度。回复对方的速度要适中，不能过快，也不能过慢。比如对方很严肃地问了一个他认为很重要的问题，那即使我们知道答案，也不要马上回复；否则对方就有可能会感觉我们对这个问题不够重视，敷衍了事。

5. 字号、字体莫乱改

使用 QQ 聊天时，默认的文字是 10 号黑色宋体字。但是有些朋友不喜欢默认字体，于是就乱改一通，比如改成大红大绿、火星文等。但是你在愉悦了自己时，想过别人的感受吗？比如很多人喜欢绿色、黄色，但是这些颜色的字在显示器中会非常刺眼，甚至会伤害到眼睛。再比如火星文等个性字体，阅读起来比较吃力，而且还会显得你很幼稚。所以轻易不要修改默认字体，虽然普通，但是却最友好。

6. 沟通时机要找准

进行沟通或推广时，时机的选择很重要，千万不要看到在线就留言。比如半夜 12 点前后这个时间段，只要不是很重要的事，就不要打扰别人。

7. 弹窗震动莫乱发

在交流过程中，不要随便发弹窗（即发送视频邀请）或震动，这都是非常不礼貌的行为。即使对方没有及时回复消息，也要先耐心等待，因为很可能对方正在忙不方便回复，要表现出自己的耐心。

8. 注意礼貌

QQ 交流只能看到文字，无法看到表情。所以不管你在交流时的内心感受如何，对方都看不到，只能通过文字去感受。所以聊天时要注意语言规范，不能说一些不友好的话，或者让别人误会我们在轻视对方，这样才能保持沟通的顺畅。沟通时多用"你好""您""请""谢谢"这样的词汇，它们会产生非常神奇的效果。

9. 胡乱群发没意义

笔者的 QQ 上会经常收到一些看起来非常热情的信息，而且这些信息一看就是群发的！比如有天天道早安的、天天发心灵鸡汤的、天天说励志话语的。

人与人之间如果想保持良好的关系，增进感情，确实需要经常沟通。但是沟通绝对不是用这种群发信息的方式来进行，这种方式毫无诚意，甚至让人反感。

沟通技巧说完了，其实总结起来，就一句话：在交流过程中，多考虑对方的感受，多尊重对方。只有我们尊重对方，对方才能尊重我们；只有我们为别人着想，别人才能为我们着想。

6.2.13 其他可以利用的 QQ 功能

除了以上说的各种方法外，QQ 的各种辅助功能，大家也要多多关注和研究，这其中大部分功能都可以辅助我们的推广工作。比如以下的几个功能。

QQ 签名：在 QQ 签名上可以设置更多的文字信息，而且这些信息会在 QQ 空间、QQ 对话窗口等位置突出显示，所以好好利用吧。

好友印象：好友印象这个功能刚出来时，笔者将大部分 QQ 好友印象都写成了"推一把"的广告语，效果非常好。甚至很多朋友来问我，是不是花钱在腾讯打了广告。

自动回复：有一些图片站是这样推广网站的——先申请一个 QQ 号，把资料全部设置成性感撩人的美女资料，然后在网络上到处留 QQ 号。当有人加这个 QQ 号时，就会发现全部是自动回复，回复的内容则是推荐去他的网站。

6.2.14 付费营销手段

2008 年的北京奥运会，牵动着全球亿万人的心。3 月 24 日，北京奥运圣火在奥运会的发源地——距离雅典 370 公里处的古奥林匹亚遗址上正式点燃。而就在同一天，QQ 上也进行着一次特殊的火炬传递。

活动的具体内容是：网民在争取到火炬在线传递的资格后可获得"火炬大使"的称号，本人的 QQ 头像处也将出现一枚未点亮的图标。如果在 10 分钟内该网民可以成功邀请其他用户参加活动，图标将被成功点亮，同时将获取"可口可乐火炬在线传递活动"专属 QQ 皮肤的使用权。而受邀请参加活动的好友就可以继续邀请下一个好友进行火炬在线传递,依此类推。当 QQ 用户习惯性地打开 QQ 时,会惊奇地发现若干网友已经悄然成为奥运火炬在线传递形象大使,他们的 QQ 秀也戴上了可口可乐颁发的丰功伟业勋章。越来越多的 QQ 用户参与到争夺 300 多个形象大使名额的活动中。只要鼠标轻轻一点,QQ 用户就可以实现自己参与奥运火炬传递的梦想。而且,这个资格将会作为 QQ 秀标签,一直保持下去。

活动方提供的数据显示:在短短 40 天之内,该活动就"拉拢"了 4 000 万人参与其中。平均起来,每秒钟就有 12 万多人参与。网民们以成为在线火炬传递手为荣,"病毒式"的链式反应一发不可收拾。不得不承认,这一活动的确是神来之笔。可口可乐公司也因此获得了巨大的回报。

以上案例,只是起到一个抛砖引玉的作用,IM 营销的方式远不限于这几种形式,希望大家在实际操作中能够打开思路,充分发挥自己的想象力,策划出更多、更好、更经典的案例。

6.2.15 营销成功的核心

优秀的执行力是营销成功的核心。再好的营销方式,如果没有好的执行力也等于零。一个简单的营销方式,只要执行力到位,也可以做出好效果。

笔者接触过很多企业,不少企业尤其是大公司在找策划公司做策划时,或者审核营销人员提交的方案时,总是追求所谓"高大上"的策略。其实越是复杂的策略,可能越容易出问题,因为其环节多,不可控的因素就多。

所谓大道至简,往往越简单的越有效。像 QQ,真的很简单,而且适用性还非常强,甚至有的时候照搬照抄都有效果,只要执行到位,就容易出效果。

案例 6-1:QQ 群营销成功案例

QQ 推广的适用性非常强,笔者在这方面的案例也特别多。在这里说个团购的案例,笔者有两个不同地区的学员,用 QQ 营销,都将其团购网站做到了本土第一。

先说第一个学员。这个学员的团购网站是加盟的某知名团购平台,作为其城市分站的形式推向市场。而这个学员在本地推出其团购网站之前,已经有好几家知名团购网站在当地开设了分站,而且做得都不错。

从理论上说,在这种情况下,就需要加大推广力度,奋起直追,但要命的是,这个学员的资金有限,不但起步晚,而且还没法和人家硬拼。

鉴于此,该学员进行了聚焦,重点只用了 QQ 这一招。应该说,在这种情况下,选择 QQ 作为主要推广手段是明智的,因为第一,QQ 免费,适合在缺少资金的情况下操作;第二,QQ 操作简单,不需要太多的人力;第三,QQ 的普及率高,覆盖的人群广;第四,在团购发展初期,其使用群体主要以 80 后、90 后群体为主,而这个群体在 QQ 上的活跃度也是偏高的。

团队组建完成后，开始工作，具体用的方法其实就是本节讲过的：每天添加本地的QQ群，然后在群里与大家互动交流感情，当交流得差不多时，开始植入广告，引导大家到团购平台来团购。

另外，对于一些在本地互联网上有一定影响力、手头有大量QQ群的群主，直接去建立关系谈合作，比如赞助一些优惠券、在他们的群里搞活动等。

就是用这种最简单的方式，这个团购网站后来者居上，月销售额突破百万，而且之后一直处于领先地位。

6.3　陌陌营销

虽然没有任何一款IM软件可以与QQ相提并论，但这并不表示QQ是唯一一款IM软件。除了QQ以外，IM营销其实还包括很多，例如陌陌。

6.3.1　概述

陌陌是基于移动互联网下专注于LBS的陌生人之间的社交媒体软件，现已发展为全国排名前三的移动社交软件，仅次于腾讯QQ与微信（见图6.20）。现陌陌注册用户已经超过了2亿人，同时月活跃用户高达6 500多万，是国内移动互联网用户每日打开率排名第二的社交媒体软件。

图6.20　陌陌

网络营销必须跟着用户群体的兴趣进行，今天用户感兴趣的是陌陌，也许明天会出现一个用户量更大的软件平台，那么同样可以成为我们营销的战场。做互联网营销必须跟随着庞大的用户群体寻找目标营销市场，结合每一种产品不同的用户群体特性与产品的方向建立企业与个人推广营销策略。

6.3.2 陌陌的特点

根据陌陌产品的整体定位与营销策略，陌陌爆发主要集中在新浪微博。最初，陌陌在产品渠道拓展之初，在两个大的用户集中平台选择做营销与渠道推广，经过几番用户群体的筛选后，最终陌陌的用户群体定位与新浪微博的用户群体吻合，将所有用户定位在 20～39 岁。特点有如下几个。

（1）唯一专注于周边 5km 社交的社会化媒体平台。其针对本地周边类商家营销有着强大的优势，也是国内第一款能够专注于周边用户的 APP。

（2）构建陌生人之间的社交。相比同类 APP 如微信、米聊、来往、易信而言，其更容易帮助陌生人构建社交关系，即其他产品更倾向于维护关系，而陌陌更倾向于建立关系。

（3）用户群体比例比较均衡。年龄定位在 20～39 岁，更偏向年轻化，因为大部分用户直接通过微博转换，用户群体质量相比 QQ 用户群体较高。

（4）用户群体的真实性高。陌陌属于非常年轻的产品，目前广告信息相比任何一个平台都少很多，陌陌用户群体的真实性要远远高于其他平台。

（5）全新推出针对周边的营销平台"到店通"。广告信息直接出现在附近用户中，可非常好地影响周边的用户群体。

（6）陌陌群围绕着周边用户群体的需求构建圈子平台，所有更便于附近用户加入，配合严格的广告管理机制，可快速了解周边用户群体的核心需求，建立联系与沟通。

（7）陌陌营销与其他营销方式相比，成本几乎为零，非常适合周边开店，以及围绕本地环境销售产品。

6.3.3 陌陌营销要怎么做

陌陌营销的核心应该是重社交、轻广告，必须要让人知道你是干什么的，同时让更多的人愿意和你建立联系与沟通，并且能够通过平台建立好友关系（见图 6.21、图 6.22）。

图 6.21

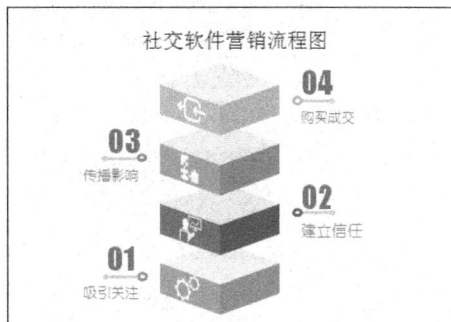

图 6.22

对于陌陌营销，如果仅仅通过发布广告信息就希望能够销售产品，那么基本上不会有任何效果，所以无论销售任何产品，一定要注意社会化媒体平台的核心，不是发布广告，而是建立沟通与联系。首先就要抛开商人或者销售人员的身份，要忘记你是销售产品的，而是培养用户与建立关系的。

6.3.4 陌陌营销适合的产品

陌陌营销定位于周边、年轻人，并结合用户群体的核心心理和行为。

男性类，有优势（烟、酒、保健品等）；

附近生活，商品（社区周边的店铺）；

年轻，娱乐产品（KTV、酒吧、娱乐会所、餐饮等）；

大众需求，产品（大众需求产品称之为人人都有需求，人人都能够用得到的商品，这类商品分为日常生活类、快消品类）；

可选需求，产品（可选需求产品称之为人人都有需求，但是不是马上需要，或者自己没有需求，但是身边的人有需求，如装修、房产、婚庆、婚纱、保险等）。

6.3.5 如何利用"到店通"进行营销

陌陌的基本功能与 QQ、微信差不多，营销方法和策略也都差不多，比如昵称、头像的设置策略、群策略等，具体可以参考 QQ 及微信相关章节的内容，它们都是相通的，此处就不赘述了。这里重点介绍一下目前陌陌独有的功能：到店通。

"到店通"是陌陌转型 O2O 平台的第一个拳头产品，主要是为周边线下商家提供展示、预约的平台空间，凡是成功申请了"到店通"的会员都将展示在附近好友板块中（见图 6.23）。

图 6.23 "到店通"展示

1. 陌陌"到店通"产品介绍

精准的定时定向投放：商家依据预算，将推广诉求精准触达周边目标消费群。

丰富细致的效果展示：商家信息多维度诠释，为用户消费决策提供依据。

与目标顾客实时沟通：搭建商家与消费者互动平台，拉近客群关系。

极低的广告投放费用：海量的曝光次数，广告按照覆盖人数计费，最低至 0.1 元。

简单方便的投放流程：整个广告投放流程全部可以在手机上操作完成，高效、便捷。

2. "到店通"开通流程

（1）打开陌陌，选择"设置"页面，点击"申请商家"进行申请流程。

（2）网签陌陌"到店通"服务用户协议（点击"同意"即可）。

（3）填写商家基本信息。

商家名称	最多可填写 8 个中文字符
联系电话	格式为区号+号码，不得超过 12 个数字
商家地址	需要跟营业执照地址信息主体一致
标注地图	在地图中标注出商家所在地理位置

（4）填写联系人信息，以及上传商家资质。

行业类别	选择与营业执照经营范围相符的一级及二级类目
联系人姓名	填写联系人的真实姓名
联系电话	填写联系人的真实联系电话

（5）上传加按手印的身份证复印件图片，上传加盖企业公章的营业执照副本复印件图片。

（6）单击"提交"后，审核时间大致需要 1~2 个工作日，审核结果将以系统通知形式告知。

3. "到店通"广告投放流程

（1）设置广告内容：点击设置页面中的"商家中心"，进入商家中心详情页，点击"广告投放"，在没有广告在线的情况下，点击右上角的"添加"进行广告内容设置。

（2）推广语：最多填写不超过 12 个中文字符，以 10~12 个字为宜，内容体现商家促销活动或新品推荐。

（3）广告代码：默认内容为"广告"字样+日期，可自定义编辑易于识别的内容。

（4）广告图片：默认读取商家主页中前 5 张图片内容。如需调整，可点击页面下方的"修改资料"按钮，在商家主页中编辑或添加图片。

（5）**设置广告投放条件**：广告内容设置完毕后，点击"下一步"进行广告投放条件设置。

（6）**选择广告投放时间**：最多可选择投放 19 天，广告投放的起始时间为每日 6 时。

以上内容设置完以后，系统将自动匹配出最小投放 1 km 范围内，可以覆盖到的陌陌日活用户数量，并显示出用户需要支付的广告金额。用户还可以针对广告投放的时间段，如上午（6～14 时）、下午（14～22 时）、晚间（22 时至次日 6 时），调整广告投放的半径距离，最大可调整至 3 km，点击"完成"生成广告订单。用户确认广告预览样式，以及投放广告周期和金额后，即可提交并付款。

账户余额可以全额支持当次推广费用的，则直接完成支付；账户余额不足的，需选择立即充值。广告需要至少 3 个小时的审核时间。

4．"到店通"注意事项

"到店通"按照每个覆盖用户 0.1 元（目前折扣价为 0.02 元）计算得出广告费用。覆盖人数=过去一个月内在此区域刷新附近列表的用户÷30 天，每天附近列表刷新的用户每日有一定的波动，所以同样的投放距离及天数费用有一定的波动。

投放中的广告不能进行修改或取消。如确因内容会造成不良影响必须取消修改的，可由工作人员与法人联系核对身份信息，确认后强制终止广告，产生的广告费用不予退还。尚未生效的待投放广告，商家可自行取消后重新编辑修改内容。

5．"到店通"投放策略

（1）图片为高清大图，从店铺招牌、产品细节到项目团队。

（2）每周更新最新产品及业务。

（3）定期到留言板更新店铺现场火爆的氛围、顾客的反馈、优惠政策等信息。

（4）增加附加功能，以及附加的业务，如免费 Wi-Fi、预订预约、刷卡支付等业务。

（5）每天根据投放推广效果进行测试与分析，围绕着用户群体每日在线时间，有针对性地投放广告。

（6）开设陌陌专享优惠，用于吸引用户到店了解和在线下单。

案例 6-2：花店靠陌陌带来 50% 生意

2013 年笔者的朋友想要自己创业，在当地不是特别繁华的地方开设了一个花店，主要业务是销售盆栽、绿植、鲜花等。刚开业时店铺每日比较冷清，到店用户寥寥无几，因为周边都是小区与市场。后来其听从笔者的建议，在陌陌中开设了一个个人账号，发布一些最新店铺比较有意思的产品。因为这位女性朋友的头像比较可爱，加上每日都会更新自己的生活动态，以及消费现场的照片、店铺的实体照片，刚开始的时候经常会有人主动打招呼，到后期所有用户凡是打招呼的都会一一地聊天，逐步在周围建立起自己的好友关系圈子。

2013年下半年，基本上每日都可以接收到来自陌陌上的鲜花订单，单单在七夕节一天，通过陌陌订购鲜花的用户就占到了整个店铺用户的70%，平时通过陌陌带来的订单量也能占到总订单量的50%以上。因为受整个圈子的影响，后来周围无论是店铺还是企业有需求的时候，都会第一时间选择她店铺的产品。

其实她的方法也很简单，就以下几步。

（1）在陌陌中的个人头像放置了5张比较不错的照片。另外3张选用了店铺、产品照片。

（2）吸引周边用户的关注与交流，吸引了周围几百个好友的关注。

（3）定期更新自己的生活信息，以及情感动态信息。

（4）凡是遇到节假日会提前将活动发布出来。

（5）基本上不会跟用户直接沟通产品。

（6）构建自己的陌陌群，将所有陌陌用户集中在一个圈子里。

现在该店已经在筹备开第5个分店，在当地已经有了非常不错的知名度，计划再投入5个陌陌使用，将覆盖到周边5km左右的用户。

案例点评：

如上文所说，并不是所有产品都适合在陌陌上营销，但花店是非常适合的。陌陌上的用户，很大一部分对鲜花都有需求，而长期使用一家花店，也可以减少不必要的沟通和误会，对于卖家来说，熟客生意最好做；对于买家而言，也是同样的道理。但一般情况下，买家和卖家在生意完成以后就不会再有沟通。案例所说的老板，利用了自身的优势，同时又使用陌陌的营销功能，迎合了客户习惯，与客户建立长期沟通机制，当客户需要买花的时候，当然第一时间会想起她。

6.4　脉脉营销

对于脉脉，可能很多人都比较陌生。脉脉作为一款专注于行业交流的社交软件，是一款利用科学算法为职场人打通人际关系、打破行业壁垒、降低社交门槛、实现各行各业交流合作的职场社交APP。自2013年10月上线至今，脉脉注册用户已超过1800万，日活跃用户超过100万，其中互联网、金融、文化传媒、教育、房产建筑等行业用户覆盖率和活跃度最高。

6.4.1　概述

作为一款职场社交软件，脉脉致力于帮助职场人通过工作圈进行高效工作交流，掌握行业动态,分享职场经验和话题观点;通过匿名吐槽爆料获取行业内幕、同行薪资及公司八卦;通过找人办事拓展人际关系网,实现跳槽、挖人、找钱、找关系等。

目前脉脉 65% 的用户来自北上广深杭 5 大城市,51% 的用户拥有经理以上的职位,86% 拥有本科以上学历,11% 拥有海外留学背景。在行业分布方面,互联网从业人群占 34%。在 BAT 以及华为、滴滴、京东、联想等知名企业,脉脉的日活跃率已经达到 30% 以上。越来越多的职场精英将脉脉作为日常重要的职场交流和人际关系拓展平台。

6.4.2　脉脉的 4 个功能

1. 行业交流(各行各业、实名交流)

脉脉工作圈有 IT 互联网、金融、文化传媒、地产、教育等 273 个行业方向的 1 000 多万职场人士,正在以实名职业身份进行各行各业的专业交流。

2. 职场干货(经验分享、行业热评)

通过个人专栏、话题讨论、聚会活动、直播等功能,分享职场干货,吸取"大牛"经验,掌握同行动态、观点热评。

3. 匿名八卦(爆内幕、薪资、职场八卦)

匿名区爆料行业内幕、了解同行薪资、聊聊职场八卦,包括饿了么与口碑合并,阿里入股神州专车等在内的行业大新闻已经首发在脉脉的匿名八卦区。

4. 拓展人际关系

与行业内人员建立良好关系,为未来的发展基定良好基础,如职位推荐,人才推荐,第一手资料的获取等。

6.4.3　脉脉的 3 个特点

1. 清晰的关系链找到靠谱的朋友

在脉脉设计的添加好友过程中,你除了可以知道对方的情况,还可清晰地了解到与你的关系链。

2. 精准的算法找到帮你的朋友

脉脉在 2015 年 4 月的时候用户数就达到 500 万,10%~20% 的用户是 HR。据脉脉 CEO 林凡介绍,脉脉中的数据量远不是表面看到的八卦新闻和个人动态,更多海量的数据是 HR 与应聘者的对话。如果你想在脉脉上找到解决问题的人,可以通过人脉推荐、公司、学校、职位等不同维度进行查找。

3. "移动"的特性有助于社交

脉脉是基于移动互联网，在移动互联网上，由于人们对方寸之间的安全感高于 PC 端，所以加为好友的概率也远高于 PC 端。

6.4.4 设置好自己的名片

脉脉主打职场社交，所以人际关系的开拓是其非常重要的功能。人际交往就涉及互相认识、了解，所以设置好自己的名片，是拓展人际关系的基础。脉脉会根据个人名片中行业方向、所在公司、工作地区、工作经历、教育经历、家乡、标签以及手机通讯录等多个维度判断好友关系。所以认真设置好名片的每一项信息是拓展人际关系最直接的方法（见图 6.24）。

图 6.24 脉脉个人资料编辑

6.4.5 使用间接关系拓展人际关系

脉脉会通过后台的算法，根据每个人的资料自动匹配出他的人际关系，并且自动计算出是直接关系还是间接关系。通常间接关系的数量是直接关系的二次方。而个人影响力分值在影响间接关系的时候，起到非常重要的参考作用。个人影响力分值，这是脉脉的一个主打创新点。这个分值代表着"江湖地位"，分值高的人通常有更为广泛的人际关系。

除了间接关系外，通过脉脉后台的数据挖掘，还可以自动对每个人的公司、学校、职位等信息自动划分圈子。这部分数据会由计算判断结果和个人增删相结合来形成一个用户信息的多维度呈现。这些信息是为了进一步加深对这个人的了解，同时采用主观数据与客观数据相结合的方式尽量呈现出更接近真实的展示。而真实表达是关系量化的一个必要条件。通过对个人信息多维度的量化，以及把个人关系从线性到网状的梳理，之后建立个人与个人间接关系的弱度连接，这就是脉脉所实现的"人际关系量化"。

6.4.6 使用脉脉换工作

想跳槽时，常常会出现这样几个悖论，"自己想换工作，但又不想主动投简历，而希望被联系""朋友推荐较为靠谱，但告诉所有的朋友，浪费时间且效率不高外，还感觉特丢面儿""盼着猎头主动打来电话，却发现多数猎头推荐来的工作非常不靠谱"。

脉脉利用社交关系，打造真实的人际关系圈子和匿名的职场社区，让求职者只要填写简单的资料，如工作年限、职位、求职意向、目标薪资等，就可以达到被动求职的目的。而且，求职的信息及同前来招聘公司的前期沟通是在匿名情况下进行。用户在注册脉脉后，脉脉会自动引入通讯录、新浪微博、人人网的好友关系链和个人名片，然后通过后台的数据挖掘，为用户计算出关系链中的直接人际关系，并拓展好友的好友的人际关系圈。同时，根据每个人的公司、学校、职位及未来等待的求职机会或求职意向等信息，自动将用户划分圈子，以精准求职信息的推送。而且，脉脉会通过分析用户及引入的朋友在微博的行为、粉丝数量、职位等，计算出用户的影响力指数。用户在脉脉中求职时，影响力指数会被标注，甚至被当成在求职时的代称，如"职场菜鸟""高级码农"等。因此，对于有换工作意愿但又不是很着急的人来说，可通过不断维系打理在脉脉上的关系，等待人际关系圈中有招聘需求、又恰好可以满足用户意愿的公司主动联系。注册脉脉的人大多是有求职或招聘需求的人，针对性的猎头也很多，而且很多大公司都有内部推荐机制，推荐人的员工还能在推荐成功后获得收益，所以他们都是该应用的目标人群。

6.4.7 使用脉脉招聘

与求职相对应，脉脉也有专门的招聘版块，发布公司的招聘需求，并根据用户的圈子做精准推送招聘信息。职位发布之后，脉脉提供了一个选项，求助好友扩散。系统给你推荐了一些可以帮你扩散的好友，你可以选择请求他们帮助。从通讯录中按照字母顺序，选择好友，在不同的时间内求助好友扩散。这样你的招聘信息，能够比较持续地出现在工作圈中。例如，上午九点扩散一次，下午三点扩散一次，早上八点扩散一次。这样效果最佳！

从笔者的招聘经历来看，目前老牌招聘网站比如 51job、智联招聘等，企业发布招聘信息以后，可以收到大量简历，但其中真实符合企业岗位需求的简历非常少，从海量简历中选出一两个符合需求的简历这个过程，浪费企业 HR 部门大量人力成本。脉脉收的简历数量上虽然不多，但质量要比传统招聘网站要高很多，这样就省去了大量筛选简历的时间。特别是在招聘与 IT 密切相关的岗位比如技术人员、新媒体相关岗位的时候，脉脉的成功率非常高。

案例6-3：通过脉脉招聘

真实案例，笔者的一个朋友小 Z，新去一家公司，在公司负责新媒体营销方面的工作。他要组一个新媒体团队，负责公司微信公众号、微博、自媒体等方面的运营工作。要招人时，第一个想到的当然是人力资源，所以赶紧给人力资源部门发需求。由于公司规模不大，人力资源人手又不足，人员迟迟招聘不到。后来小 Z 比较着急，就催了人力资源几次，效果依然不好。再后来，人力资源同事干脆把招聘网站的管理密码给出来，让他自己去上面挑。本来觉得这样招人速度能上来了，登录后台上看，简历好多，没有一百份，至少也得有八十份，小 Z 就开始嘀咕，人力资源明显是不干活，在敷衍他。

然后自己马上着手筛选，可真筛选了才发现，真不是一星半点的不靠谱。大家招人的时候，都想招点有经验的嘛，可投简历的这些人之前的工作，有修车的、有在酒店工作的、有做销售的，费了一下午时间，总算选出来两个有新媒体工作经验的，打电话约面试，定好的第二天上午面试，居然一个都没来。

后来小 Z 和笔者抱怨，想让笔者给推荐个靠谱的人。笔者当时给他两个建议一是修改自己的签名，不管是QQ还是微信，能改的都改一遍，让大家帮忙推荐；二是去下载个脉脉，优化一下个人资料，然后在脉脉上发布招聘信息。

没到一星期，小 Z 就给笔者打电话，说已经招到 4 个人了，其中 1 个是朋友推荐的，3 个是从脉脉上招聘的。说虽然收到的简历少，但个个都与新媒体工作相关，邀约了七八个面试的，居然没有一个爽约的。

6.4.8 脉脉营销进阶九步曲

虽然脉脉用户数已近千万，但实际上还是缺少优秀内容，所以如果我们有优秀内容，还是很容易达到营销效果。不过有一个前提是，人际关系等级至少要达到一定程度。脉脉提高人际关系等级相对比较简单，介绍如下。

1. 完善个人资料

提升个人信任度完善自己的个人资料，使用真实头像、真实姓名，填写毕业学校、主要工作经历等。展现真实的自己很重要，别人看到真实的你，更愿意加你为好友。同事、前同事、校友、同行等通过你的真实信息才会找过来。信息填的越全，能找到你的人越多，愿意相信你的人也就越多。

2. 展现行业深度

多发表有干货的动态，包括自己对行业的认识、工作的感悟、生活的理解等。多多分享，积极提供行业前沿资讯、经验总结等。和你志同道合的朋友会加你为好友的，这样才能拓展人际关系网。

3. 主动出击

通过动态、评论等，主动加一些好友，尤其是大 V，更是需要主动加好友。要知道，大 V 的一度好友是很多的，只要加上大 V，那他的一度好友就是你的二度好友，这是扩展自己人际关系网非常好的方法。

4. 定向结交

我们可以在间接关系网中深度挖掘，比如笔者就会主动搜索互联网营销方面的好友，可以定向搜索，比如公司、地区、岗位等。

5. 社群交流

脉脉也有群功能，加入一些脉脉主题群，和大家一起互动，在固定的圈子里进行交流。这也会结识不少好友，只是需要花费一些时间。

6. 话题交友

目前脉脉推出了行业话题交流，可以多参加讨论，以积极主动的形象吸引大家的注意。

7. 挖掘间接关系

每个人都会有一部分直接好友，所以当你的直接好友加到一定数量以后，间接人际关系会呈几何级增长，在间接关系链中发展好友，进行持续追踪，深入交流是扩大人际关系非常好的方法。每发展一个直接好友，相当于就多了很多间接好友。

8. 线下交流

线上会让我们相识，真正的交往，还要靠线下。主动和你的线上好友，一起吃个午饭，边吃边聊；一起喝喝咖啡，深入沟通。现实的交往，会让人立体化起来，生动起来。拓展人际关系，一定要从线上走到线下。

9. 发布实名动态

发布实名动态是脉脉营销最常用的方法，也是最行之有效的方法。因为脉脉打开以后最先看到的就是直接好友的实名动态情况。其实脉脉实名动态与微信朋友圈比较像。当然，也可以发布一些匿名动态，匿名动态可以被更多人看到。

第 7 章
自媒体营销

本章主要讲述什么是自媒体，自媒体平台都有哪些，以及如何利用这些自媒体平台达到营销的目的。

通过本章的学习，我们可以了解互联网主流自媒体平台和主流自媒体营销方式。

本章关键词：自媒体　自媒体营销　微信公众号　今日头条

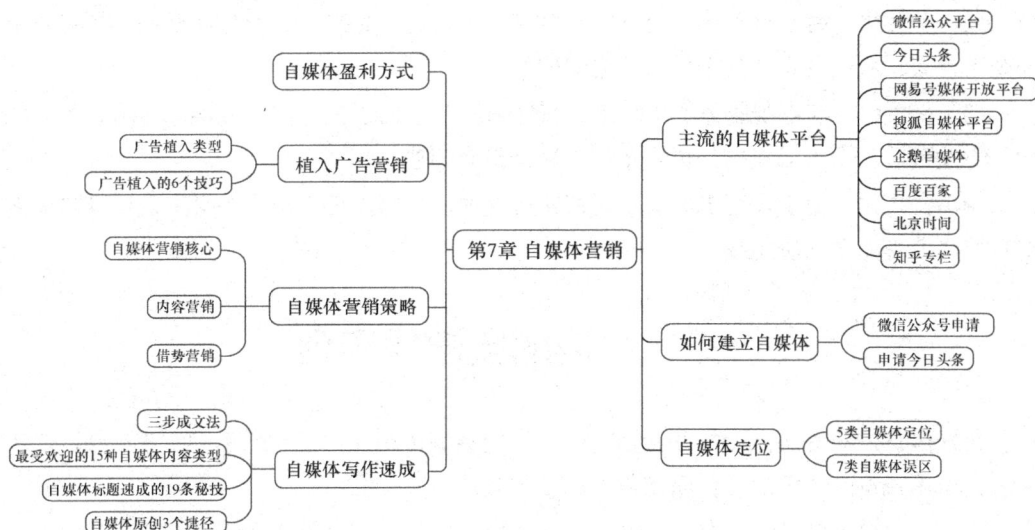

```
                                                          ┌─ 微信公众平台
                                                          ├─ 今日头条
                        ┌─ 自媒体盈利方式                  ├─ 网易号媒体开放平台
           ┌─ 广告植入类型                                  ├─ 搜狐自媒体平台
           ├─ 广告植入的6个技巧 ─ 植入广告营销    主流的自媒体平台 ┤─ 企鹅自媒体
                                                          ├─ 百度百家
           ┌─ 自媒体营销核心                               ├─ 北京时间
           ├─ 内容营销 ─ 自媒体营销策略   第7章 自媒体营销 ┤    └─ 知乎专栏
           └─ 借势营销                                      
                                         如何建立自媒体 ┤─ 微信公众号申请
           ┌─ 三步成文法                              └─ 申请今日头条
           ├─ 最受欢迎的15种自媒体内容类型                 
           ├─ 自媒体标题速成的19条秘技 ─ 自媒体写作速成   自媒体定位 ┤─ 5类自媒体定位
           └─ 自媒体原创3个捷径                              └─ 7类自媒体误区
```

7.1　概述

自媒体（英文翻译：We Media）又称"公民媒体"或"个人媒体"，是指私人化、平民化、普泛化、自主化的传播者，以现代化、电子化的手段，向不特定的大多数或者特定的单个人传递规范性及非规范性信息的新媒体的总称。

美国新闻学会媒体中心于 2003 年 7 月发布了由谢因波曼与克里斯威理斯两位联合提出的"We Media（自媒体）"研究报告，里面对"We Media"下了一个十分严谨的定义："We Media 是普通大众经由数字科技强化，与全球知识体系相连之后，一种开始理解普通大众如何提供与分享他们自身的事实、新闻的途径。"简而言之，即大众用以发布自己亲眼所见、亲耳所闻事件的载体。

随着社会化媒体的发展，自媒体时代以不可阻挡之势走来。毋庸置疑的是，当所有的媒体形式所产生的媒介聚合效应达到一定规模的时候，其传播价值便应运而生。利用这个具备了传播价值的自媒体从事商业活动，便是自媒体营销。

一个普通人或者机构、组织能够在任何时间、任何地点，以任何方式访问网络，通过现代数字科技与全球知识体系相连，提供并分享他们的见闻和观点。当具备了"传播力"这个媒体的基础价值之后，影响力价值、行销力价值便会循序而来，最终构成完整的媒体市场价值链条，从而使自媒体的营销价值得到市场的认可和应用。自媒体具有以下特性。

（1）多样化。目前可以自主发布内容的平台包括博客、微博、微信、今日头条、一点资讯、搜狐自媒体、百度百家等多个渠道，每个渠道侧重的内容、形式都不尽相同，这就使得自媒体具有多样化的特点。

（2）个性化。由于自媒体的公开性，自媒体运营更多是以个人形式体现的，具有鲜明的个人色彩，所以自媒体的个性化非常鲜明。

（3）平民化。与电视媒体、传统平面媒体高高在上的感觉不同，自媒体不需要专业机构、专业资质，个人或机构都可以申请，完全没有门槛。

（4）自主化。由于没有机构、公司在后边管理，自媒体具有很强的自主化，自媒体人对自媒体拥有完全的决定权。

7.2 主流的自媒体平台

自媒体与广播/电视媒体、平面媒体、门户网站等传统媒体最大的不同在于，自媒体的内容是由用户自己产生的，并由用户自己发布和传播。

媒体一直以来都被认为是一个非常专业的机构，其内容也是由专业的记者、采编人员共同完成。即使在 2010 年之前的互联网媒体，走的依然是专业机构的道路。

博客的出现，让大家有了可以发表自己观点的平台，也让广大网友第一次找到了借助大平台发表自己观点的感觉。博客时代捧红了一批人，如：方兴东、徐静蕾、韩寒、木子美等。但真正标志着国内自媒体飞速发展的产品，并不是博客，也不是微博，而是微信。

新浪微博的出现，对自媒体的发展起了很大的促进作用，但新浪微博走的是明星战略，普通用户的声音很难从中得以体现。所以作为国内互联网最有生命力的草根并没有发挥的空间。

2012 年 8 月 23 日正式上线的微信公众平台，彻底将自媒体大众化，每个人都可以申请开通一个微信公众平台，向订阅用户传播自己的内容。自此，自媒体时代来临。

目前自媒体平台有二十余家，我们选择几家主流的进行介绍。

7.2.1　微信公众平台

微信公众平台于 2012 年 8 月 23 日正式上线，简称 WeChat，曾命名为"官号平台"和"媒体平台"，最终定位为"公众平台"。在推出公众平台的时候，微信已经有了亿级的用户，挖掘自己用户的价值，为这个新的平台增加更优质的内容，形成一个不一样的生态循环，是微信公众平台发展初期更重要的方向。微信公众平台利用其本身的自媒体活动，支持企业和个人进行一对多的媒体活动。同时，其通过接入第三方服务平台，为公众号运营者提供更多形式的增值服务（见图 7.1）。

图 7.1　微信公众平台后台

优点：自主性强，只要不违反公众平台的规定，作者可以根据自己喜好发布自己的内容，平台不会做过多干涉。

私密性强，作者发布的文章，除订阅用户外，其他人看不到其内容。作者还可以选择将一篇文章编辑成素材以后，不推送出去，只有等到文章链接的用户才能阅读此文章，其他人，包括订阅用户都无法看到该内容。

一对一互动性强。作者可以选择把一篇文章推送给所有订阅用户，也可以选择推给其中的一部分人或某一个人。读者可以通过公众平台给作者留言，作者也可以有选择性地回复，这些信息也都是保密的。

缺点：私密性强导致微信公众平台的内容并不完全公开，非公众号关注用户在其他人不转发的情况下，没有机会看到公众号里的内容，公众号里的内容同样不对搜索引擎开放，通过百度搜不到其内容。当然，现在可以通过搜狗对公众号内容进行搜索，但搜狗的市场份额毕竟有限。

这种半封闭的体系导致作者想提高公众平台上的阅读量变得很困难，只能通过自己优质内容引起用户转发来提升阅读量。

7.2.2　今日头条

今日头条是一款基于数据挖掘的推荐引擎产品，为用户推荐有价值的、个性化的信息，提供连接人与信息的新型服务，是国内移动互联网领域成长非常快的平台。由国内互联网创业者张一鸣于 2012 年 3 月创建，于 2012 年 8 月发布第一个版本。截止到 2016 年 5 月，今日头条累计激活用户数已达 4.8 亿，日活跃人数超过 4 700 万，月活跃人数超过 1.25 亿，单用户每日使用时长超过 62 分钟。其中，"头条号"平台（见图 7.2）的账号数量已超过 12 万个，"头条号"自媒体账号总量超过 8.5 万个，与今日头条合作的各类媒体、政府、机构等总计超过 3.5 万家。

图 7.2　今日头条后台

今日头条目前比较容易申请，但新申请的用户是"新手期"，每天只能发布 1 篇文章。正常用户每天可以发布 5 篇文章。也有一些媒体合作账号，可以每天发布几十篇文章。

"新手期"头条号想转成正式用户，有两种方式：

（1）平台会根据每个头条号的情况不定期选择一些新手号给予转正；

（2）今日头条有头条指数，每个月中至少有一天头条指数达到 650 分、推荐文章不少于 10 篇。

在今日头条发布的文章，可以在文章结尾加一些自己的推广信息，这是很多自媒体平台不允许的。

优点：与微信公众平台不同，今日头条是一个完全开放的平台，不但搜索引擎可以搜到，其还专门针对搜索引擎做了优化，使得搜索体验更友好。所以今日头条发布的内容，除了在其客户端可以浏览，在计算机上也可以浏览。

今日头条的用户量非常大，一篇优秀的文章很容易获得几十万的阅读量。

今日头条智能推荐引擎可以根据文章标题和内容对文章栏目进行自动分类。例如，一篇关于财经方面的文章，想放在科技类别下发表，今日头条会自动将文章分类改成财经类。

缺点：今日头条文章阅读量由其推荐量和阅读率决定，如果今日头条通过自己的引擎计算，认为你的文章质量不高，会不给推荐，这种情况下，不仅在客户端无法看到内容，搜索引擎也不会收录。不被今日头条推荐的文章，即使经过修改，也不会被头条推荐。

今日头条会要求文章是首发，如果能在搜索引擎中收到已在其他网站发布过，头条审核的时候一般不会给通过，即使通过，也不会给推荐，阅读量一般会比较低。

7.2.3　网易号媒体开放平台

网易号媒体开放平台中的文章可以出现在网易新闻手机客户端中。作为老牌门户网站，网易新闻有一批忠实用户。据官方数据公布，截止到 2015 年 9 月，网易新闻客户端全平台累计用户量已经达到 3.6 亿，月活跃量突破 1 亿。

网易号媒体开放平台申请比较容易，但申请通过后，并不表示发布的文章马上可以被用户浏览到，必须先发布 3 篇以上的文章，然后申请上线，通过审核以后才可以。

网易号媒体开放平台审核时给出的提示时间是 3 个工作日，但就笔者自己的经验和其他自媒体作者的反馈情况看，其审核速度非常慢，甚至有很多自媒体作者遇到申请一个月没有任何回复的情况。

网易号媒体开放平台每天发布的文章数并没有明确限制（见图 7.3）。

图 7.3　网易号媒体开放平台后台

优点：网易号媒体开放平台依靠网易原有的影响力和用户基础，APP 用户量非常大。同时，网易号媒体开放平台有 RSS 抓取功能，可以自动从其他自媒体后台抓取文章，省去了用户手动更新的烦恼。

缺点：据笔者了解，网易号媒体开放平台在网易内部也承载着很多内部产品的营销功能，所以对于在网易号上的自媒体作者而言，很大一部分自媒体得不到平台的推荐，在没有推荐的情况下，文章阅读量基本可以忽略不计。同时，网易号自媒体平台并没有提供客服联系方式，如果有问题，用户很难与平台建立联系。这些缺陷也直接导致网易号自媒体开放平台的发展速度落后于今日头条、搜狐自媒体等自媒体平台。

7.2.4 搜狐自媒体平台

搜狐自媒体平台是搜狐网推出的自媒体开放平台。搜狐自媒体平台要求文章标题不能超过 24 个字，但如果想有更好的推荐效果，标题最好不超过 16 个字。

搜狐自媒体平台的阅读量还不错，有很多自媒体文章的阅读量都过万。不过搜狐自媒体平台阅读量有一个比较有意思的地方，新发布一篇文章时，文章阅读量为 0，只要有一个人浏览，再次刷新以后，阅读量就会变成 40～90 的一个随机数。

搜狐自媒体平台每天发布文章数并没有明确限制，但每天能被平台推荐的只有三篇，所以在该平台发布文章时，如果想有更好的效果，建议不要超过三篇（见图 7.4）。

图 7.4 搜狐自媒体平台后台

优点：搜狐自媒体平台是自媒体人必选的平台之一，之所以重要，是因为在所有自媒体平台中，搜狐自媒体平台对百度搜索结果最友好。不管是百度网页搜索还是百度新闻搜索，搜狐自媒体的收录量都最大。同时，搜狐自媒体平台后台操作简洁，文章发布的审核速度非常快。

每个账号还可以设置自己的广告，PC 平台有两个广告位，手机客户端有一个广告位。

缺点：在今日头条等平台可以通过审核的文章，在搜狐自媒体有可能通不过审核，且平台并不会给出特别明确的说明。

7.2.5 企鹅自媒体

企鹅自媒体是腾讯公司推出的自媒体开放平台，于 2016 年 3 月 1 日上线。目前上线时间较短，所以各方面功能还有待完善。据说腾讯将为企鹅自媒体平台提供 4 个方面的能力：开放全网流量、开放内容生产能力、开放用户连接、开放商业变现能力（见图 7.5）。

图 7.5 企鹅自媒体后台

优点：由于背靠腾讯公司，企鹅自媒体平台发布的优质内容，可以同时在天天快报、腾讯新闻客户端、微信新闻插件和手机 QQ 新闻插件 4 个平台上进行推荐，相当于使用一个后台维护了 4 个自媒体平台的内容。

同时，企鹅自媒体后台支持微信抓取公众号功能。通过设置，用户可以将自己微信公众号内的文章自动发布在企鹅自媒体后台，节省了大量分发的时间和精力。由于是自家的产品，企鹅自媒体对微信公众号内文章的兼容性也是最好的。

缺点：腾讯除了企鹅自媒体以外，还有微信公众号、QQ 公众号，所以真正分给企鹅自媒体的流量相对有限。同时，企鹅自媒体平台上文章推荐机制也不明确，导致很多自媒体用户有心想优化，但并不了解需要做好哪些方面的工作。

7.2.6 百度百家

百度百家是百度公司旗下自媒体平台，于 2013 年 12 月 24 日上线。百度百家作为百度新闻原创栏目，借助百度大数据和自然语音理解技术等用户个性化新闻推荐独创功能，用互联网模式首次建立完整的自媒体生态链，在内容和广告的良性交互转换下，实现了作者、读者、传播者之间的无缝对接（见图7.6）。

图 7.6　百度百家后台

优点：由于是百度公司旗下产品，其在百度搜索引擎中的权重比较高，大部分内容都会被百度所收录。虽然百度一直强调自己的产品并没有加权，但相同内容的文章如果发布到百度百家和其他自媒体平台上，百度百家的收录速度和数量，都要优于其他自媒体平台。

百度百家中的作者，质量比较高，文章大多数也都比较有观点和深度，以科技类内容见长，娱乐、健康等方面的内容并不多。

缺点：由于百家并非是百度核心产品，目前看来受重视程度不够，即使首页上的文章，阅读量也很少有过万的。整体看来，文章阅读量都要少于其他自媒体平台。

同时，百度百家后台操作也相对要简单的多，目前为止只有发布文章、内容管理和账号管理 3 项，甚至连文章统计功能都还没有。对于一个 2013 年年底就上线的产品来说，实在不应该。

7.2.7　北京时间

"北京时间"是由北京电视台与奇虎360科技有限公司共同创建的，在 2016 年初正式上线，以视频自媒体为主。由于背靠北京电视台，其会有很多独家的视频内容，这是北京时间区别于其他自媒体平台一个很大的特点（见图7.7）。

优点：由于有北京电视台和奇虎 360 的背景，"北京时间"从上线之日起就拥有大量流量，也拥有大量视频方面的独家资源。如北京电视台当红节目《跨界歌王》最初传言也是要与"北京时间"独家合作，只是由于某种原因没有成功。

缺点：虽然有 360 的技术团队支持，但毕竟是两家成熟公司的合作，在内部协调方面更像是一家大公司而不是创业公司。所以上线一段时间以来，"北京时间"后台功能完善得很慢，甚至很多基础功能都还没有得以完善。

图 7.7　北京时间后台

同时，平台的名字"北京时间"本身是一个非常广泛的词，所以在做搜索引擎优化方面特别吃亏。以至于像笔者这种从"北京时间"刚上线就已经入驻的老作者，也只能靠记域名进行访问，通过搜索引擎根本找不到。

7.2.8　知乎专栏

知乎是一个真实的网络问答社区，用户分享着彼此的专业知识、经验和见解，作为问答类平台，其内容要比百度知道、问答更专业化，聚集了一大批行业精英。知乎网站 2010 年 12 月上线，刚开始的时候采用邀请制注册方式，2013 年 3 月，向公众开放注册。知乎专栏在 2016 年初上线（见图 7.8）。

图 7.8　知乎专栏后台

优点：由于知乎本身用户群相对更高端，行业精英，甚至是很多公司 CEO 也都在知乎有专栏，通过优质内容可以得到更多业内人士的认可。如果想通过文章积累行业人脉，在知乎上写专栏、回答问题会是不错的选择。

正是因为有优质内容，知乎的百度权重也非常高，如果是为了做 SEO 优化，笔者非常建议大家选择这个平台。

缺点：如果行业经验少，文章质量一般，或是观点不够突出，在知乎上很难找到真正认同的人。且知乎专栏上线时间较短，并没有太多的后台功能，更多还是知乎本身的功能。

除了以上这些平台外，还有一点资讯、凤凰自媒体开放平台、淘宝头条、简书、界面、UC 订阅号等很多自媒体渠道，另外还有门户网站的博客、和讯网博客、techweb 博客。如果写作的主题是电商方面，还可以在派代上发布，效果也都不错。

因为每个平台都有自己不同的用户，所以如果想做自媒体，一定要把所有能注册的渠道都申请，每天同步发文章。

案例 7-1：产品外包装也是自媒体

近年来，曾经风靡一时的碳酸饮料在中国市场受到了严峻挑战，整体销量每年都在下降，通过经销商和行业协会反馈的数据来看，下降率达到了 30%。究其原因，是因为 "90 后""00 后" 等年轻一代对碳酸饮料并不 "感冒"，而作为主力消费群体的 "70 后""80 后" 出于健康考虑，对此也没有那么热衷了。再加上市场上各种新兴产品和品类的兴起，碳酸饮料市场不断压缩。

在这种情况下，为迎合年轻消费者，可口可乐于 2013 年推出了针对中国市场的新包装，在其一贯的红色包装上，"可口可乐" 四个大字已经 "退位"，取而代之的是诸如 "文艺青年、小清新、高富帅、白富美、天然呆、你的女神、纯爷们、小萝莉、吃货、闺蜜、氧气美女、喵星人" 等网络流行语。除此之外，这些大字上面还写着 "分享这瓶可口可乐与你的" 小字样，配合下面的大字就会形成类似 "分享这瓶可口可乐与你的女神""分享这瓶可口可乐与你的喵星人""分享这瓶可口可乐与你的天然呆" 等内容（见图 7.9）。

图 7.9　可口可乐的新包装

可口可乐的这次大胆尝试，消费者反应不一，有的消费者表示可口可乐新包装"萌死了，很有爱""看到就想买"，也有消费者觉得"山寨味太浓""一开始还以为是假冒产品"。

但是无论如何，笔者都认为可口可乐的此次尝试非常有意义。因为传统的产品包装，都是产品的名称、成分、注意事项、企业信息等格式化的信息。而可口可乐此举，是结合了"90后"的思维，将一些流行元素和文化赋予了包装，使产品包装不再是简单的产品介绍，而是真正变成了自媒体，使消费者能够从包装中就产生共鸣或争议，通过包装就传递了情感上面的信息。

如果说可口可乐只是在包装上进行了一个创新（但这个创新暗合了自媒体思维），那江小白白酒则是从创始之初就用互联网思维打造出来的品牌。江小白白酒的包装，一反传统，并没有印什么传统的产品信息、厂家信息等，而印的全部是江小白各种各样的语录，通过包装去传递江小白的精神和文化，这正是自媒体思维的充分展示（见图7.10）。

图 7.10　江小白白酒的包装

案例点评：

表面上看，是包装发生了变化，其实背后代表的是对用户需求变化的精准把控。互联网时代之下成长起来的"80后""90后"，以及即将登场的"00后"，越来越个性化，喜欢追求不同。要征服这群人，仅仅靠产品好远远不够，还要赋予产品更多的个性，更多情感上的元素。以往厂商总觉得传播是媒体的事情，岂不知自己产品包装就是一个最好的自媒体平台。

对于个人来说，QQ、微信的签名、介绍、动态等，也都是我们自己的自媒体渠道。

7.3　如何建立自媒体

目前自媒体平台申请流程及所需材料差别不大，所以笔者仅以申请微信公众号和今日头条为例进行介绍，其他平台的申请及所需材料可参考今日头条。

7.3.1　微信公众号申请

在申请微信公众号之前，需要准备一些材料，不同类型公众号需要准备的材料不同。笔者把各类型需要用到的材料整理成一个表格供大家参考（见图 7.11）。

公众账号注册需要准备的资料				
政府类型	媒体类型	企业类型	其他组织类型	个人类型
政府机构全称	媒体全称	企业全称	组织全称	运营者身份证姓名
运营者身份证姓名	组织机构代码	营业执照注册号	组织机构代码	运营者身份证号码
运营者身份证号码	运营者身份证姓名	运营者身份证姓名	运营者身份证姓名	运营者手机号码
运营者手机号码	运营者身份证号码	运营者身份证号码	运营者身份证号码	已绑银行卡的微信号
已绑银行卡的微信号	运营者手机号码	运营者手机号码	运营者手机号码	
	已绑银行卡的微信号	已绑银行卡的微信号	已绑银行卡的微信号	
	媒体对公账户	企业对公账户	组织对公账户	

图 7.11　公众号注册需要准备的资料

第一步，打开公众号注册首页，单击右上角的"立即注册"链接，开始填写基本信息（见图 7.12）。

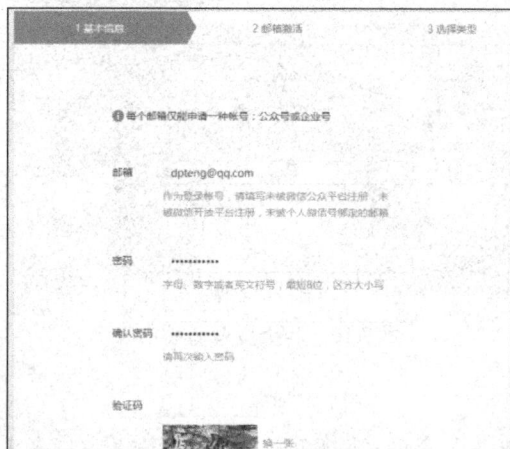

图 7.12　微信公众平台注册

输入邮箱、密码、验证码后，选中下面的"我同意并遵守《微信公众平台服务协议》"复选框，单击"注册"按钮后，系统会自动向邮箱发送一封激活邮件。所以这里要求填写的邮箱一定是自己使用的邮箱，否则如果登录不了邮箱就无法激活。

第二步，打开注册时填写的邮箱，找到微信公众平台发来的激活邮件，点击激活邮件内的链接即可。如果链接无法点击，可以直接将链接复制到浏览器地址栏里进行访问，同样可以激活。

第三步，账号激活以后，需要选择自媒体类型，包括：订阅号、服务号和企业号。自媒体类型确定后不能修改，不同类型自媒体号适用于不同人群。个人自媒体最常使用的是订阅号（见图7.13）。

图7.13 选择微信公众号类型

第四步，选择完类型以后，需要填写基本信息。如果是机构申请，在这一步选择"组织"，然后再选择"组织"的类型，包括政府、媒体、企业和其他组织。如果是个人申请，在这一步选择"个人"。作为自媒体，一般情况下我们都会选择"个人"。这一步要填写申请人的姓名、身份证号、手机号，同时要验证申请人真实信息，使用已绑定银行卡的微信扫描一下即可（见图7.14）。

小提示：

很多用户在申请的过程中会因为之前微信号没有绑定银行卡而卡在验证这一步，所以需要对自己的微信号进行银行卡绑定。在微信中点击右下角"我"按钮，点击"钱包"，在弹出的"我的钱包"页面点击右上角"银行卡"按钮，根据提示即可绑定。

第五步，经过第四步以后，公众号的申请基本已经差不多。在这一步填写公众号名称和介绍，其中名称一经设置不可修改，所以在填写名称的时候要慎重。功能介绍后期是可以修改的，每个月最多可以修改 5 次（见图 7.15）。

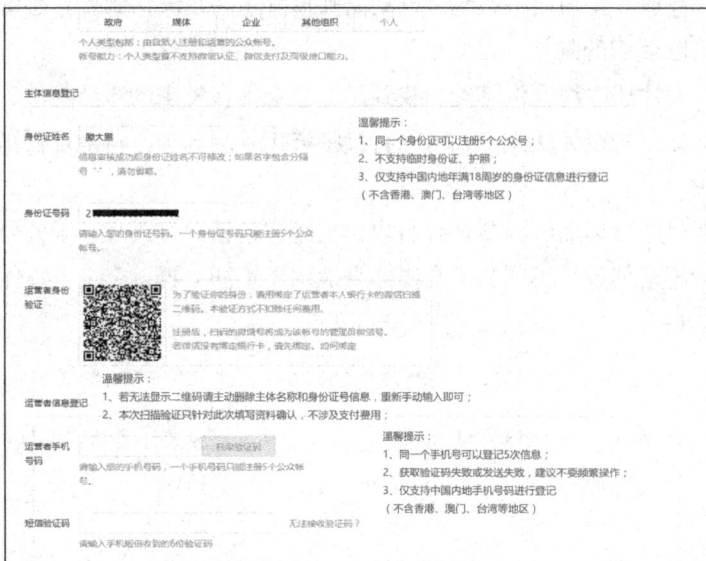

图 7.14　填写详细信息

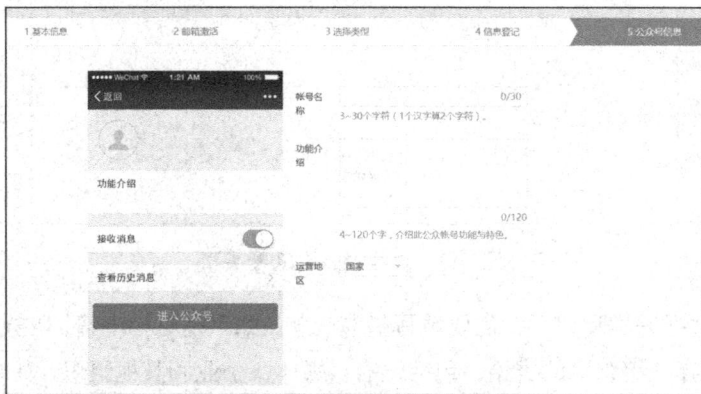

图 7.15　填写微信公众号名称及描述

经过上述五步操作以后，微信公众号即成功申请。

微信公众号刚开通时功能会少一些，例如，留言管理、页面模板、赞赏功能、原创声明功能、广告分成功能都没有开通，在运营过程中根据实际运营情况可陆续开通。

7.3.2　申请今日头条

第一步，打开今日头条注册首页，点击右上角的"注册账号"按钮。与注册微信公众号相同，这一步仍然需要输入邮箱和密码，需要点击"我同意并遵守《头条号用户协议》"

按钮（见图 7.16）。

图 7.16　注册今日头条

需要注意的是，密码必须包含数字和大小写字母。提交注册信息以后，要输入手机号，系统会自动向手机发送验证码。如果已经在今日头条绑定过其他用户的手机号，在发送验证码时，会提示是否解绑之前的账号。

第二步，选择类型。今日头条的类型包括个人、媒体、国家机构、企业、其他组织，与微信公众号类型基本相同。在这个环节中，我们选择"个人"即可。

第三步，这一步需要填写的内容要比微信公众号要多一些，填写的过程中要细致，按要求完成即可（见图 7.17）。

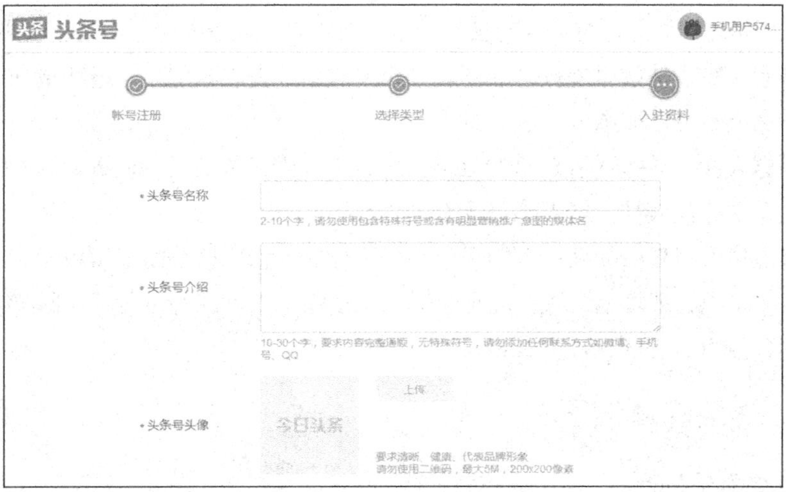

图 7.17　填写详细信息

小提示：

（1）辅助材料对于成功申请很有帮助，如果想提高通过率，可以先申请微信公众号和各大网站的博客（其他自媒体平台在申请的时候也会要求填写辅助材料，微信公众号、今日头条在申请其他自媒体平台时是非常好的背书），以及其他任何能发布文章的平台账号。

（2）需要申请人手持身份证拍一张正面照片，要求身份证上的信息清晰可辨。

今日头条刚申请下来的时候是"新手期"，每天只能发一篇文章，正式号每天可以发5篇文章。新手号转正有两种方式。

（1）平台不定期审核通过。

（2）头条号指数30天内至少有1天超过650分且30天内文章累计发布超过10篇。

7.4 自媒体定位

申请了自媒体平台账号并不意味着我们就是自媒体人了，还需要坚持不断地写作，通过自媒体渠道向外传播自己的思想。所以找准自己的定位是做好自媒体的关键所在。正所谓无定位，不品牌。具体从哪个方向进行定位，根据自己的实际情况及行业特点来选择。

7.4.1 5类自媒体定位

在这里说几种适用性比较强的定位，给大家一些参考。

（1）行业专家：是指在某个行业或领域，通过自己的专业能力或经验，成为本行业的专家。此定位适合在某个行业或领域有比较丰富的经验或沉淀的人。

（2）意见领袖：是通过自己独特的观点，去影响别人，继而成为行业领袖，比如微博中的公知等，均属此列。此定位适合有独特的思想或观点，且善于将它们表达出来的人。

（3）创业先锋：是指通过自己的创业经历或成绩，去影响别人，继而成为品牌。此定位适合创业路上有一定成绩或代表性的人。

（4）励志人物：是指通过自己的故事去感染人，继而成为品牌。此定位适合有故事、有经历，且非常有代表性、能够感染受众的人。

（5）圈子达人：是指在某一个圈子中，成为热点人物。这个圈子可以是某个行业、某个领域、某个组织、某片地区等。此定位适合无法通过以上几种手段成发挥影响，但却有一定的时间和精力，且擅长社交、擅长经营圈子的人。

7.4.2 7类自媒体误区

1. 粉丝越多越好

提起自媒体，大家第一个反应是尽可能多拉粉丝，越多越好，为了能多拉点粉丝，什么招都用上。笔者在这里提醒那些即将准备介入自媒体领域的人，粉丝并不是越多越好。粉丝越多越好是有提前条件的：精准。只有精准的粉丝才能产生更大价值。像段子手粉丝数动辄几十上百万，娱乐八卦账号的粉丝数和阅读量更是高的吓人，但据笔者了解，这些自媒体人收入其实和他们的粉丝数并不成比例。相反，一些粉丝量并不特别大的自媒体，反而活的特别好。比如笔者一个朋友做的"舌尖小镇"，其关注人数与各大段子手关注人数比起来，可能连人家一个零头都不够，每篇文章的阅读量也不高。但舌尖小镇的盈利能力，估计几个段子手大号都比不过。究其原因就在于，舌尖小镇定位精准，其粉丝都有一个共同的爱好：喜欢美食。所以在镇长向其推荐那些质量好、价格实惠的美食时，大家自然愿意购买。而段子手吸引过来的粉丝，并没有明确用户属性，所以虽然粉丝量很大，但没有多少企业愿意为此支付广告费。粉丝也一样，关注段子就是为了图个乐，真给粉丝推荐产品，粉丝还真不见得会买。所以笔者在这里告诫想从事自媒体的同学们，一定要想清楚以下几个问题：

- 我的定位是什么？
- 我要吸引什么属性的粉丝？
- 吸引粉丝以后怎么变现？

别等到事情都做了半年以后才发现，吸引的粉丝除了挣点平台广告分成以外，没有其他任何收入来源。目前自媒体的收入来源大致可分为以下几类：

- 挣厂商的钱：帮厂商写软文、发软文，这是很多科技自媒体经常做的事情。
- 挣粉丝的钱：向粉丝销售产品或服务，这类对粉丝精准度要求是最高的。
- 挣平台的广告分成：挣平台分成钱靠的是文章阅读量大，收入相对稳定，但收入普遍偏低。

2. 什么热做什么

这是很多人做自媒体时所追求的，追求热门领域、热点事件，什么热做什么。选择热点的好处有很多，相信每个人都能说出好多条，所以笔者就不在这里赘述，只说说追求热点不好的地方。

（1）竞争激烈。

国人最大的特点就是从众心理，热点事件大家都在关注，这种情况下，势必造成激烈的市场竞争。想从众多竞争对手中脱颖而出，光靠努力是不够的，天时、地利、人和，缺了哪样都不行，所以追求热点对于靠自己单打独斗的自媒体人来说，是比较不靠谱的。

（2）热点转变快。

所谓热点，都是阶段性的，从行业趋势看，1999 年左右门户网站是热点，2004 年左右视频是热点，2008 年电商是热点，2009 年团购是热点，2016 年自媒体是热点。对于热点的转变，BAT 等大公司尚且把握不好，我等自媒体就更把握不好了，今天的热点，难保不被明天下一个热点替代。笔者建议，热点事件我们可以借势、借力，但切记不能什么热追什么。

3. 为蝇头小利可以放弃原则

之所以要拿出来单独说这一点，是因为很多刚刚小有名气的自媒体人很容易犯这个错误。

没有名气的时候，很多人往往可以坚持自己的目标，有方向性地写，吸引目标粉丝。当写了一段时间小有名气后，就会有一些人找上门来，付费写个新闻稿、付费发篇文章之类的事情会慢慢多起来。这些付费发稿的，文章内容一般都不符合自媒体的自身定位，发布这类文章是对粉丝的一种伤害。笔者看到过好多案例，本来很有发展的自媒体，最终沦落成厂商的发稿渠道，泯然众人。还有一种情况，坚持不发稿，只写，看起来好像这种没什么问题。但不要忘了，人的精力是有限的，顾此失彼这种事情可是经常发生。更有甚者，在自己自媒体平台内发布一些不受粉丝待见的广告，更是不可取！所以笔者建议各位，不要为了蝇头小利把自己主业给荒废了。

4. 光写不建圈子和社群

提起社群的好处，很多人都知道，但更多时候，都仅限于知道，并没有真正去实践。还有很多自媒体人可能并不太重视社群建设，觉得就是一个 QQ 群，或者一个微信群而已，并没有什么价值。其实社群的价值非常大，笔者简单列了几个：

- 提高影响力。
- 价值输出。
- 有助于口碑提升和品牌传播，吸收更多精准粉丝。
- 建立人际关系资源。
- 收集信息和增加信息获取渠道。
- 增加内容的曝光度。
- 方便联系和了解用户。

社群是基于相同兴趣爱好而聚集起来的，作为社群的发起者，其自身影响力是不可替代的。

利用文章建立社群是最快速的方法。笔者曾经尝试借助文章来建立一个 VR 社群，目前该微信群已经有 139 个成员了。后来建立的自媒体写作社群，也有二百多人了。

5. 找不准自己的优势和定位

很多人想做自媒体人，但就是找不准定位。笔者也建立了一个自媒体联盟的 QQ 群，群友问的最多的问题之一就是不知道自己该写什么，找不准自己的定位。其实定位这个事情，还是要从自身优势找起，专注自己最擅长、最感兴趣的领域写，这样往往要比写那些自己不擅长的话题要容易得多，也不会那么痛苦。

6．不能坚持

很多人都在问笔者，做自媒体人最重要的是什么。

最重要的是坚持。笔者经常在一些自媒体里群里看到有人这么说：

"今日头条新手期总也不过，再过一个月不过新手期，就放弃不写了。"

"微信公众号怎么还不开放原创功能，再不开放，我都快坚持不下去了。"

自媒体人既不是给今日头条写内容的，也不是给微信公众号写内容的，这些都是我们作为自媒体的一个发布渠道而已。今日头条新手号每天可以更新一篇文章，有多少人能坚持每天都更新一篇原创文章？笔者从 2016 年春节开始，每天至少更新一篇原创文章，就我们的经验来看，三个人一起坚持，每天发一篇文章，这个难度都不小，更何况是一个人坚持。不过但凡能坚持下来写的，最终都取得了很大成绩。

7．死守微信公众号

在很多自媒体人的眼里，微信公众号是非常重要，甚至是唯一的渠道。笔者在这里要给这些死守微信公众号的自媒体人一点建议，微信公众号只是我们发布文章的一个渠道，仅仅是其中的一个渠道而已。

所以笔者强烈建议现在正在做自媒体的人，千万不要死守微信公众号。不仅不能死守微信公众号，包括今日头条、一点资讯、搜狐自媒体等，每个渠道都不能死守。自媒体最应该做的是广泛利用每一个自媒体渠道，包括传统博客渠道。不放过任何一个可以发文章的渠道，但也不要死守任何一个自媒体渠道。

7.5　自媒体写作速成

自媒体最重要的事情是写原创文章。很多人在写文章的时候，都局限于自己现有的知识层面，所以才会有自己擅长和不擅长写的领域，本节主要介绍几种自媒体文章快速写作的方法。

7.5.1　三步成文法

三步成文法是笔者根据多年媒体从业经验总结出来的快速写作方法。

第一步：收集资料。

在确定要写一个选题以后，不要第一时间提笔去写，而是要先了解与此主题相关的信息，看看其他人是怎么说的，通过搜索引擎收集相关文章，将与我们关注内容相关的文章都先收集起来。

这一步要求大家多阅读，多收集，不只是收集自己认同的观点，还可以收集自己不认同的观点。总之就是多阅读、多收集。想写出一篇有深度的文章，至少也要收集十篇八篇以上，然后看这些文章里哪些观点你认同，哪些观点你不认同。

第一步要求大家养成**阅读和收藏文章**的习惯。

第二步：搭框架。

收集素材进行阅读以后，就开始为文章搭框架、列要点，这才是写原创文章最难的环节。

一篇原创文章写得是否丰富，完全看框架搭得好不好。在搭框架这一步我们不要去想文章怎么写，只想文章需要包括哪几部分内容会是一篇好文章。举例来说：

前几天新闻公布，苹果投资滴滴 10 亿美元，如果我们想写一篇苹果投资滴滴的评论类文章，我们怎么搭框架？因为我们既不是滴滴内部员工，也不是权威媒体，能了解到的信息非常有限，在这种情况下，我们怎么写出有深度的文章呢？ 比如：

滴滴可以从中获得什么？

苹果公司可以从中获得什么？

滴滴的竞争对手、投资人是什么反应？

滴滴一共拿了几轮融资？

行业专家是怎么评论这件事情的？

……

我们可以继续列，列出多条要点。因为有了上一步素材收集的步骤，每篇素材中多少都会写一些观点，所以有这些素材作为基础，列这些要点内容并不难。

然后再看，哪些是读者关心的，哪些读者不关心。

把你认为读者关心的留下，不关心的删除。不过一篇文章至少也要保留至少四五个要点，这样文章的内容才丰富。

小技巧：

如果不会列的话，可以看看别人文章怎么写的，可以把别人文章里的要点列出来，或者把别人文章标题当成自己文章的一个要点。

第三步：填内容。

最后一步才是填内容，一千字的文章，如果我们规划有五个要点，那每个要点才只有两百字。

如果还不知道怎么写的话，笔者再介绍一个方法。

之前不是收集过好多素材么？

把每一部分里的内容都当成一篇独立的文章，每个部分里的内容都借鉴一下素材文章里的内容，但不要只借鉴一个，至少要借鉴三个以上，然后用自己的语言顺一顺。

三个观点也不一定都是一样的，也可以是对立的观点，比如：

有媒体认为，苹果投资滴滴是为了布局智能汽车领域，但并不是所有人都认同这个观点。也有人说，从苹果一直以来的投资风格看，如果是为了布局某一领域，他们更热衷于收购而不是投资。在笔者看来，布局智能汽车的可能性不太大，因为滴滴实际上并不掌握汽车，而只是一个为汽车和打车的人提供信息和交易的平台，如果为了布局智能汽车，可以有更好的投资对象。

通过这样的组合，虽然我们不掌握第一手信息，但写出的内容不缺乏观点，如果有英文翻译能力的同学，还可以去国外网站，看看国外媒体是怎么评论的，然后给引用到自己文章中。

这样，一篇观点丰富的评论类文章就写出来了。

小技巧：

（1）对于自媒体人来说，一篇好文章，还需要有恰当的配图，自媒体平台的文章，最好配三张以上图片，这样在手机客户端推荐时的效果才美观。如果文章内容再长一些，可以为每个要点都配一张图。

（2）文章内容不需要严格按照我们平时作文的写作方式进行，可以适当多一些作者自己的语言风格。

（3）如果内容少，可以多分段，多配图，这样从视觉上看起来内容会比较丰富。即使内容多，也建议可以多分段，把重要的要点单独分段，有助于读者阅读。

接下来我们可以来看一个案例。前段时间笔者听说了大学生贷款的事情，因为笔者并没有直接接触申请贷款的这些大学生，也没有接触放贷的人，但笔者仍然想写一篇有深度的文章，分析一下大学生贷款存在的问题，于是用了三步成本法写了案例中的文章。

案例 7-2：既是追逐利益为何把钱贷给无收入来源的大学生

资本的本性是要让钱生钱，不管是银行也好，还是信贷公司也好，一切的一切都是为了利益。

最近笔者关注互联网金融比较多，所以陆续写了几篇互联网金融相关的文章，今天我们来聊一聊大学生贷款的事情。

其实大学生贷款出现已经有几年了，只是之前并没有被媒体关注。今年 3 月 9 日，河南牧业经济学院大二学生郑旭，在欠下 60 多万校园网贷之后跳楼自杀，这才让大众媒体开始关注大学生贷款。

对于非金融领域的人而言，把钱贷给大学生是一个挺不能理解的事情，但对于从事贷款业务的人而言，大学生实在是最优质的贷款人群。

一、大学生贷款，没有传说中的那么美

百度一下"大学生贷款"（见图 7.18），可以发现很多网站都在提供贷款服务，而且主打都是贷款门槛低、额度高、利息低、放款速度快，就好像这些钱已经放在你手里了，不拿白不拿。但实际上，从来就没有天上掉馅饼的事情，这些愿意把钱给你的人背后，肯定隐藏着不为人知的秘密。

图7.18　百度搜索"大学生贷款"结果

1. 月息0.99%存猫腻 实际年利率超过20%

网贷平台往往会以低分期利率吸引学生，月利率普遍为 0.99%~2.38%，但在实际计算利率时，往往会有一些说不明白的情况。

例如某大学生贷款网站，月利率是 0.99%，贷款 1 万元，分 12 期还款，每个月要还932.33 元。这 0.99%的月利率，网站是这么计算出来的：

932.33 元×12 个月-10 000 元=1 187.92 元

1 187.92 元÷12 个月=98.99 元

98.88 元÷10 000 元=0.99%

公式看起来似乎没问题，借了 1 万元，每个月还 98.99 元利息，月利率是 0.99%。很多大学生没弄明白这其中的玄机，信以为真，也就借了，还以为自己占了大便宜。

实际上这就是个数字游戏，我们来简单思考一下，先看看什么是等额本息还款。

等额本息还款，即借款人每月按相等的金额偿还贷款本息，其中每月贷款利息按月初剩余贷款本金计算并逐月结清。把按揭贷款的本金总额与利息总额相加，然后平均分摊到还款期限的每个月中。作为还款人，每个月还给银行固定金额，但每月还款额中的本金比重逐月递增、利息比重逐月递减。

有些绕是不是？那笔者结合刚才的贷款案例给大家说明一下：

贷款人每个月还的钱里面，分为本金和利息，第一个月还 932.33 元，其中有 98.99 元是利息，所以还的本金就是 932.33 元-98.99 元=833.34 元。

为何要计算本金呢？因为如果我们把本金还了以后，就不需要再为这些钱支付利息了，也就是说，到第二个月的时候，我们贷款金额已经不是 10 000 元了，而是 10 000 元-833.34 元=9 166.66 元，利息也是以 9 166.66 元为基数进行计算的。

对于非会计专业人员，计算利息是个挺麻烦的事情，所以我们还是直接借助于工具出结果吧（见图 7.19）。

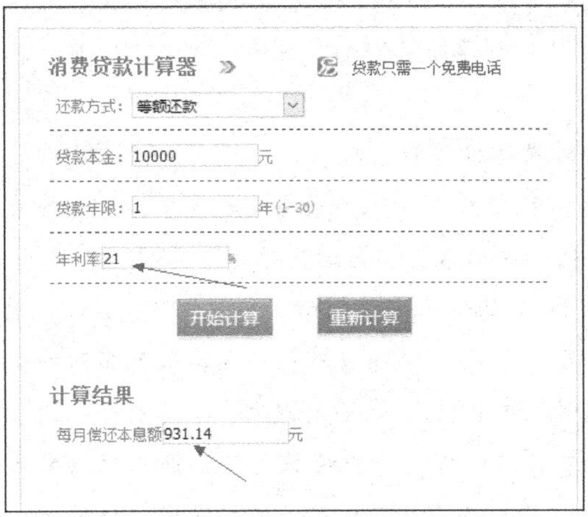

图 7.19　等额本息贷款计算器

这是笔者在网上随便找的一个贷款利息计算器，可以看到，等额本息还款，贷款 10 000 元，贷款时间 12 个月，每月还本息 931.14 元的情况下，年利率是 21%。平均到月是 1.75%，根本不是 0.99%。

利息计算是个很复杂的事情，不要以为大学生能算明白，多数学生是算不明白的，所以很多时候上当受骗。

2. 还有更坑人的平台服务费

很多大学生贷款平台，在放贷的时候，会扣除一部分咨询费，咨询费占贷款额的 10%～20%。网站和学生的解释是，这个钱只是押金，如果不逾期还款，这些钱最后是会还回到贷款人账户。

平台收的只是押金，还是有条件返还，听起来似的没吃亏，只是钱晚点到手而已，所以很多大学生虽然不高兴平台收这个押金，但并不影响他们贷款。

实际上这又是一个很大的坑：

多支付利息：贷款 10 000 元，拿到手的只有 8 000 元，却要按 10 000 元本金支付利息；

这 2 000 元贷款根据不存在：到手 8 000 元，还 10 000 元以后再返还 2 000 元，实际上网站就是收了贷款人的钱再还给贷款人，自己只拿了 8 000 元本金，根本就不存在

10 000 元。

利息比高利贷还高：如果按大学生实际到手的 8 000 元本金计算，年利率能达到惊人的 67%。虽然最终能退回 2 000 元，但网站会为最后几个月占用这 2 000 元向大学生支付利息吗？

最高人民法院在 1991 年 8 月 13 日下发的《关于人民法院审理借贷案件的若干意见》中第六条规定：民间借贷的利率可以适当高于银行利率，各地人民法院可根据本地区的实际情况具体掌握，但最高不得超过银行同类贷款利率的四倍。

2016 年银行一年期贷款利率是 4.35%，四倍也才是 17.4%，算算大学生贷款年利率有多高。

二、为什么大学生贷款这么流行

2004 年 9 月，金诚信和广东发展银行联名发行了首张"大学生信用卡"。此后，工行、建行、招行、中信实业银行陆续跟进，大学生信用卡市场一时间火爆起来。2009 年，银监会发文禁止银行向未满 18 岁的学生发信用卡，给已满 18 岁的学生发卡，要经由父母等第二还款来源方的书面同意。此后，包括招行、兴业等多家银行叫停了大学生信用卡业务。随着 P2P 网站兴起，这些人又盯上了大学生群体。

很多人觉得学生没有稳定收入，贷款给学生是个很不靠谱的事情，为什么这些机构这么热衷于给大学生借钱？笔者经过这段时间的了解发现，金融领域里的人，一个比一个聪明，但凡是被设计出来的金融产品，没有哪个是不挣钱的。别看跑路的 P2P 公司不少，那些基本都是只有互联网经验，没有金融经验的人居多。

对于小额无抵押贷款的资金提供方而言，由于成本过高，所以他们很难通过走法律途径追款，所以他们最缺的是有信用保障的借款人，所谓有信用保障，可以理解为：

还得起钱的人；

怕被催款的人；

大学生不是有长期稳定收入来源人群，从这方面讲，他们未必还得起钱，但他们是一群怕被催款的人。小额无抵押贷款的贷款额度一般都是一两万到几万，超过十万以上的很少（复核计算利息的不算），这点钱，基本上勒紧裤腰带，哪个家庭都凑得出来。

每一名大学生，都是苦学了十几年才熬出头的，这里面不仅有自己的付出，更有父母家人的付出，不是逼不得已的情况下，很难放弃学业玩消失。如果被同学、学校知道自己欠别人的钱被追讨，要付出的代价要远远高于还钱，所以大学生是一群很怕被催款的人，那自然是资金提供方眼中的优质客户。

三、大学生 1 小时即可贷款，真的是风控不到位吗

我们经常会看到有这样的情况，政府鼓励支持小微企业，钱也为银行支持到位了，但银行迟迟也不给企业放款，反倒是支付宝不仅给小微企业贷款，还会给个人卖家贷款，究

其原因就在于四个字：风险控制。

银行不了解风险，所以不敢贷。支付宝有大数据支持，了解风险情况，所以敢贷。

可反观现在给大学生提供贷款的网站，很多都是主打放款速度快。一小时放款，还有5分钟放款的平台，更有甚者宣称11秒放款。基本都没有严格的审查机制，上传身份证和学生证，贷款就可以到位，甚至像父母联系方式这样重要信息，客服都会引导学生随便填个假的。难道说这些贷款网站就不怕大学生不还钱吗？

说对了，他们还真不怕。

对于一个不能轻易放弃学籍的学生而言，网站有得是办法让他们还钱。有一个大学生贷款平台负责风险控制的朋友和笔者介绍了一下他们的方式，他们归结为催款十步曲：

给所有贷款学生群发QQ通知逾期；

单独发短信；

单独打电话；

联系贷款学生室友；

联系学生父母；

再联系警告学生本人；

发送律师函；

去学校找学生；

在学校公共场合贴学生欠款的大字报；

最后一步，群发短信给学生所有亲朋好友。

这些方法对于社会上的人不见得有多管用，但对于学生来说，是非常管用的。据说，一般到第四步，学生就会还款了。

对于这些贷款平台来说，不担心学生不还款还有一个重要原因，父母不管怎么埋怨孩子，也都会替孩子把钱还上。

网络一直流行"坑爹"一说，大学生贷款，才是真正的"坑爹"。

如果你认为没几个大学生会贷款，那就错了。2015年，中国人民大学信用管理研究中心调查了全国252所高校的近5万大学生，调查显示，在弥补资金短缺时，有8.77%的大学生会使用贷款获取资金，其中网络贷款约占一半。花样繁多的学生网贷途径大致有三类：

一是单纯的P2P贷款平台，比如名校贷、我来贷等；

二是学生分期购物网站，如趣分期等；

三是京东、淘宝等电商平台提供的信贷业务。

让这些网站不给大学生提供贷款，除了行政手段，靠自觉是不可能的。每一个大学生背后，都是一个家庭十几年的持续付出。笔者在这里呼吁有关部门，尽早出台法律法规，不能让大学生群体这么轻易透支自己的未来。

案例点评:

对于一个自己不熟悉的领域,前期多收集材料、多阅读、多学习确实有必要。在学习消化的同时,列出文章题纲,即文章中的小标题。然后再根据小标题组织内容,这样一篇有深度、有内容的文章就可以写出来了。

7.5.2 最受欢迎的 15 种自媒体内容类型

掌握了文章写作方法以后,我们来看一下最受欢迎的 15 种自媒体内容类型。

1. 新闻类

在任何时候,当下热点的时效新闻都能够吸引足够多的眼球。所以,不管哪类自媒体,都应该将新闻类内容作为常规内容之一。作为自媒体运营者,要重点关注两方面新闻:一是和自媒体定位相关的新闻;二是人人都关心的大众化新闻。

新闻类的优势明显,劣势也很明显。新闻对时效性要求非常高,同时,对自媒体人的新闻敏锐性要求更高。能不能及时抓住热点事件,最考验自媒体水平。所以新闻类自媒体,拼脑力,更拼体力。

2. 知识类

知识类内容可以是大众知识,也可以是行业知识或专业知识,比如常见的各种健康知识,像《千金不换的 99 个民间秘方》等。

不过知识类文章一般分专业,大综合的知识类文章,聚集的用户不精准,效果也不太好。知识类最受欢迎的当属养生知识类文章,随随便便一篇文章都可以有几十万的阅读量。

3. 经验类

经验类内容主要是指人们在生产生活当中总结出的一些心得、技巧、方法。其可以是大众的,也可以是专业的,大众的如:《防止被宰:丽江旅游攻略》《15 个生活中不知道的小窍门》《淘宝购物,如何防止上当受骗》《写给那些战"痘"的青春》;专业的如:《一个小公司老板的日常管理,竟被亿万创业者疯转》。人类文明之所以能够发展到现在,就是因为经验得到传承。所以经验类的文章,什么时候都不过时。

4. 行业类

行业类文章更容易理解,从大方向来说,可以提升到产业划分的高度,比如互联网、金融、传统企业。从行业类型分可以分为电子商务、互联网营销、媒体等。从工作职责分可以分为推广、策划、文案、设计、技术、产品等。每个行业都是一个独立的个体,都有属于自己领域关注的内容。专注于行业内容,也可以成为很优秀的自媒体。

5. 搞笑类

搞笑类内容永远都不过时，无论是图片、文字还是视频，任何时候都会勾起用户的兴趣，但前提是真的足够搞笑。其实搞笑类内容最好做的是：段子。当然如果你有一点 PS 功底还可以做成图片。搞笑类内容的阅读量非常大。现代人每天工作压力都很大，利用碎片时间博自己一乐，当然求之不得。

6. 情感类

情感类内容的核心是以情感人，具体的操作手法有打故事牌，如《半个西瓜的故事！已婚，未婚必看！》；打怀旧牌，如《绝对看到你飙泪！超多80后童年记忆大收集》；打感情牌，如《一个女人写的婚后感言，看完直接失眠了！》《写给天下那些傻女人，句句戳心！》《那些年我们读过最动人的情书》。人们对情感类文章普遍没有免疫力，只要能感动读者，阅读量也是非常高。

7. 鸡汤类

朋友圈中最多的内容之一就是"鸡汤文"了，这也变相证明"鸡汤"是大众喜欢的"美食"之一。有数据表明，"鸡汤"类文章更受"50后""60后"人喜欢，这应该是有一定历史原因的。

8. 爆料类

每个人都有一颗八卦的心，对未知事情有一种莫名的好奇心，所以爆料类的文章，往往会非常受欢迎。爆料类内容往往是大多数人接触不到的，能把大家的好奇心给勾起来，所以效果好是一定的，只要你爆的料够劲爆。

9. 故事类

应该说我们从小到大就是看着、听着各种故事长大的。小的时候家长会讲各种童话故事、民间故事，电视上还有各种动画故事，书上有漫画故事，长大了会看小说、电影等。所以，故事类内容是非常好的内容之一。故事类内容除了文字，还可以做成音频，效果也非常不错，典型代表如凯叔讲故事，也算是自媒体创业成功的典范，其靠的就是给小朋友讲故事。

10. 励志类

越是压力大的人、越是浮躁迷茫的人、越是缺钱的人、越是失败的人，越是需要励志内容。

再加上我们目前还是发展中国家，不像发达国家物质基础那么牢固，大部分人还是需要适当激励一下的，所以励志类的内容也比较受欢迎。

11. 八卦类

就像在"爆料类"说的那样，每个人都有一颗八卦的心，除了用来一探究竟外，纯八卦也挺有市场。各种娱乐八卦、名人八卦是媒体和朋友圈里的常客，虽然这类内容很俗，但是用户喜欢。所以如果想做一个合格的自媒体人，我们有义务给他们的八卦生活提供一些素材。只要足够八卦就可以。

12. 观点类

观点型内容，顾名思义，就是以观点、思想取胜。这类内容想吸引关注，观点就一定要与众不同，要么极具争议性，要么非常独到，要么异常犀利，要么很有深度。观点类内容容易形成影响力，比如罗辑思维，就是靠观点取胜的。

13. 排行类

根据笔者曾经的媒体从业经验来看，排行类内容都比较受欢迎。而且从朋友圈的文章点击排行来看，也确实如此，例如，《中国美女城市排行榜新出炉：哈尔滨第一，重庆第二》，再如百度 2016 年还出过一个《中国网红十年排行榜》，都是很吸引眼球的（如图 7.20 所示）。排行类文章的好处在于，会有很多媒体或自媒体人引用数据，也就是说，会有很多媒体在义务传播，容易产生影响力。

排名	姓名	关注量
NO.1	安妮宝贝	1233万
NO.2	芙蓉姐姐	1116万
NO.3	王思聪	1077万
NO.4	郭美美	909万
NO.5	凤姐	847万
NO.6	桐华	840万
NO.7	奶茶妹妹	543万
NO.8	犀利哥	364万
NO.9	papi酱	280万
NO.10	王尼玛	244万

图 7.20　2015 年网红排行榜

14. 案例类

案例类内容往往都是真人现身说法：一是真实可信；二是内容来源于实践，可操作性强；三是更贴近用户的生活和实际。所以此类内容也都非常受欢迎。不过案例类内容有一个明显的缺点在于，素材收集比较困难，需要花费相当多的时间和精力。

15. 研究类

研究类内容往往都会让受众学到或了解到许多非常有用的知识，所以这类内容都非常受欢迎。其中最具代表性的，应该就是柴静的《穹顶之下》了。不过这类内容也有一个缺点：写作成本太高。作为自媒体人，笔者不谦虚的说，我们做不了研究类的内容。

不过研究类的内容，如果内容有看点，很容易形成影响力倒是真的。所以如果你有能力出研究类的内容，笔者是建议大家出的。

7.5.3　自媒体标题速成的 19 条秘技

标题直接决定了读者会不会点击进来看你的文章，所以一篇好文章，一定要配一个好标题。文章在起标题方面，也是有很多技巧可寻的，笔者总结了 19 个标题类型，基本涵盖了目前主流标题形式。

（1）有研究机构分析了 200 多篇最热的网文标题，发现 28% 的标题用了 6W（who 谁，what 什么，when 何时，where 何地，why 为什么，how 如何做）。例如，《如何判断你是否走在人生的正确轨道上？》或《如何一周工作 80～100 小时还能拥有自己的生活？》，它们都是回答一个具体的问题。

（2）还是上面那个调研报告，27% 的最热文章都用了"你"这个词。而且这个结论扩展到最热的 1 000 篇文章也适用。《搞不定这 3 件事，你的职场注定碌碌无为》《自媒体常见的 7 大误区，成不了大咖别怪我没告诉过你》。

（3）多用数字。例如，《学会小米的看家本领四步揭穿饥饿营销玩法》《聪明人绝不会在职场上说这 11 句话》，数字中 5、10、6 用得最多。笔者认为，数字有它天然的魅力，特别吸引眼球，从心理学角度，它会暗示人们，这件事不难，只要做了文章中的这几个要点，就行了，所以会吸引点击。而且在汉字中间，数字很显眼，特别容易跳出来。

（4）惊悚。就像人们看恐怖片时的感受一样，不敢看又想看，就是捂眼也会偷偷从指缝中瞧一瞧，例如《某贷宝，隐藏在熟人借钱背后的是更大阴谋》。

（5）暗示。人类天然对于暗示有着十足的敏感，所以只要别越界，可以适当用用。

（6）借用当前时事热点。只要是新闻排行榜靠前的，都可以考虑借到你的标题里面来，但一定不能生搬硬套，真成了标题党，要让读者看文章后仍然觉得和时事有关联。比如 3·15 晚会刚过，笔者写过一篇《面对 3·15 曝光比危机公关更重要的事情应该是什么？》的文章。

（7）挑逗逆反心理。"千万别看"就是一定要看！"不喜勿进"就是非进不可！

（8）借用名人名品牌。名人就是眼球聚集器，如果在标题中用名人的效果不是一般的好，名品牌也一样。

（9）一些俗词就是管大用，秘技、秘密、秘籍、攻略、技巧、省钱、赚钱、揭秘、解密、曝光、免费……这些词都很俗，但它们天生带着心理暗示功能，暗示得让人忍不住去点。

（10）夸张效果好。例如，《99% 的人都因为这个小错误多花了 10 000 元装修款！》《立即晋身200%电脑高手！》。夸张的手法最好用的就是数字，百分比之类的。

（11）矛盾冲突。《医生不想让你知道的10个惊天秘密》《离婚后他们幸福地走到了一起》《月薪3千和月薪3万的文案区别》《她是一个女人，却活出了男人的姿态》等，用矛盾的对立面放在一起，给人以产生非正常、不逻辑的理解，非点开看看到底是怎么回事不可！

（12）实用的问题型标题。不少标题直接写成问题，特别容易引起共鸣，好多人一看，哎哟，我也有这样的疑问呀，赶紧点开看看！

（13）读起来朗朗上口，合辙押韵，但不要过于文绉绉，要接地气，甚至用上小孩子都知道的诗句也行。

（14）挑衅型的也是常见好标题。例如，《智商200以上才能看懂的5张图》《你这辈子也想不到的5个生活小常识》等。

（15）标题一定要亲民接地气，易于理解。

（16）场景感的标题很抓人心，例如，《做了3年Ctrl+C、Ctrl+V后，才知道什么是真正的产品运营》等。场景感的标题挺有难度的，要多琢磨，抓痛点，找规律才行。

（17）揭秘型属于利用人类固有的窥探心理，很管用。例如，《马云手机里装了哪些APP》《雷军绝对不会用的小米产品》等。

（18）标题不要只起一个，多起几个相互对比，挑选出最好的。

（19）多看别人写的，遇到不错的随手就保存下来。到自己写文章的时候，拿出来对照对照，看能不能直接找个不错的借用过来。和所有技能型的学习一样，临摹都是初学者必须要走的一步。

7.5.4　自媒体原创3个捷径

自媒体原创文章不一定非得像写论文那样长篇大论，简短、风趣也不失为一种好的原创风格，甚至有一些错别字，有点语法错误都无伤大雅，只要能形成自己的风格就可以。

下面笔者说说原创内容的6个方法，只要掌握其中一种，你的原创内容就可以做得很好。

1. 引文+评论

引文+评论是快速写出原创文章非常好的方法，特别是对于写作困难的用户来说，这是原创文章的捷径。例如最近360云盘宣布停止提供服务，针对这件事情，如果我们在想写一篇文章又不知道怎么写的情况下，就可以使用"引文+评论"的写法：

2016年10月20日下午，360云盘通过其官方微博突然宣布停止服务，具体内容如下：

由于云盘存储的私密性、管理的复杂性，导致无法解决盗版侵权等问题，360云盘即将转型企业云服务,同时停止个人版云盘,将在 2016 年 11 月 1 日起停止上传服务,从 2017 年 2 月 1 日起关闭服务,请用户及时下载和备份数据,5 年时间,感谢您的一路相伴。

当笔者听到这个消息的时候,第一反应就是:我存在云盘上的那么多文件怎么办啊?笔者发现,担心这个问题的网友非常多,360 云盘官方微博中,已经有 1.8 万余条评论,大多数网友都在抱怨 360 云盘突然停止服务的做法,导致大家措手不及。另外还有网友抱怨说,自己已经在 360 云盘上存放了 1TB 多的数据,对于现在这种不到 100KB 的下载速度而言,自己的文件能不能在 360 云盘正式关闭前下载完都是未知数。

2. 整合多家言论

整合多家言论也是快速写出原创文章的一个好方法。不过在这方面要注意一点,一定要同时引用多个人的言论,而不是只引用一个人的言论。比如针对最近比较火的摩拜单车和 ofo 共享单车频繁融资一事,就可以这么写:

前两天有篇文章叫《为什么总是朱啸虎? VC 的马太效应》,其实说白了,就是跟着老大有肉汤喝!文章中说起朱啸虎投资的项目,曾这样评论:

"从饿了么到滴滴,再到 ofo,这些项目都是找到了一个巧妙的切入点,借着大的潮流,撬动了整个行业,这个行业还必须得是影响到所有消费者的大行业。此外,这几个项目还有一个共同点,就是执行力和规模效应的作用,远大于技术或其他壁垒。换句话说,这一切都是套路。"

"而对于以规模效应为主的企业来说,融资节奏和金额就是一切,团队只要学习能力能跟上,谁拿到的钱多,谁就可以把他人甩在身后。所以朱啸虎在其选择的方向上能起的作用就无比之大。"

今天早上看到一篇文章这样写道:

"由两台自行车投资闹剧引发的深度投资价值思考,这种滴滴套路投资闹剧玩两三次也就算了。几个投资人,把投资改成 1 500 米接力,然后另一伙投资的找另一个参赛队伍,然后都是五棒接力,投资 ABCDE 轮,旁边一堆炒作的拉拉队叫好,最后腾讯阿里接盘,垄断国民买单,有意思吗?我觉得中国就没有真懂投资的,就是有也是个位数能算过来的。也就这些没有水平的投资者把中国投资带歪了。"

在整合言论的时候,大家需要注意一个问题,为了让我们的文章更具有可读性,引用的言论可以是不同的。甚至可以是对立的。我们不怕观点相互冲突,因为这些观点并不是一个人的。观点冲突,读者才能在你的文章中看到更多内容,要不然读者直接去看该观点人的文章就可以了,你的原创文章就失去价值了。

3. 自问自答

相对于长篇文章来说,问答写起来要相对容易一些,因为问答的篇幅简短,只针对某一问题进行回答即可。所以我们可以把一篇文章分成几个问答，每个问答之间，可以用一段话进行过渡，也可以把每个问答单独列成文章的一个要点，比如我们要写一篇关于人民币加入 SDR 有什么影响的文章，就可以用到自问自答的方式。

1. SDR 是什么？

在说清楚这个问题之前，咱们先来看看这个 SDR 到底是什么？

SDR 是特别提款权（Special Drawing Right）的缩写，需要特别注意的是，SDR 并不是一种货币，实际上，通过名字就可以直接了解，SDR 是一种权利，一种在特定条件下可以行使的权利，区别于普通提款权。

2. SDR 是怎么来的呢？

两次世界大战期间，各国货币竞相贬值，国际货币兑换乱得不行，于是就有人提议，可以推出一个超主权货币。当然，这个超主权货币在世界大战之前就已经有人提出来，其实挺好理解，就像现在的欧元一样，欧元就是欧洲体的超主权货币。

当时美国助理财长怀特提出，建立全球统一的超主权货币，与美元间接挂钩，由各国缴纳资金来建立一个国际货币基金组织，各国的投票权取决于缴纳份额，相当于全世界国家一起成立一个银行用于发行货币，大家按投资比例当股东。

当时的英国经济学家凯恩斯提出了另一种方案，成立"国际清算联盟"的世界性中央银行发行货币，不过这个货币不与美元挂钩，而是与黄金挂钩，但不可兑换黄金，所有的国际交易都要用"国际清算联盟"发行的这种货币计价和清算，各国也要通过该种货币存款账户来清算相应的官方债权债务。

哪种方案最终落实，相信大家都知道了，国际货币基金组织（IMF）已经运营多年了，显然美国助理财长怀特的方案得到了执行，这为 SDR 的诞生奠定了基础。

1967 年 IMF 起草了《国际货币基金组织特别提款权大纲》，1968 年 5 月，IMF 完成了对《基金组织协定》的第一次修订，补充了 SDR 分配、使用和取消等的相关条款。修订后的《基金组织协定》自 1969 年 7 月 28 日开始生效，SDR 正式创立。

7.6 自媒体营销策略

由于自媒体的渠道、内容完全掌握在自己手里，所以内容怎么写、什么时候发也完全由自己说了算，所以在进行营销的时候，可发挥的空间会比较大，这是自媒体的优势，但并不是说发一篇文章就算是自媒体营销了。

7.6.1 自媒体营销核心

作为自媒体人，我们不能像企业那样有大量资源、资金和人力投入。我们能投入的可能仅仅是自己的努力和时间，所以制定一个明确的策略，有助于我们节省时间、提高效率。

1. 用心了解用户

自媒体时代，信息严重过剩，用户不缺内容，一个用户从来不会只关注一个微信公众号，也不会只订阅一个头条号，怎么能让用户在众多内容中关注我们、喜欢我们呢？挑战不小。

在做自媒体营销之前，我们需要弄清楚以下几个问题：

- 我的用户是谁？
- 他们喜欢什么？
- 他们在哪里阅读？
- 他们有什么阅读习惯？

微信在 2015 年 10 月 23 日的时候公布过一组统计：

"90 后"最爱娱乐八卦，"80 后"喜欢国家大事，"60 后"钟情鸡汤文化。

那么，你的目标用户是几零后呢？他们关心什么呢？用心去了解你的用户，这比什么都重要。

2. 注重内容质量

越是信息过剩的时候，优秀内容就越重要，道理很简单，用户没有那么多时间阅读，所以只会选择自己更喜欢的内容。

优质内容是留住用户最有效的手段。

什么是优秀内容？能吸引你的目标用户持续关注的就是优秀内容，至于说文章语法是不是正确，语句是不是通顺，是不是文章内所有想法都是自己独创的，这个很重要么？我们又不是语文考试，只要你的目标用户喜欢就好。

所以从这个角度考虑去组织一篇高质量的文章，是不是就简单多了？

3. 敏锐地抓住热点事件

如果能自己打造热点事件，这是最理想的，但对于大多数自媒体人来说，这是不现实的，热点事件的出现需要多方因素的配合。

既然创造不了热点事件，那就借着别人的热点事件，搭个顺风车吧。

想抓住热点事件，就需要有敏锐的洞察力，多关注一些热点事件常"出没"的地方，比如微博热点话题、微信朋友圈、百度贴吧、头条号的热点新闻等，只要出来一个热点事件，就想想能不能和自己的企业、产品靠上边。

你觉得没有热点事件？看看这些借力的营销：2015 年辞职信事件成为热点，连"享WiFi"都能借上这个热点，还有什么是我们不能借的？（见图 7.21）

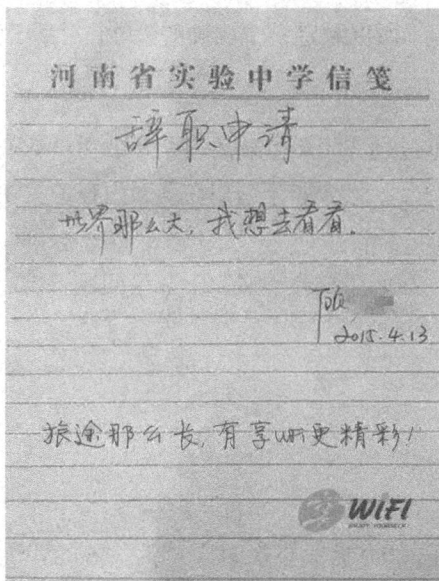

图 7.21 "享 WiFi"借势辞职信营销

互联网从来不缺热点事件，缺的是一个发现热点事件的眼光。

4. 注重传播的多样性和多渠道化

传统媒体时代，营销的渠道就那么几种，电视拍视频广告、杂志登平面广告、网站挂banner 广告，视频网站贴片广告。反正都得找媒体，出大价钱买广告位。

新媒体就不一样了，渠道已经不再被几家大公司掌握，虽然平台还是人家的，但自媒体人可以自主发布各种信息，不需要再经过平台方同意了。所以我们在做营销的时候，一定要利用好现有的营销渠道。微博、微信公众号、朋友圈、自媒体平台，甚至博客、专栏、论坛，能将信息传播出去的渠道都可以使用。

只是有一点需要注意，每个渠道的用户群都不完全相同，用户习惯也不完全相同，所以需要了解每个渠道的用户习惯，注重传播的多样性，以用户喜欢的形式将用户能接受的内容呈现给用户。

7.6.2 内容营销

内容营销是自媒体最常用的营销方式。自媒体本身就是一个媒体，所以我们在做营销的时候，除了追求自身内容的曝光量，是否能够引起舆论广泛传播也是我们关注的重点。所以在传播的时候，对内容的策划非常重要。要让我们发布的每一条信息，都变成真正能吸引眼球的新闻，甚至让媒体主动转载，而不是花钱传播。

例如恒源祥就是一个擅于制造新闻的企业，大家还记得 2008 年 2 月 6 日（除夕）恒源祥那则一分钟的广告吧！别的企业做广告，只是利用广告自身做传播，当停止广告投放后，也就没了效果。而恒源祥的这则广告，却成为当时的新闻热点，很多媒体对其主动进行了报道，吸引了全国人民的目光。

案例7-3：杜蕾斯自媒体的成功之秘

在传统企业中，杜蕾斯的自媒体是公认的成功代表。杜蕾斯的自媒体平台建在新浪微博，截至目前，其微丝超过170万，比很多大V、名人的粉丝还要多（见图7.22）。

图7.22　杜蕾斯官方微博

而这几年，其自媒体平台也对杜蕾斯的营销起到了非常大的作用，无论是对杜蕾斯品牌知名度的提升、美誉度的提升，还是业绩的提升，均产生了很大的帮助。

那杜蕾斯是如何做到的呢？答案很简单，杜蕾斯没有像一般企业一样，把自己的微博定义成单纯的企业官方微博，只是为企业的宣传服务，发布企业的新闻稿、活动、软文等。杜蕾斯的微博是真正地定义成了媒体，而且是一个以娱乐大众为主的娱乐媒体，不断地制造娱乐话题或制造热点，引发大众的传播。

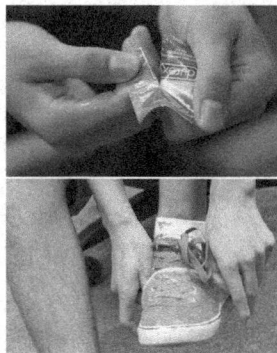

图7.23　杜蕾斯当鞋套防雨

比如2011年6月23日，北京迎来了百年不遇的大雨，很多人被困在外面回不了家。此时一个叫"地空捣蛋"的账号发出一条微博：北京今日暴雨，幸亏包里还有两只杜蕾斯。他在配图中，详细介绍了自己是怎样把杜蕾斯作为鞋套的。此微博一发出，便被网友疯狂转发，在1小时之内便被转发了1万多条，迅速成为媒体报道的热点（见图7.23）。

事后，杜蕾斯微博的运营团队"首脑"金鹏远在网上公布了创意过程：2011年6月23日17：20，北京又一次瓢泼大雨倾盆而下。内容团队的同事说："老金，我们想到了好玩的东西，下来看一眼。"下楼，看到打开的两只杜蕾斯，"杜蕾斯套鞋防止被淋湿"。这让其联想起小时候出门用塑料袋套鞋，而避孕套有弹性更适合，何况其用的还是凸点的，增加了防滑功能。

拍摄完毕，简单修图，杜蕾斯的客户经理张会有些担忧这样是否会对品牌造成影响。在社交网络上，团队的操作宗旨就是与热点结合、有趣胆大、快速反应、坚持原创。这个创意条条符合，没有原则性问题，和 CEO 马向群简单沟通后，拍板决定可以做，但更换一种办法，先由私人账号"地空捣蛋"发出来，看看效果后再由杜蕾斯官方微博转发。

24：00，这条微博转发量已经超过 5.8 万条，牢牢占据了 6 月 23 日新浪微博转发排行第一名。3 天内，最高转发超过了 9 万条。如果以传统媒体的传播到达率来比较，这次没花费一分钱预算的事件传播可以与 CCTV 黄金时间点的 3 次 30 秒广告效果媲美。一周后，《中国日报》英文版将此案例评为 2010 年最有代表性的社交网络营销案例之一。

当然，想制造话题和热点，并不是一件容易的事情，专业的媒体记者，也不敢保证策划的每一个新闻都能成为大事件。在这个问题上，杜蕾斯团队有自己的秘笈。

第一，结合时事热点。比如刚刚说的这个鞋套事件，便是典型的借助了当时的即时事件北京暴雨策划而来。

第二，借力热点人物。杜蕾斯微博运营团队，每天都会巡视大 V 们的微博，针对他们的动态寻找契合点。比如有一天，喜欢晚睡的新浪草根大 V"作业本"发了一条恶搞微博："今晚一点前睡觉的人，怀孕。"杜蕾斯发现此条微博后，留下评论："有我！没事！！"随后包括"作业本"回复并转发的两条相关微博，共被转发 7 000 多次，当天杜蕾斯微博就增加粉丝 3 000 人。

第三，寻找与其他品牌的契合点。比如 2013 年 3 月 14 日白色情人节，杜蕾斯微博与支付宝官方微博进行协作，以支付宝保护金子，杜蕾斯保护精子，他们是好基友，同为安全着想的主题充分吸引读者的关注和传播，实现了共赢。

第四，与粉丝互动。杜蕾斯很注重与粉丝关系的维护，特别喜欢和粉丝沟通和互动。当与粉丝的关系加强之后，粉丝的回复就会很有意思。比如一个网友把益达口香糖的广告词改了："兄弟，油加满……你的杜蕾斯也满了。"当时杜蕾斯回复了一句："杜蕾斯无糖避孕套，关爱牙齿，更关心你。"当时大家都笑疯了，也转疯了。之后陆续有粉丝把五粮液等品牌的广告变成杜蕾斯的。

最后在这里提醒大家，在学习杜蕾斯这个案例时，不要只是单纯地去学习形式上的东西，不要只是模仿，互联网发展的速度很快，自媒体的形式也在不断变化，像微信火了之后，微博受到严重影响。

学习这个案例，关键是要学习杜蕾斯团队的这种意识和思维，杜蕾斯的微博号是走娱乐大众的路线，浑身上下充满了娱乐精神。这是大家真正需要学习的。

有了定位和方向后，内容要严格围绕定位来做，像杜蕾斯是走娱乐大众路线，那就将娱乐精神发挥到极致。如果是走专家路线，那就发表各种犀利的观点或专业文章等。

7.6.3　借势营销

借势营销是将销售目的隐藏于营销活动之中，将产品推广融入到一个消费者喜闻乐见的环境里，使消费者在这个环境中了解产品并接受产品的营销手段。具体表现为通过媒体争夺消费者眼球、借助消费者自身的传播力、依靠轻松娱乐的方式等潜移默化地引导市场消费。换言之，借势营销是通过顺势、造势、借力等方式，以求提高企业或产品的知名度、美誉度，树立良好的品牌形象，并最终促成产品或服务销售的营销策略。

1. 借助名人效应

名人本身有影响力，在其出现的时候能达到事态扩大、影响力加强的效果，这就是名人效应。名人效应很普遍，例如很多厂商都在请名人做代言人，因为受众对名人的喜欢、信任，会转嫁到对产品的喜欢、信任，这是典型的利用名人效应的方法。

马斯洛的心理需求学说是这样描述的："当购买者不再把价格、质量当作购买顾虑时，利用名人的知名度去加重产品附加值，可以借此培养消费者对该产品的感情、联想，来赢得消费者对产品的追捧。"

名人可以是影视明星、体育明星、文化名人、社会名人等，具体选择哪类明星，要看企业的需求、资源和时机。名人策略是企业最常用的策略，不管大企业还是小企业，都会寻求各种明星、名人进行代言或成为其形象大使。然后围绕名人，制造大量新闻，引起媒体及消费者的注意，以达到提升品牌知名度、提升销售的目的。

对于大多数企业来说，是很难有实力请名人代言的，但没有名人代言，也意味着我们可以巧借所有名人的名气。

案例 7-4：借《超级女声》知名度营销

著名威客网站"猪八戒威客网"上线之初，恰逢 2005 年的《超级女声》节目正火，于是其便围绕超女策划了一系列新闻，令其在短期内迅速提升了知名度。

比如李宇春势头正猛时，媒体都在挖与她有关的新闻。这时猪八戒马上策划出一条新闻，大意为：

一位资深"玉米"（即歌手李宇春的歌迷）在猪八戒网上悬赏 500 元为李宇春设计一条裙子，因为他发现春春（歌迷对李宇春的爱称）不穿裙子的根本原因是因为她没有一条合适的裙子。

此前，在猪八戒在线悬赏平台上，还出现过悬赏 1 000 元为李宇春设计生日文化衫，要在李宇春生日当天送作礼物的任务。

案例点评：

这个案例是非常成功的借名人营销的案例。《超级女声》当时的影响力是其他任何娱乐节目都无法相比的，李宇春更是受到广大年轻人的追捧。并且，策划的内容中，"她没有一条合适的裙子"本身就是非常有话题的内容。一个受追捧的名人和一个有话题的内容，其营销效果可想而知。猪八戒网站成功利用此次营销事件走进大众视野，真正做到了低成本、大影响。

案例 7-5：借名创优品知名度营销

再比如最近风头很猛的名创优品，就是借名人低成本推广自己的典范（见图 7.24）。

名创优品逆势开线下店，此时，实体店铺处于一片唱衰声中，而实体店铺和电子商务正好被大多数人认为是水火不容，电子商务会砸了实体店的饭碗。

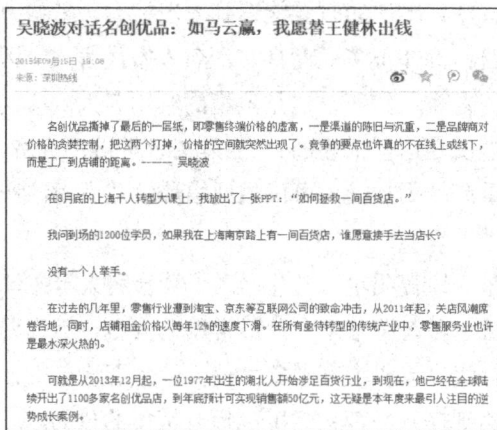

吴晓波对话名创优品：如马云赢，我愿替王健林出钱

2015年09月15日 10:08

来源：宇训财经

名创优品撕掉了最后的一层纸，即零售终端价格的虚高，一是渠道的陈旧与沉重，二是品牌商对价格的贪婪控制，把这两个打掉，价格的空间就突然出现了。竞争的要点也许真的不在线上或线下，而是工厂到店铺的距离。——吴晓波

在8月底的上海千人转型大课上，我放出了一张PPT："如何拯救一间百货店。"

我问到场的1200位学员，如果我在上海南京路上有一间百货店，谁愿意接手去当店长？

没有一个人举手。

在过去的几年里，零售行业遭到淘宝、京东等互联网公司的疯狂冲击，从2011年起，关店风潮席卷各地，同时，店铺租金价格以每年12%的速度下滑。在所有亟待转型的传统产业中，零售服务业也许是水深火热的。

可就是从2013年12月起，一位1977年出生的湖北人开始涉足百货行业，到现在，他已经在全球陆续开出了1100多家名创优品店，到年底预计可实现销售额50亿元，这无疑是本年度来最引人注目的逆势成长案例。

图 7.24　名创优品借势营销

于是名创优品就找到了目标客户心目中的名人，和他们唱反调，吸引关注。下面笔者列举一下名创优品的软文标题和内容：

《如马云赢，我愿替王健林出钱》

《你成不了马云，但你可以成为名创优品》

《名创优品和 BAT 巨头：线下时代已经来了》

《名创优品，对于假货零容忍》

......

再结合自媒体的新手段，名创优品一下子火到爆棚！

案例点评：

与前一个案例有所不同的是，后一个案例是同时借助多个名人进行事件营销。而且在事件持续的过程中也一直持续进行营销。将整个事件中涉及的人及相关名人都借用一遍。

这件事情之后，名创优品的知名度得到了极大的提高。

2. 借助事件

案例7-6：加多宝借汶川地震捐款营销

2008年汶川地震，加多宝捐款1亿元，因而成为很多网友心目中的良心企业。当加多宝捐献人民币1亿元整的牌子出现的时候，瞬间提升了企业在用户心中的地位，如图7.25所示。此次营销活动，也被行业内人士奉为经典。

图7.25　加多宝捐款1亿元

案例点评：

借助不可预测的自然事件挑战的是企业反应速度，地震发生时，抗震救灾是所有国人最关心的事情，也是所有媒体最关注的事件。加多宝集团在其他企业都捐款1 000万、2 000万时，直接公布捐款1亿，瞬间在全国大众面前树立起良心企业的形象。

7.7　植入广告营销

广告植入式营销在任何时候都可以做，甚至自媒体发布的每篇文章，都可以进行广告植入。这也是植入广告营销的优势。

7.7.1　广告植入类型

广告植入类型分为以下两种。

1. 软植入

软植入是很常用的一种营销方式，也是自媒体经常用到的一种营销方式，所谓软植入，就是怎么把一篇软文写的让用户感觉不到是一则广告，是软植入营销的最高境界。

说起软植入，其实做的最好的还得是现在的电视剧和电影里的广告植入，让笔者印象深刻的是电影孙红雷、李冰冰、段奕宏主演的《我愿意》，里面有各种的广告植入。

甚至其电影名字本身就是一个广告植入，想想电影中经常飘过的背景音乐：I DO，I DO，I DO。如果还没明白的话，可以回想一下，孙红雷后来去哪家珠宝店里给李冰冰买的钻戒（见图7.26）？

图 7.26 《我愿意》中的 I DO 广告植入

再如 2016 年火起来的新兴网红 papi 酱，在尝试第一次商业化——卖 T 恤的时候，自己就穿了一件同样的 T 恤，这是一种最直接的软性植入（见图 7.27）。

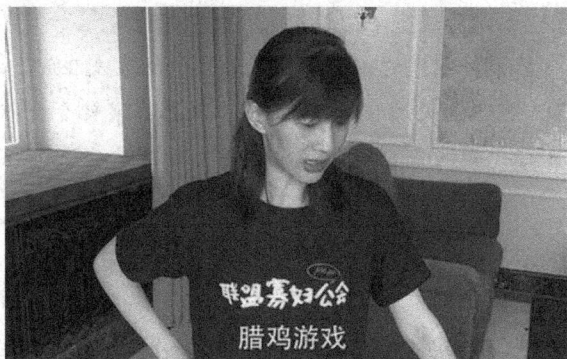

图 7.27 papi 酱视频中的 T 恤广告植入

2. 硬植入

很多新媒体营销人员觉得新媒体不适合硬植入，就得软植入。其实不然，有些企业，有些渠道也是适合硬植入的。

如 ZARA 的微信公众号，所有的信息都是在推它的产品和活动，没有心灵鸡汤，没有情怀，只有产品推荐。所有信息都是简单粗暴的产品信息、促销，效果也不错。为什么呢？

分析一下用户需求就不难理解了。能关注 ZARA 的，会是一群什么年龄段的人群？他们关注 ZARA 是为了看时尚信息吗？肯定不是。他们关注 ZRAR 的目的就是为了能及时看到有没有新品上线，有没有活动。

所以 ZARA 就以最简单粗暴的方式把这些信息以最直接的方式展现给其用户。这是赤裸裸的硬植入广告。可用户就喜欢这个呀，你不把这些信息直接呈现给用户，说不定用户还不关注呢。所以不要以为硬植入不好，关键要看什么形式能更好地满足用户需求（见图 7.28）。

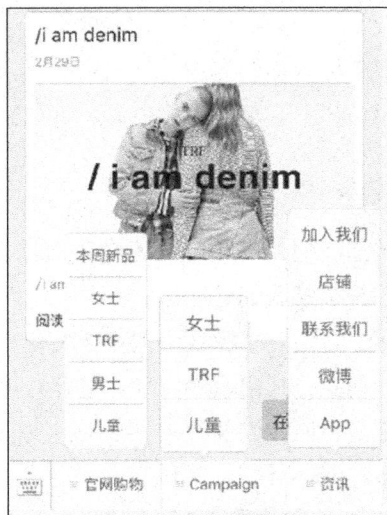

图 7.28　ZARA 公众号菜单

7.7.2　广告植入的 6 个技巧

目前包括今日头条、网易自媒体、企鹅自媒体在内好几个自媒体平台都已经推出自己的广告分成计划，但能通过平台广告分成达到规模收入的自媒体作者，毕竟是少数。帮企业植入广告的收入，仍然是自媒体主要收入之一。

对于企业自媒体而言，自然不需要担心收入的问题，但企业做自媒体的主要目的就是为了营销。直接的宣传，用户不愿意接受，最好的办法是将营销植入自媒体内容中。

所以怎么将广告很好地植入到内容中，在不引起用户反感的情况下达到广告效果就很关键。

1. 人文关怀

人文关怀是广告植入非常好的方式，这一点从每年春节晚会上各大企业愿意花大价钱祝大家春节快乐就可以看得出来。

笔者印象比较深的是，招商银行平时也会发一些活动促销短信，每次收到的时候，确实都很烦，但在笔者过生日的当天，招商银行发了一条生日祝福短信，虽然都是短信，但瞬间对招商银行的好感就提高了许多。

由此可见，将广告融合在人文关怀中是不太容易引起用户反感的。不管是企业还是个人，在做自媒体的时候，这一点是需要利用好的。

笔者在 2016 年春节之前写过一篇《宇宙最全　2016 年春节抢红包攻略大全》的文章，用的其实就是这种方式。

2. 人物访谈

人物访谈可以很好的将广告融入内容当中。从国家领导人到商业帝国的掌门人，从中小企业主到创业者，都愿意做访谈。甚至于很多电影、电视剧，在宣传的时候，主创人员也会频繁上几个访谈类节目。

企业可以通过人物访谈的形式，来传递一些企业的信息。比如：

通过访谈客户，向用户传递我们的产品效果等信息；

通过访谈合作伙伴，让用户了解我们的实力；

通过访谈内部员工、高管，让用户了解我们的企业文化。

这种通过第三人称将企业信息传递出去的方式，更容易让用户接受。如果企业自己站在那里说自己的产品效果怎么好，说我们的实力怎么强，我们的企业文化有多好，这种公信力就要差很多。

针对个人自媒体，其实也可以做访谈，可以访谈个人，也可以访谈企业，把自己作为一名采访记者，或者作为一种访谈类节目主持人。这样还减少了自己写原创文章的压力了。之前笔者写过一篇教大家如何写原创文章的内容，其中有一个办法就是做访谈。

3. 媒体报道

就像上一条说的，我们不能做自己夸自己的事情，没有公信力。但我们可以转载某媒体对我们的正面报道。这样相当于告诉用户：不是我自己在说自己好，而是媒体在说我好，我只是让你知道媒体在说我好而已。

这方面的应用，如果大家之前有留意的话，可以看到有些传统企业网站都会有一个叫"媒体报道"的栏目，其实想达到的就是这个目的。

企业可以把一些比较直接的宣传资料，以媒体报道的形式呈现，比如让第三方权威媒体报道我们，然后我们进行转载。

当然，并不是所有企业都能得到权威媒体报道，那是不是就没有办法了呢？当然不是。我们还可以主动找权威媒体合作，所以可以看到很多传统品牌跑去找 CCTV 某个不那么贵的频道打点广告，然后就可以堂而皇之地打着"CCTV 合作品牌"的广告语，到处在其他地方做广告了。不明就里的用户一看，居然和 CCTV 都有合作，那肯定值得信赖。

至于互联网上的权威媒体就更容易操作了，先自己准备几篇新闻稿，然后找门户网站给发布一下就 OK，然后自己再转载门户网站的报道。

个人自媒体操作方式也是一样的。我们经常可以看到说某某自媒体又取得了多大的成绩等等，这其中有多少是真实的呢？

4．有奖活动

有奖活动也是非常好的一种广告植入方式，比如所有活动都是按目标用户喜欢的方式进行的，只是奖品是由某企业提供的，然后在活动说明里加上几句对企业的感谢之类的。甚至如果奖品丰富的话，还可以对中奖用户进行一些采访，让中奖用户说一些对企业感谢的话，这样既可以吸引用户，又可以为企业做宣传。

当然，有奖活动也是要好好策划一下的，千万不要整出像"KFC 秒杀门事件"这样的结果。本来是想做用户有奖活动，结果做成了考验企业危机公关能力的活动了。

5．客户案例

将广告以案例的形式植入到内容中是最好的方式，随着文章阅读量的提高，效果也会越来越明显。之前笔者做过一次测试，在一篇文章里把朋友的项目作为一个案例讲解，给朋友带去了几十个客户。

针对客户案例这个操作方法，笔者认为，最成功的当属"桂林山水甲天下"和"老舍茶馆"了。不管是有心还是无意，这两句话植入到我们义务教育阶段的语文课本中，起到的效果实际上要比其他企业投入多少亿的广告费达到的效果还要好。试想想，现有"80 后"一代人，甚至于 90 年代初的，有多少人不知道"桂林山水甲天下"这一说法的？当想要在国内找个旅游地点时，桂林是多少人脑中出现的"一定要去看看"的地方？

千万不要小看"客户案例"的效果。

6．名人效应

如果能借名人效应，是再好不过的，就像为什么这么多企业都愿意花大价钱请明显当代言人一样，名人本身就有粉丝。如果能把名人效应与广告很好的融合，达到的效果就更理想了。

当年本山大叔那句经典台词："走一走比较大的城市，去趟铁岭"，让铁岭一下子成为全国知名的城市了，在此之前，除了辽宁人，有多少人会知道铁岭是干啥的？

现在讲网红，讲 IP 创业，实际上也是要把自己先塑造成名人，然后以此变现。由此可见，名人效应在这方面是非常有优势的。

案例 7-7：知乎 live 与在行分答：被误解的共享经济

2016 年 5 月 14 日，知乎在其举办的第三届"盐 club"上当场发布了"知乎 live"，一款立足于共享经济与知识盈余的实时问答平台，而就在 live 发布的几天后，果壳旗下的"在行"也推出了一款付费 AMA（Ask Me Anything）轻型应用，叫作"分答"。

无论是知乎的 live，还是果壳的分答，它们都是互联网时代匹配闲置知识资源与需求的有效方式，在提高资源利用效率的同时知识也得到了传播。而且，它们身上都寄托了这两大国内知识型社区探路商业化的期待。

这几年共享经济成了一门大生意，但事实并没有很多人想象得那么顺利。

2015 年 1 月，英国两位大学的教授 Giana M. Eckhardt 和 Fleura Bardhi 在《哈佛商业评论》撰文称"共享经济根本就不关乎分享"（The Sharing Economy Isn't About Sharing at All），文中提到了她们对美国租车软件 Zipcar 所做的一项调查，发现消费者在使用服务时并没有因"共享"而产生一种双向性的义务，也没有产生交流的意愿，仅仅以匿名的方式体验服务，而且依赖于服务公司对分享系统的管理以确保它对每个人的公平。因此她们认为所谓的"共享经济"只是消费者为某物在某段时间的使用权而付费，这是一种利益交换，而消费者在这一行为中是功利主义导向，而不是社会或价值导向。

她们认为率先了解到这一点的的公司将在竞争中处于优势，例如 Uber 的定位就是低价、方便和可信赖，而其竞争者 Lyft 的定位是友好与社区感，强调消费者"共享"的意愿，但数据显示后者在市场的增幅不如前者显著。

很多人对共享经济的争议并不在于它的模式，而是它的称呼并不能准确地反映这一模式。其实在之前有人就将"共享经济"（sharing economy）也称为"按需经济"（on-demand economy），尽管后者听起来少了些理想主义的色彩，但无疑这一说法更能体现这一模式将闲置资源与需求相匹配的实质。

"按需经济"这一说法则更突出了需求在这一交易中的重要性，最基本的问题是：分享者有没有分享的需求？消费者有没有消费的需求？其次才是将这两种需求进行匹配的过程。以 Uber 来说，消费者很明确有打车的需求，普通出租车的长时间存在就说明了这一点；但分享者却不一定一直有分享的需求，他们需要考虑自己的时间成本和机会成本，而往往 Uber 能带给他们的价值并非最高，所以一时新鲜过后，专职 Uber 司机逐渐兴起。

而对知乎和果壳来说，想要走稳至少有三个挑战：其一，知识类产品的需求弹性很大，甚至说国人从来没有为知识付费的习惯，想要以知识分享吸引消费这一招恐怕不会太灵；其二，当分享者一段时间后开始考虑自己的时间成本和机会成本时，费用和模式对他们来说有多大的吸引力；其三知识分享不同于物质分享，无论是消费者还是分享者都很难说清这段旅程的目的地，而且这段寻找的过程还需要双方在互动过程中的共同努力才可能达到期待的效果，相比其他行业，消费者和分享者更有可能在尝鲜后选择放弃。

知识分享型平台在各个领域都有不同程度的涌现，例如专注于金融和投资领域的"金牌顾问"，它集结了众多的银行金融机构高管与投资人资源，因此"金牌顾问"更清楚金融机构高管与投资人的需求与偏好，在另一端他们也为创业者与企业主提供服务，平台通过将金融机构/投资人与创业者/企业主的需求进行匹配，提高了资源利用效率，也解决了创业与实业发展过程中的融资难题。据说他们成立三个多月成单数量已较为可观，显然金融投资领域的知识与资源分享平台更具可行性。

共享经济（按需经济）的发展形势并不会如所有行业愿，对有心发展的平台而言，最重要的是要找到可持续的需求匹配。

案例点评：

这是一篇比较优秀的广告植入文案，将自己的产品与当下热点的共享经济相结合，把自己产品作为共享经济一的一个案例来进行分析，很多读者在看完文章以后，根本没有发现这篇文章植入了一些企业宣传信息，甚至于大量网站也把此文作为经验分享文章进行转载。各位，你看出来这篇文章植入了谁的信息了吗？

7.8　自媒体盈利方式

为了与优秀自媒体媒体作者合作，目前很多自媒体平台都在陆续开放与作者的广告分成活动，甚至有些自媒体平台还推出一系列激励活动，鼓励作者原创。

1. 今日头条

今日头条针对平台作者开通了广告分成功能，在作者文章下方会有厂商广告，针对这些广告，今日头条会以 CPM 形式与作者进行广告分成。不过由于广告是放在文章最下方，所以文章阅读量并不等同于广告展现量，只有文章被浏览到最下面，广告真实展示出来以后才算一次展示。同时针对已开通"原创"功能的账号还可以使用"赞赏"功能，当然该功能默认是不开通，作者可以自己在后台"收益设置"里开通（见图7.29）。

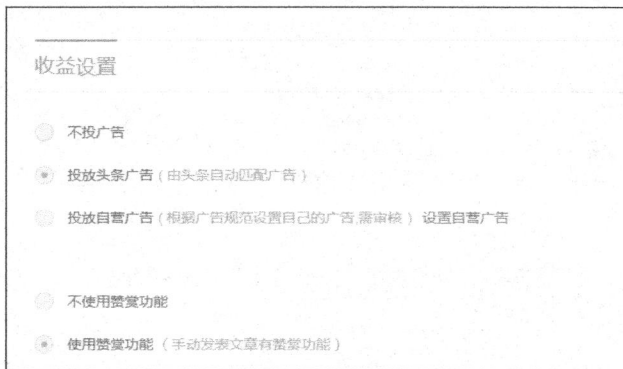

图 7.29　今日头条开通广告功能

除广告分成外，今日头条还在 2015 年 9 月 8 日推出了"千人万元"计划。即在在未来 1 年内，扶持 1 000 个头条号个体创作者，让每人每个月至少获得 1 万元的保底收入。

凡符合以下条件，就可以通过头条号后台主动提交申请：

- 开通头条号满 90 天；

- 注册类型为「个人」；

- 已开通「原创」功能；

- 过去 3 个月，每月「已推荐」发文量不少于 10 篇；

- 无违禁惩罚记录，包括但不限于抄袭、发布不雅内容、违反国家有关政策法规。

入选「千人万元」计划的作者需要承诺：

- 每个月发布至少 10 篇「原创」文章（具体数目经双方协商确定）；

- 全网首发 3 小时。即上述「原创」文章应第一时间在头条号平台发布，3 小时后再发布到其他平台；

- 在其他平台发表已在头条号发布的文章时，注明：××系头条号签约作者（××为账号名称）。

2. 网易号媒体开放平台

网易号媒体开放平台也开通广告分成功能，也有原创功能和打赏功能。网易号媒体开放平台将作者分为 5 个等级，针对不同等级有不同的权限（见图 7.30）。

级　别	权　益
★★★★★ 5 星	1.分享网易号顶级奖金池 2.面向订阅用户发送 PUSH 3.与网易传媒联合发布，共享网易"有态度"品牌影响力 4.享有下级别所有权益
★★★★ 4 星	1.分享网易号二级奖金池 2.开通直播功能，推广账号品牌 3.享有下级别所有权益
★★★ 3 星	1.分享网易号三级奖金池 2.优质稿件向编辑定点推荐 3.网易号首页推荐 4.网易首页推荐 5.和网易联合策划活动 6.可开通"问吧"功能 7.享有下级别所有权益
★★ 2 星	1.申请原创资质（审核标准：须有 50% 以上的原创文章） 2.开通打赏功能 3.优质文章上榜 4.享有下级别所有权益
★ 1 星	1.阅读、热点频道推荐 2.网易新闻客户端各频道推荐

图 7.30　网易号等级及权限说明

同时网易号媒体开放平台也有自己的激励机制，平台会根据账号每个月在网易号媒体开放平台上的月度总流量、总分享量、总跟贴量、新增订阅人数、原创文章数量五个维度的数据表现，决定奖金多少。

3. 微信公众号

微信公众号也分为广告分成和打赏两方面收入来源。开通原创功能以后，作者可以接受用户打赏功能（见图7.31）。

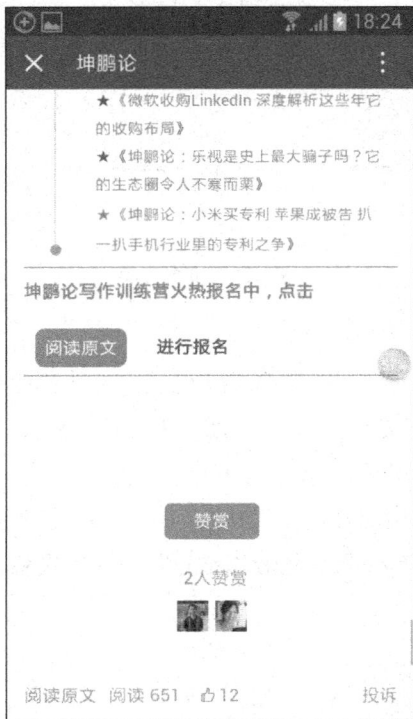

图 7.31　微信文章打赏

但开通打赏功能以后，并不意味着可以得到广告分成。只有开通了"流量主"功能才会分广告的提成。想开通这"流量主"功能，至少需要同满足以下两方面条件中的一个：

（1）开通原创功能的公众账号达到1万关注用户才能申请开通；

（2）未开通原创功能的公众账号达到2万关注用户才能申请开通。

除以上说过的3个自媒体平台以外，包括企鹅媒体开放平台、百度百家也都开通了自己的奖励计划。

在这些平台中，笔者认为，对于大多数自媒体作者而言，今日头条的广告分成是最容易获得，其次是微信公众号。其他几个自媒体平台的提成并不太容易获取。

第8章
软文营销

8.1 概述

软文营销是生命力最强的一种广告形式，也是很有技巧性的广告形式。软文是相对于硬性广告而言的，是一种"文字广告"。与硬广告相比，软文之所以叫做软文，精妙之处就在于一个"软"字，让用户看不出这是一个"广告"。软文追求的是一种春风化雨、润物无声的传播效果。软文营销的好处是成本低，效果持久，所以在互联网营销阶段，软文营销就是一个非常重要的营销手段，随着移动互联网的发展和自媒体平台用户的普及，软文营销成为一种更实用的方法。

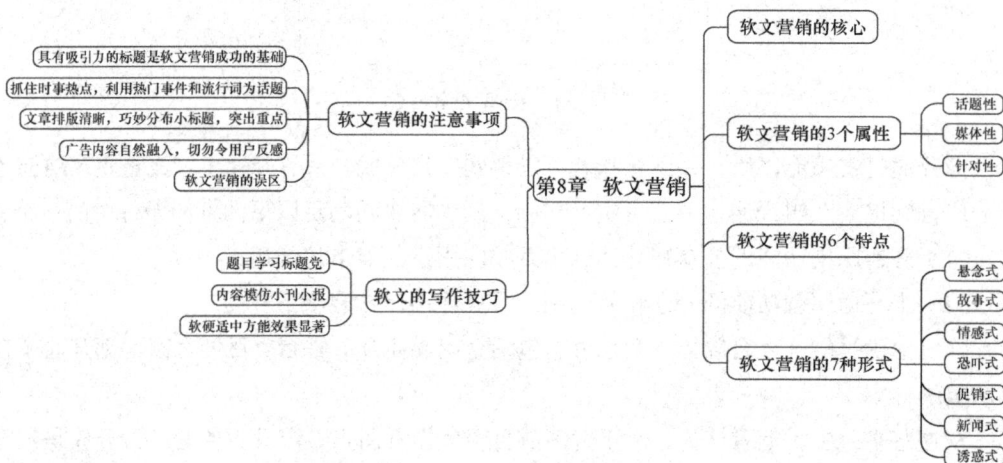

具有吸引力的标题是软文营销成功的基础
抓住时事热点，利用热门事件和流行词为话题
文章排版清晰，巧妙分布小标题，突出重点 —— 软文营销的注意事项
广告内容自然融入，切勿令用户反感
软文营销的误区

题目学习标题党
内容模仿小刊小报 —— 软文的写作技巧
软硬适中方能效果显著

第8章 软文营销

软文营销的核心

软文营销的3个属性 —— 话题性 / 媒体性 / 针对性

软文营销的6个特点

软文营销的7种形式 —— 悬念式 / 故事式 / 情感式 / 恐吓式 / 促销式 / 新闻式 / 诱惑式

8.1.1 软文营销的核心

软文营销最终要实现的目的是让用户只能看到你想让他看到的信息,一切的方法都是为达到这一目的。这种情况下,我们就不能被动地等到有负面信息以后才去处理,而是要在出现负面信息之前就把正面信息做好。所以软文营销的核心是多平台信息预埋。

所谓信息预埋,就是在还没有出现负面信息的时候就开始开展软文营销,并且要持续不断的执行,当偶尔出现一两条负面信息时,因为已经有大量正面内容铺垫,负面信息不容易突显,即使有用户看到,因为有大量正面信息也同时出现,可以达到混淆视听的目的。

图 8.1 "好贷网"百度优化结果

从图 8.1 可以看出,百度搜索"好贷网"时,都是正面信息,由于经常保持软文投放,当偶尔出现一些负面信息时,很快会被公司正面信息压到搜索结果后面,从而达到"无负面"的目标。

笔者接触过一些企业,特别是传统企业,一般都不太重视软文的信息预埋,只有当负面信息出现,甚至影响到公司正常经营以后才开始准备处理。

软文营销不仅可以帮助企业处理负面信息,个人用户如果使用好软文营销,也可以直接获得收益。

8.1.2 软文内容的 3 个属性

软文营销不仅仅是写一篇文章，然后发布出来就完事，想达到更好的效果，软文营销要在内容上不断下工夫。

1. 话题性

软文话题的策划要准确把握用户群的特点，根据用户特点来策划软文话题，注重用户信任的建立。软文与时下流行的热点事件相结合效果会更好，当下热点事件本身就具有很好的话题性，所以在有热点事件的时候，往往也是各大企业软文最多的时候。

2. 媒体性

软文与新闻相通的地方在于，要有好的媒介平台用于传播。比如同一个新闻，CCTV在新闻联播的时候报道出来，和某个小网站报道出来，影响力是完全不一样的。所以软文也要特别注重投放的媒体。

好在移动互联网为我们提供了更多免费平台，比如今日头条、微信公众号、微博、博客等可以自主发布内容的平台或论坛。如果是企业在做软文，还可以在新浪、搜狐等传统互联网站和行业网站上付费进行投放，以达到更好的效果。

3. 针对性

有些企业主和笔者沟通的时候感觉软文并没有太多效果，负面信息仍然很多。笔者与他们一一沟通后发现，这些企业在做软文营销的时候，往往忽略了"针对性"。这是软文营销非常重要的策略之一。

针对性主要分两方面：针对平台、针对关键词。

针对平台：可能出现负面信息的地方都是软文应该投放的地方，所以对于企业软文营销而言，需要在多个平台进行软文投放，对于用户自主性强的平台比如百度贴吧、知道、各种文库、行业论坛、自媒体平台，更要做到经常投放。同时针对权重高的传统互联网站比如新浪、搜狐、网易、腾讯及相关行业门户，也要有一定投入。

针对关键词：在做软文营销的时候，一定要注意优化相应关键词，最重要的就是品牌词，比如我们的品牌是"可口可乐"，软文在投放时要考虑到，一定要有一部分软文标题是要包含"可口可乐"的。同时，针对容易出现负面的关键词，同样也要包含，否则起不到优化的作用。

8.1.3 软文营销的 6 个特点

在传统媒体行业，软文之所以备受推崇，第一大原因就是各种媒体抢占眼球竞争激烈，人们对电视、报纸的硬广告关注度下降，广告的实际效果不再明显；第二大原因就是媒体对软文的收费比硬广告要低得多，所以在资金不是很雄厚的情况下软文的投入产出比较科学合理。所以企业从各个角度出发愿意以软文试水，以便使市场快速启动。

软文具有如下几个特点。

（1）本质是广告，追求低成本和高效回报，不要回避商业的本性。

（2）伪装形式是新闻资讯，管理思想、企业文化、技术、技巧文档，评论，包含文字元素的游戏等一切文字资源，使受众"眼软"（只有眼光驻留了，徘徊了，才有机会）。

（3）宗旨是制造信任，使受众"心软"（只有相信你了，才会付诸行动）。

（4）关键要求是把产品卖点说得明白透彻，使受众"脑软"（有了印象，还要了解清楚）。

（5）着力点是兴趣和利益，使受众"嘴软"（拿人家的手软，吃人家的嘴软）。

（6）重要特性是口碑传播性，使受众"耳软"（朋友推荐的，更愿意倾听）。

8.1.4 软文营销的 7 种形式

软文虽然千变万化，但是万变不离其宗，主要有以下 7 种方式。

1. 悬念式

也可以叫设问式。核心是提出一个问题，然后围绕这个问题自问自答。例如"人类可以长生不老？""什么使她重获新生？"等，通过设问引起话题和关注是这种方式的优势。但是必须掌握火候，首先提出的问题要有吸引力，答案要符合常识，不能作茧自缚漏洞百出。

2. 故事式

通过讲一个完整的故事带出产品，使产品的"光环效应"和"神秘性"给消费者心理造成强暗示，使销售成为必然。例如"1.2 亿买不走的秘方""神奇的植物胰岛素""印第安人的秘密"等。讲故事不是目的，故事背后的产品线索是文章的关键。听故事是人类最古老的知识接受方式，所以故事的知识性、趣味性、合理性是软文成功的关键。

3. 情感式

情感一直是广告的一个重要媒介，软文的情感表达由于信息传达量大、针对性强，当然更可以叫人心灵相通。"女人，你的名字是天使""写给那些战'痘'的青春"等，情感最大的特色就是容易打动人，容易走进消费者的内心，所以"情感营销"一直是营销百试不爽的灵丹妙药。

4. 恐吓式

恐吓式软文属于反情感式诉求，情感诉说美好，恐吓直击软肋——"高血脂，瘫痪的前兆！"。实际上恐吓形成的效果要比赞美更具备记忆力，但是也往往会遭人诟病，所以一定要把握度，不要过火。

5. 促销式

促销式软文常常跟进在上述几种软文见效时——在香港卖疯了""一天断货三次，西单某厂家告急"等。这样的软文或者是直接配合促销使用，或者就是营造成产品的供不应求，通过"攀比心理""影响力效应"多种因素来促使消费者产生购买欲。

6. 新闻式

所谓事件新闻体，就是为宣传寻找一个由头，以新闻事件的手法去写，让读者认为就仿佛是昨天刚刚发生的事件。但是，文案要结合企业的自身条件，多与策划沟通，不要天马行空地写，否则，多数会造成负面影响。

上述七类软文绝对不是孤立使用的，是企业根据战略整体推进过程的重要战役，如何使用就是布局的问题了。

7. 诱惑式

实用性、能受益、占便宜这三种属于诱惑式，这三种软文的写作手法是为了能够吸引读者，让访问者觉得对自己有好处，所以主动的点击这篇软文或者直接寻找相关的内容。因为它能给访问者解答一些问题，或者告诉访问者一些对他有帮助的东西。这里面当然也包括一些打折的信息等，这就是抓住了消费者爱占便宜的一个心理。

8.2 软文的写作技巧

软文推广对公司推广、产品推广，乃至品牌形象的建立都有很大的作用，因此，软文推广的巨大威力已为人们所认可，特别是在浩瀚的网络大海之中，软文推广正在逐步发展成为主要的，无可比拟的推广法宝。在软文写作技巧方面，有以下几点可供参考。

1. 题目学习标题党

标题党，曾在网络中红极一时，曾为很多网站赢得了流量，带来了收入。这就说明标题党是由其发展空间的，只是随着搜索的不断完善，用户体验逐渐被人们所重视，而标题党正是背离了用户体验，有个好的开始（标题），却没有一个好的结尾（内容）。让人有一种上当受骗的感觉。也就是说标题党是靠着标题成功的，但其失败却和标题没有任何关系，而是因为内容跟不上。由此可见软文的题目是多么的重要。写软文要仔细的推敲、斟酌三思，把软文题目写的活泼、可爱、悬疑、夸张、不可思议，总之一句话，要吸引人，让人看了忘不了，让人看了有猜想，有疑问，有看下去的念头。如果标题能达到这样的效果，那就为软文的成功奠定了一个良好的基础，加上一篇好的内容，就能更好地吸引人。

2. 内容模仿小刊小报

写作中寻求日常的生活素材。关于这一点，小刊小报做的很好。其实并不是其文风多么精彩，主要是其总有很多吸引人的小故事吸引着人们去看、去骂、去爱、去评论，大都是他们杜撰的，根据人们的喜好杜撰的。这一点值得我们要好好学习，写软文的时候也应该根据自己的目标人群杜撰一些观众喜欢的东西，让自己的观众去骂、去恨、去评论，真要是把观众的情感调动起来了，那么，你的软文就成功了一半。

3. 软硬适中方能效果显著

人们都很痛恨广告这两个字，无论你做得多么好，只要让读者发现是广告，一切都等于零。但也不能太软，如果软的没了宣传的迹象，读者真的拿他当做一篇优美的范文去欣赏，那你的功夫也就白费了，这就要求我们写出得软文软硬适中，既不能让读者一眼就看穿是广告，又要让读者能够记下你要宣传推广的信息，起到推广作用。具体的做法有两步。首先应该是把推广的内容放在后面，让读者发现是广告时，已经把内容看完了，同时由于前面的内容确实精彩有用，因此不会产生反感情绪，但是已经记下了你的推广信息，岂不是两全其美。其次是广告信息的嵌入，要巧妙化、自然化，能够和内容完全的融入，达到完美的结合。最忌生拉硬扯，胡乱联系，让读者反感。

一篇软文如果能按上面的3点来写，不用你文采飞扬，也能起到很好的宣传推广作用，使你的软文效果倍增。

8.3 软文营销的注意事项

软文营销并不只是写完一篇文章找个平台发布那么简单，好的软文营销需要注意以下四点。

1. 具有吸引力的标题是软文营销成功的基础

标题是软文最重要的组成部分。软文文章内容再丰富，如果没有一个具有足够吸引力的的标题也是徒劳的，文章的标题犹如企业的Logo，代表着文章的核心内容，其好坏甚至直接影响了软文营销的成败。所以在创作软文的第一步，就要赋予文章一个富有诱惑、震撼、神秘感的标题，如我之前的一篇软文《还没开始用手工皂？你太 OUT 了》通过反问和热门词"OUT"字的组合，给爱美的女士一个充满神秘新鲜的标题，以这新颖的题目获得了大量的转载。这里提醒一下大家，标题虽然要有诱惑力，但是切忌变成了标题党，以至于给用户挂羊头卖狗肉的感觉。

2. 抓住时事热点，利用热门事件和流行词为话题

时事热点，顾名思义就是那些具有时效性、最新鲜、最热门的新闻。如"小悦悦事件"和"中国校车"的事件，都可以拿来作为软文的题材，"小悦悦事件"可以拿来谈谈人性，中国校车可以引出"中国制造问题"等。流行词也一样，如较多人使用的"给力""有木有""浮云""鸭梨""OUT"等，都能够捕捉到用户的心理，引起用户的关注。

3. 文章排版清晰，巧妙分布小标题，突出重点

高质量的软文排版应该是严谨有条不紊的，试想一下，一篇连排版都比较凌乱的文章，不但会令读者阅读困难、思路混乱，而且会给人一种不权威的感觉。所以为了达到软文营销的目的，文章的排版不可马虎，需要做到最基本的上下连贯，最好在每一段话题上标注小标题，从而吐出文章的重点，让人看起来一目了然。在语言措词方面，如果是需要说服他人的，最好加入"据专家称""某某教授认为"等，能够提高文章的分量。

4. 广告内容自然融入，切勿令用户反感

为什么笔者要把这点放在最后呢！因为要把广告内容自然地融入文章是笔者认为最难操作的一部分。因为一篇高境界的软文是要让读者读起来一点都没有广告的味道，就是要够"软"，读完之后读者还能够受益匪浅，认为你的文章为他提供了不少帮助，那么你的文章就成功了。这一个要点虽然是写在最后，但是并不代表融入广告是最后操作的步骤，相反要在写软文之前就要想好广告的内容、广告的目的，而且如果软文的写作能力不是很强的话，最好把软文放在开头第二段，让读者被第一段吸引之后能够带进软文的陷阱。如果你没有高超的写作技巧，软文的广告切勿放在最后，因为文章内容如果不够吸引，读者可能没有读到最后就已经关闭了网页。

5. 软文营销的误区

不少商家希望通过一次软文营销就就能带来很高的销量，或者大幅度提高说炒作网站的点击率，其实那是很难实现的。因为软文不如硬广告那样直接，他是通过文字潜移默化的影响人们的思想，只有通过长期的营销宣传，才能提升品牌知名度和美誉度，进而才能在营销上产生质的变化。如果想通过短时间软文营销达到销量大涨或品牌知名度大幅提升的目的，笔者建议你还是不要选择软文营销为好。

案例：京东"新零售"

这两天开第三届世界互联网大会，一堆互联网大佬齐聚乌镇，各路媒体如娱记狗仔般追逐和报道着马云穿了啥羽绒服，雷军和周鸿祎又坐到一块堆去了，张朝阳的大衣开线了，

穷的吧？丁磊找个厕所都能上头条。

一、逃不过的规律大神

当然看热闹之余，笔者还特别关注了一下大佬们的讲话，百度李彦宏说：移动互联网的时代已经结束了。如果今天这样一个公司还没有成立或者是做大，靠移动互联网的风口已经没有可能再出现独角兽了，因为市场已经进入相对平稳的发展阶段，我们的互联网人口渗透率已经超过了50%。

笔者认为，李彦宏还没有说完整，因为根据之前的多个行业的规律，某个行业渗透率达到50%这个点的时候，会出现一次重大调整。

美国的哈里·登特在其著作《The Next Great Bubble Boom》中写道："在2001年，互联网达到了50%的市场渗透率，这与汽车在1921年的情况是一样的。到达这个位置附近，你可以预计这个行业会发生一次重大调整，这在2000~2002年已经发生了（指科网股暴跌）。"

"美国汽车加速增长发生在1914年汽车的市场渗透率达到10%以后，当时亨利·福特采用装配流水线，引发汽车价格剧跌，增长阶段在1919年达到高峰，于是出现严重衰退，直到1922年年初为止（渗透率达到50%是在1921年）。自此之后，汽车的城市市场渗透率一路上升，1928年达到90%，而股市则于1929年见顶。"

其实早在8月，马化腾就说过："因为又要上新的大陆了，所以没搭上船的也就过不来了。"

笔者经常在文章中提到规律的巨大力量，为什么突然资本寒冬降临，特别是互联网创业的寒冬尤为猛烈？

达到50%渗透率的大调整期来临，优胜劣汰，剩者为王！线上线下深度融合，方显英雄本色！

二、三~六级线下市场是调整期的关键

在世界互联网大会上，雷军说了这么一句：接下来是三四线城市爆发的一年。

多么痛的领悟！但笔者认为，这个领悟在OPPO、vivo、金立等已经抢食三四线市场，并开始进军五六线市场之时，是不是有些晚了？

而且现在业界公认的是，2014年下半年和2015年前三个季度是三四级的地级市、县级市换机潮，从功能手机向智能手机过渡；2015年第四季度到今年，是五六级乡镇换机潮，也就是农村用户开始换智能手机。

笔者最近一直在研究中国三~六级线下市场，不仅看到了OPPO、vivo通过线下渠道逆袭的奇迹，同时也看到了阿里、京东早早布局的先见之明。

1. 阿里看到了趋势，但行动却没那么快

2013年，淘宝发布《县域网购发展报告》，其中的数据颠覆了很多人对三四线城市消

费能力的印象。

报告称，2012 年，县域地区有超过 3 000 万人上淘宝购物，花费达 1 790 亿元，比前年增长 87%；人均网购近 6 000 元，比一二线城市约高 1 000 元；人均网购 54 次，超过一二线城市 15 次。

接着，2014 年 12 月 8 日，淘宝和第一财经商业数据中心共同发布中国消费趋势报告2015。报告通过对近五年数据的分析发现，中国消费力开始向三四级城镇下沉，追求健康、智能、个性、年轻等消费趋势随处可见。

但因为阿里的网络平台特征，使其根本没有动力去线下花力气，因为网络时代世界变平，理论上只要有网络的地方就有电商交易发生，阿里没必要再多此一举的把自己的"虚拟市场"做"下沉"。

一直到 2014 年 10 月阿里才宣布集团将启动千县万村计划，在三至五年内投资 100 亿元，建立 1 000 个县级运营中心和 10 万个村级服务站。以这种线下服务实体的形式，将其电子商务的网络覆盖到全国三分之一强的县以及六分之一的农村地区。

但这个村淘模式其实还是抄自一个年轻创业者的（可以看之前笔者的《BAT 完全霸占互联网敲门抄家能咋样！》）。

所以笔者认为，农村淘宝最关键的是先要让农民到天猫和淘宝成为剁手党，接着才是让农民把农产品放到平台上来卖，但如果打着前面的旗号去绝对不如打着后面的旗号好使，因为后者可以获得大大小小政府的支持与帮助。

2. 京东从 2013 年开始发力三～六级线下市场

但作为京东这种以零售业为核心的 B2C 平台而言，就完全不同了。所以，2013～2014年，京东在三～六级线下市场的力度超过了阿里。

（1）东哥说：不知名意味着有大机会。

2012 年底，刘强东就曾对媒体表示，京东在一二线城市具有一定知名度，但三线城市京东的知名度和客户群体比阿里少很多很多。京东做了调研，在许多小城市一提淘宝没有人不知道，提京东 90%的人都不知道，这是很大的劣势。

"但是意味着我们具有巨大的机会，如果有一天三线、四线像知道淘宝天猫一样知道京东，价格很便宜，服务非常好，售后有保障这么一个网站，我相信我们会取得更大的一个市场份额。"刘强东当时这么说。

（2）自 2014 年起，渠道下沉一直是京东的战略。

2013 年年底，刘强东更是将渠道下沉列为了京东 2014 年五大战略之一，后来又把 O2O和渠道下沉捆绑到一个战略下来进行。

于是，我们看到了京东在三四线市场的不懈努力，刷墙广告、形象广告渐渐在三～六线市场多了起来。同时，从其物流发展速度就能明显感受到 2013～2014 年京东在三四线的努力，截止到 2014 年 3 月，京东物流已覆盖全国 500 个城市，在 300 个城市实现了当日送达和次日送达。

2014 年 5 月 22 日京东 IPO，随后刘强东对外公开表示，京东此次募资将主要用于几方面用途，分别是进一步向三四线城市沉淀，扩展京东在这些城市的品牌影响力和渠道资源，涉足生鲜领域，开展国际业务。

2014 年 11 月 20 日，京东集团全国首家大家电"京东帮服务店"在河北省赵县正式开业。目前已经达到了 1 600 多家。

除了"京东帮服务站"，京东还开始铺设县级服务中心，它主要开在 4～6 级市场，是一个综合服务中心。一般选址在县级城镇的繁华地段，面积在 150 平米左右，由京东自主经营。充当配送集散地，以及为客户体验、部分产品实物展示、农村推广员培训等提供场地。

一个县级服务中心可以管理该区域所有乡镇的合作点，通过招募乡村推广员、扩建京东物流渠道等，使京东自营配送覆盖至更广阔的农村区域，简称为"一县一中心"。

目前京东已有 1 500 多个"县级服务中心"，发展了 27 万名乡村推广员，服务覆盖超过 27 万个行政村。

2016 年初，京东发布了新五大战略，其中的渠道战略，除了继续推进京东帮的发展之外，还增加了基于村镇市场的线下"京东家电专卖店"。并宣称"计划专卖店每月新开千家，至 2017 年开 2 万家店、覆盖 40 万个行政村。"

不过，战略是战略，真正在乡镇落地可能并不如想象的那么快，比在县级市场开店的难度要大很多，从目前看，这个专卖店发展得并不理想，除了刚开发布会后还有大量文章可以看到，之后的声音便寥寥无几了，据业内人士称，到 6 月底，开业数量才十几家，而且真正按照京东专卖店模式在运行的也是少数，很多加盟的专卖店还是按自己原有的模式在经营。

（3）物流。

直到现在，还是有人不理解刘强东为什么如此执着、如此疯狂地做物流，甚至最多一年亏十几个亿。我们看到的结果是，目前京东已经在全国覆盖 2 639 个区县、拥有 7 个物流中心、234 个大型仓库、6 756 个配送站、仓库占地面积 520 万平米以上、85% 的自营订单实现当日和次日达配送。

但是，笔者发现，质疑的声音正在慢慢减弱，因为越来越多的人明白了，京东的物流并不是市场上所谓的快递公司一样，他们的物流还提供了供应链服务，而这个为京东在三～六级市场的发展实现了更多的可能、机会和速度。

在实体零售中，供应链占据着极为重要的地位，试想，如果你到一个地方去开店，其中一个关键就是如何把货运过来，如何把货送到客户家，特别是大家电。零售从来都不是暴利的行业，在这个成本越来越透明、价格全球趋同的年代，成本越来越成为决定竞争胜负的关键，刘强东曾在2014年这样说过：

"市场所有的快递公司，设计初衷都是希望物品不断搬运，搬运次数越多，就越有利润空间。京东设计之初的理念，就是减少商品搬运次数，为什么建仓库，光有快递没有什么价值的，根本不值得公司烧这么多钱做。如果有一天，把现在平均每件商品在整个中国搬运7次以上，我降到2次，这才有巨大的社会价值，这不是一个普通的快递公司能够做到的，必须放在一个完整的供应链上去思考整个京东物流，这是供应链服务很重要的部分，如果没有自己的物流，很难减少物品搬运次数。"

刘强东一直认为，中国过去这这么多年，快递业虽然发展迅速，但由于加盟模式造成加盟商和集团公司其实利益是违背的，给快递作为巨大的服务隐患。甚至，在中国长期来讲，所有的服务行业，加盟的他都不看好。

"太多的合作伙伴容易产生利益失衡，而仅仅靠合作来布点的形式也不利于统一调配和规则的设定。"一位物流行业从业者对此评论说。他表示在农村电商和农村物流方面，菜鸟也仅能做到送货范围的下沉，天猫和菜鸟缺乏一个中心体系来培训这里的相关人员，提高当地消费者的网购意识，进而规范电商领域的各类行为。

从这个角度看，在深入农村市场上，京东至少在物流方面走在了阿里巴巴的前面。

正是有着自己物流的支撑，京东在三～六级市场发展迅速，所以京东第三季度净收入同比增长38%；交易总额同比增长47%，领先于行业平均增速；订单量同比增长55%；移动端渠道完成订单量占比近8成，达到79.7%，同比增长超过110%。

当然，这里面不得不提的还有腾讯的功劳，腾讯入股京东并给了一级入口，"与京东原有用户结构相比，来自微信、手机QQ的三、四线等低线用户比例相对更高，有力地助推了京东渠道下沉战略。"

三、看透和坚持给了京东未来大机会

1. 马云的新零售怎么像在说京东

2016年10月13日，阿里云栖大会上马云说："纯电商时代很快会结束，未来的十年、二十年，没有电子商务这一说，只有新零售，也就是说线上线下和物流必须结合在一起，才能诞生真正的新零售。"

通过前面笔者的分析，你是不是觉得京东其实就在做这个新零售呢？

2. 大趋势站在了京东一边

笔者认为，尽管各国有很多不同，但在经济规律面前，大家都得老老实实地趋同，就

像之前曾经讨论过的人均 GDP 会引发的变化与机会。中国人均 GDP 已经达到了 8 016 美元，不少一二线大城市和经济发展较好的城市已经超过 1 万美元。但中国经济发展存在着严重不均衡的现象，相当多的三～六级城市乡镇还处于 3 000 美元大关。

因此，整个中国处在消费升级，只不过超过 1 万美元的城市是二次消费升级，还在 3 000 美元的则处于一次消费升级。

但不管是哪种消费升级，都意味着人们开始对品质的追求更上层次了。

从 OPPO、vivo 的成功经验看，京东一直坚持的正品、体验、服务之路，非常符合三～六级市场正面临第一次消费升级的用户。

价格对于他们并不是第一要素，因为担心被骗，所以是否为正品是他们最关注的，接下来，因为递送、安装、售后服务等体系的不健全，在大家电方面，他们更关注买后的消费体验。

而这些正是京东一直在布局，并最擅长的。

正像之前笔者对三～六级市场用户的分析那样：

三线城市倾向于"感知"，被商家营销触碰到是很重要的购买理由；四线城镇的认知是一种"定义"，一种对潮流的定义；农村则是一种"确认"，对消费合理性和风险的一种确认。

那么一二线城市呢？其实看看美国就会知道未来，亚马逊的一枝独秀真不是因为美国和中国不一样，不一样的只是美国领先于中国很多，中国未来肯定会重复美国商业曾走过的路。

投资者看的是未来，特别是美国的投资者，对于大市场，他们普遍愿意等上 10 几年，甚至 20 多年，这是与国内投资者的急功近利和投机完全不同的。

京东的商业模式属于长期投资基础建设，回本速度慢，但每年的效益递增。从京东的投资布局看，未来京东的基础建设已经告一段落，将会向科技领域进行投资。所有投资目的均指向用户体验这一环。

3. 赶上了风口，看透了本质，最重要的还是那份坚持

尽管雷军的风口论一直被人诟病，认为是投机，但笔者认为，世界存在着规律和趋势，人做事不要逆势而为，而这个规律和趋势就是风口。

回顾京东的发展历程，你不得不承认，它踩对了点，成为了资本的宠儿，特别是当风停后，大家从疯狂回归冷静后，特别是乐视近来过山车般地遭遇，不得不承认，牛逼真不是吹出来的，而是用钱砸出来的！

而京东这样的重模式，没有大资金的支撑根本不可能成功。

现在不仅仅是移动互联网已经没有风口，电商也早已尘埃落定，从今年"双十一"

就能看出来，唯一还在叫唤的，只有阿里和京东。2014 年，刘强东曾经在中欧二十周年校庆特别活动"大师课堂"上发表了一次演讲，笔者认为，这个演讲值得大家再次翻出来好好拜读一下，相信看过后，我们会对刘强东，会对京东更加佩服，特别是现在回过头复盘时。

在这篇演讲中，刘强东深入地分析了做物流的本质（前面已经提到，也就是通过仓配一体化的方式，让货物离消费者更近，减少搬运降低，降低搬运次数，提升这个产业链效率），零售业的本质，特别是对于零售业的剖析，让我们这些自诩互联网思维的人们汗颜不止。

"十节的甘蔗小时候大家都吃过，为什么京东做得比较重，不愿意采取最轻的模式去做，其实也是基于这十节甘蔗，这个理论仅适合零售和消费品行业，不适合游戏、资讯、高科技，比如 Facebook 和 Twitter 都不适合这个。

"消费品行业和流通行业存在着十节甘蔗这么一个经营规律在里面，千百年来从来没有打破的规律。什么意思？我们市场竞争的结果，所有品牌，任何的行业，消费品行业，各个行业的利润是固定的，也就是十节甘蔗长成熟的时候，割下来的时候，规定就这个长度，就十个节，就这么长。"

因为甘蔗甜美，所以很多人都拥上来啃食，但因为长度固定，所以利润越来越薄，竞争极为惨烈，接下来就是淘汰和并购，因为商业必须是逐利的，"一旦行业不断有人出局的时候，行业就趋于理性，电子商务行业终究会获得它的合理利润，甘蔗也会处于正常状态。"

所以"为什么京东我们越做越重，因为我们坚持认为，在这个产业里面，你做得事情越多，吃到的节数越多，有一天行业趋于理性的时候，你才有能力和资格去获取行业的最大利益"。

另外，刘强东还强调的是，消费者的价值决定了你存在的价值，你所有做的事情都不能违背消费者价值。

正是上面所提的甘蔗理论让刘强东一直坚持着前端做品质，后台做物流仓储、供应链提高体验。

从 2007 年拿到第一笔融资开始，刘强东就决定自建物流，这个决定坚持了近 10 年，其间甚至遭到内部和投资人的强烈质疑，他都没有动摇过，这样的坚持真不是一般人能做到的。

回头来看，刘强东的坚持已经达到了近乎偏执狂，但那句名言怎么说的：只有偏执狂才能生存。

而这种偏执的源自刘强东明白了，小米的成功不是互联网思维，所以他会在早会上说

"大家千万不要说怎么样叫互联网思维，因为可能会走火入魔的，小米的成功核心还是把供应链的效率提升了，降低了成本。"

"这背后就是经济的规律，世界上能发现定律的没几个人，牛顿定律再过二十几年还叫牛顿定律。"

佩服吧！

最后，笔者再重复一遍，当一个行业的渗透率达到 50% 时，会出现一次重大调整，各大互联网公司又开始狂奔布局了，就连马云都喊出了未来没有电子商务，只有新零售。

相信京东的机会就在于此！

案例点评：

该篇文章是赞扬京东的一篇软文，但并没有从最开始就说京东有多好，而是先聊当下热点事件，然后引出文章重点，在分析 的过程中，也不仅仅是说某家产品怎么好，而是站在行业的角度进行点评，有理有据。

第9章
事件营销

事件营销（Event Marketing）是指通过策划、组织和利用具有名人、新闻以及有社会影响力的人物或事件，引起媒体、社会团体和消费者的兴趣与关注，以求提高企业或产品的知名度、美誉度，树立良好的品牌形象的的一种营销手段和方式。由于这种营销方式具有受众面广、突发性强，在短时间内能使信息达到最大、最优传播的效果，可以节约大量的宣传成本等特点，近年来越来越成为国内外流行的一种公关传播与市场推广手段。

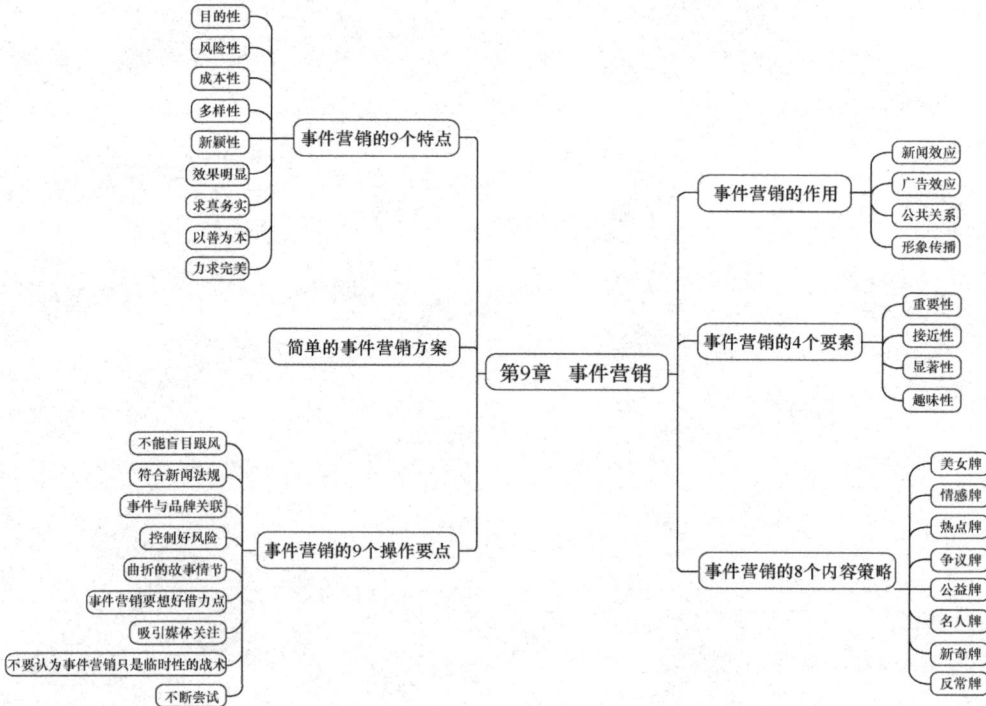

```
                      目的性
                      风险性
                      成本性
                      多样性
                      新颖性  ─── 事件营销的9个特点 ───┐
                      效果明显                          │
                      求真务实                          │
                      以善为本                          │                              新闻效应
                      力求完美                          │            事件营销的作用 ── 广告效应
                                                        │                              公共关系
                                                        │                              形象传播
              简单的事件营销方案 ────────────── 第9章 事件营销 ──┤
                                                        │                              重要性
                                                        │            事件营销的4个要素 ── 接近性
                      不能盲目跟风                      │                              显著性
                      符合新闻法规                      │                              趣味性
                      事件与品牌关联                    │
                      控制好风险                        │
                      曲折的故事情节 ── 事件营销的9个操作要点 ┤                      美女牌
                      事件营销要想好借力点              │                              情感牌
                      吸引媒体关注                      │                              热点牌
              不要认为事件营销只是临时性的战术          └── 事件营销的8个内容策略 ── 争议牌
                      不断尝试                                                        公益牌
                                                                                      名人牌
                                                                                      新奇牌
                                                                                      反常牌
```

9.1 概述

简单地说，事件营销就是通过把握新闻的规律，制造具有新闻价值的事件，并通过具体的操作，让这一新闻事件得以传播，从而达到广告的效果。

事件营销是近年来国内外十分流行的一种公关传播与市场推广手段，集新闻效应、广告效应、公共关系、形象传播、客户关系于一体，并为新产品推介、品牌展示创造机会，建立品牌识别和品牌定位，形成一种快速提升品牌知名度与美誉度的营销手段。20 世纪90 年代后期，互联网的飞速发展给事件营销带来了巨大契机，特别是自媒体的发展，更是给个人策划事件营销敞开了一扇大门。通过网络，一个事件或者一个话题可以更轻松地进行传播和引起关注，成功的事件营销案例开始大量出现。

我国最早的事件营销可以追溯到 1915 年。在当年美国旧金山举办的世博会，共有1 800 箱 10 万件中国展品漂洋过海，茅台也名列其中。可由于各国送展的产品也很多，琳琅满目，美不胜收，所以中国的茅台被挤在一个角落，久久无人问津。大老远跑一趟，不能白来呀！中国工作人员眉头一皱，计上心来，提着一瓶茅台酒，走到展览大厅最热闹的地方，故作不慎把这瓶茅台酒摔在地上。酒瓶落地，浓香四溢，人们被这茅台酒的奇香吸引住了，也因此知道了中国茅台酒的魅力。这一摔，茅台酒出了名，被评为世界名酒之一，并得了奖。

而互联网的出现，为事件营销带来了新的契机，有了 EDM、视频、博客、论坛、SNS、IM、微博等平台的辅助，事件营销如虎添翼，成为了当今企业最喜爱的营销工具之一（见图 9.1 所示）。

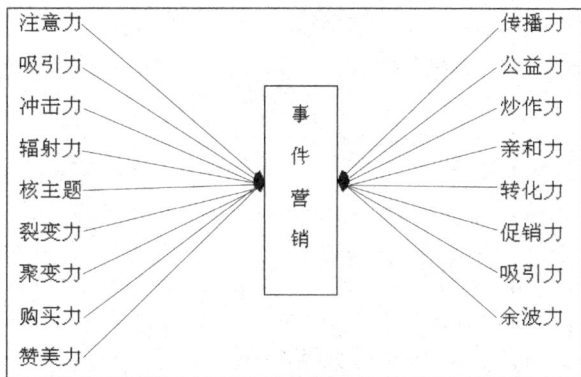

图 9.1 事件营销影响力

9.2 事件营销的作用

下面介绍事件营销的主要作用和特点。

1. 新闻效应

最好、最有效果的传播工具和平台是新闻媒体。而事件营销的第一个作用，或者说它最大的特点，就是可以引发新闻效应。而一旦引发媒体的介入，有了媒体的帮助及大力传播，那效果及相应的回报就是巨大的。最重要的是，由事件营销引发出来的新闻传播，完全是免费的，不用额外花一分钱。所以我们在策划事件营销之前，应该充分了解媒体，掌握他们喜欢什么，愿意报道什么。

2016 年 3 月的政府工作报告提出"鼓励企业开展个性化定制、柔性化生产，培育精益求精的工匠精神，增品种、提品质、创品牌"，同时"工匠精神"首次出现在政府工作报告中。

此后，各大企业纷纷贯彻"工匠精神"，3 月 7 日，"我不是做插线板广告，我是在讲工匠精神"。雷军向公众表示，小米的成功在于重视设计和用户体验。3 月 8 日，格力的大松电饭煲发布，被媒体称为"董姐饭局"看工匠精神。3 月 10 日，小米包下了《新京报》的头版打广告，广告内容非常简单——用"精益求精的工匠精神"探索新国货之路，如图 9.2 所示。

图 9.2 小米"工匠精神"广告

2. 广告效应

不管使用什么营销手段，其实最终的目的都一样，都是为了达到广告效应。而事件营销的广告效应，要高于任何其他手段，效果可以说是最好的。这是因为一个热门事件，往往都是社会的焦点，是人们茶余饭后的热点话题，而由于人们对事件保持了高度的关注，自然就会记住事件背后的产品和品牌。

3. 公共关系

通过事件营销，可以极大地改善公关关系。例如，在封杀王老吉的营销事件中，王老吉的正面公共形象一下子就树立起来了，用户对于王老吉的认可程度，达到了史无前例的高度。在用户追捧的过程中，王老吉的知名度和销售量也被拉向了一个新的高潮。

4. 形象传播

对于那些默默无闻的企业，如何快速建立知名度，迅速传播品牌形象是个不小的难题。而通过事件营销，就可以攻克这个难题，由于事件营销的裂变效应，可以在最短时间内帮助企业建立形象，传播知名度和影响力。比如著名涂料品牌富亚涂料，之前只是一个名不见经传的小企业，但是因其老板当众喝自家生产的涂料而一夜成名，其产品安全环保的形象跃然纸上，深入人心。富亚涂料也因此迅速成为国内知名品牌。

9.3 事件营销的4个要素

上文已经说过，事件营销要能引起媒体关注，我们要做的事情是把我们的营销包装成一个新闻，新闻能否被着重处理则取决于其价值的大小。新闻的价值是由构成这条新闻的客观事实适应社会的某种需要的素质所决定的。一则成功的事件营销必须包含以下四个要素之一，要素包含得越多，事件营销成功的概率越大。事件营销成功的要素主要包括以下4个方面。

1. 重要性

重要性指事件内容的重要程度。判断内容重要与否的标准主要看其对社会产生影响的程度。一般来说，对越多的人产生越大的影响，新闻价值越大。

2. 接近性

越是心理上、利益上和地理上与受众接近和相关的事实，新闻价值越大。心理接近包含职业、年龄、性别等因素。一般人对自己的出生地、居住地和曾经给自己留下过美好记忆的地方总怀有一种特殊的依恋情感。所以在策划事件营销时必须关注受众人群的特点。通常来说，事件关联的点越集中，就越能引起人们的注意。

3. 显著性

新闻中的人物、地点和事件的知名程度越是著名，新闻价值也越大。国家元首、政府要人、知名人士、历史名城、古迹胜地往往都是新闻的发源地。

4. 趣味性

大多数人对新奇、反常、变态、有人情味的内容比较感兴趣。有人认为，人类本身就有天生的好奇心，称之为新闻欲本能。

一件事件事实只要具备一个要素就具备新闻价值了。如果同时具备的要素越多，越全，新闻价值自然越大。当一件新闻同时具备所有要素时，肯定会很具有新闻价值，成为所有新闻媒介竞相追逐的对象。

富亚涂料通过经理喝涂料而成名的事件，无疑是影响很大的事件营销经典案例之一。这一事件被国内媒体普遍转载。为什么它具有这么大的威力呢？就是因为它的新闻价值比较高。这一事件满足了人们对新闻趣味性的追求。

案例 9-1：最后一天打 1 折

很多人都喜欢去买打折的商品，因为品质相同的情况下还能便宜很多。其实打折是很多商家变相赚钱的一种方式，商品打 7～8 折的很常见，5 折就很少见了。而今天要说的这个却是打 1 折！大家会不会很好奇呢？我们一起来看看：

日本东京有个银座绅士西装店。这里就是首创"打 1 折"销售的商店，曾经轰动了东京。当时销售的商品是"日本 GOOD"。

他们是这么实行的：

首先定出打折销售的时间，第一天打 9 折，第二天打 8 折，第三天、第四天打 7 折，第五天、第六天打 6 折，第七天、第八天打 5 折，第九天、第十天打 4 折，第十一天、第十二天打 3 折，第十三天、第十四天打 2 折，最后两天打 1 折。看起来好像最后两天买东西是最优惠的，是吗？那我们接着看看。

商家的预测是： 由于是让人吃惊的销售策略，所以，前期的舆论宣传效果会很好。抱着猎奇的心态，顾客们将蜂拥而至。当然，顾客可以在这打折销售期间随意选定购物的日子，如果你想要以最便宜的价钱购买心仪的商品，那么你在最后的两天去买就行了，但是，你想买的东西不一定会留到最后那两天。

实际情况是： 第一天前来的客人并不多，如果前来也只是看看，一会儿就走了。从第三天就开始一群一群的光临，第五天打 6 折时客人就像洪水般涌来开始抢购，以后就连日客人爆满，等不到打 1 折，商品就全部买完了。

那么，商家究竟赔本了没有？你想，顾客纷纷急于购买自己喜要的商品，自然就会引起抢购的连锁反应。商家运用独特的创意，把自己的商品在打 5～6 折时就已经全部推销出去。"打 1 折"的只是一种心理战术而已，商家怎能亏本呢？

案例点评：

该案例成功抓住了人们爱"占便宜"的心理，打出 1 折促销，让大家有一种"特别便宜，不买就吃亏"的想法。所有人都想等到 1 折的时候购买，但在等待的时候发现，并不是所有人都在等。于是用户之间的比拼心理让大家把等待变成抢购。

9.4　事件营销的 8 个内容策略

事件营销的具体实施，往往都需要其他营销手段和平台辅助，如 EDM、论坛、SNS、IM 等，决定事件营销的关键是创意。下面和大家说说各种事件营销的内容策略。

1. 美女牌

美女是永恒的话题和热点，也是最容易策划和实施的营销元素。所以在策划事件营销时，若实在找不到好的创意点，不妨考虑打打美女牌，虽然招数有点老，但却非常有效。

2. 情感牌

俗话说，"人心都是肉长的"，只要企业心里想着消费者，能够为消费者做一些实事，消费者一定能感受得到。尤其是中国的消费者，特别容易被感动。只要我们把份内的事做好，人们就会感激不尽。

3. 热点牌

每每出现社会热点话题时，媒体都会闻风而动，四处搜集相关的新闻素材。而且这些社会热点，更是大众关注的焦点。所以，如果能巧妙地围绕这些社会热点来策划营销事件，则会收到事半功倍的效果。即使策划得不够完美，也一样会被关注。

4. 争议牌

在前面的章节中反复提过，争议是永恒的热点，争议是最容易引发大众关注和传播的手段。在策划事件营销时同样如此，争议越大，事件就越成功。但争议牌也是比较难打的，如果做不好，很可能会适得其反。

2016 年 5 月中旬，凡客 CEO 陈年在一场脱口秀节目中谈及与穆旦建立合作时的激动心情时，主持人补了一句："这个感觉就和我们见到周杰伦了"。然后，陈年一脸不屑地说穆旦应该甩周杰伦几十万条街，一百年后，大家肯定只会记得穆旦。

陈年的这个评论引起了网友极大不满，直到 2017 年，每有陈年的新闻，评论里还有大量周杰伦粉丝在评论，可见争议牌如果打不好，对自己和品牌的杀伤力也会非常大。

5. 公益牌

企业发展离不开社会发展，没有社会的发展也就没有企业的发展。而作为有良知的企业，有责任和义务回报社会。有一个名词，叫"企业社会责任"，就是指企业对投资者以外的利益相关者群体所承担的法律责任和道义责任。而企业在做公益活动、回报社会的时候，再顺便宣传一下自己的产品，实在是一件一举两得的美事。

英特尔全球副总裁简睿杰认为："企业开展的公益活动与促销活动一般都会给社会带来利益。企业将自己的一部分利益回馈社会开展各种公益活动，不仅满足了社会公益活动中对资金的需求，同时企业又将良好的企业道德、伦理思想与观念带给社会，提高了社会道德水准。"

2003年"非典"肆虐的时候，不少企业各施所长，通过捐助、广告、活动等形式展示了自身的社会责任感，有效地达到了提高企业和产品的知名度及美誉度的目的。通信企业也抓住了这次机会，通过捐助、免费提供通信服务等方式，树立了良好的公众形象。如中国移动向中华人民共和国卫生部（以下简称"卫生部"）捐赠300万元设立"非典"医疗研究奖金，用来奖励国内首先研制出大幅度提高"非典"治愈率的特效药的团体和个人。此外，中国移动还利用其短信平台向1.4亿客户免费在第一时间发送卫生部提供的权威"非典"资讯。当然，不仅是"非典"时期，每次有重要自然灾害时，很多企业都会纷纷捐款、捐物，在承担社会责任的同时，企业也成功地树立了企业形象。

6. 名人牌

名人效应的威力不可小觑，名人摔一跟头，都会登上媒体头条，只要是被名人光环笼罩到的，都会成为被关注的焦点。

7. 新奇牌

对于新鲜的人和事，公众总是充满兴趣，保持着高度的关注，这是人类骨子当中的"好奇心"在作怪。而如果我们在策划事件营销时，能够满足人们的好奇心理，自然会成为大众的焦点。

8. 反常牌

随着互联网的发展和普及，各种信息化的差异越来越小，一些传统的创业手法已经不能满足网友的需要。纵观近两年的网络红人，基本上都是靠做一些异于常人的举动而出名的。当然，我们鼓励健康的创新，拒绝庸俗。比如犀利哥这种网络红人，我们是欢迎的。但是像虐猫女等这些炒作手法，我们坚决抵制。说到这里我们可以看一个例子：

意大利的菲尔·劳伦斯开办了一家七岁儿童商店，经营的商品全是七岁左右儿童吃穿看玩的用品。商店规定，进店的顾客必须是七岁的儿童，大人进店必须有七岁儿童做伴，否则谢绝入内，即使是当地官员也不例外。商店的这一招不仅没有减少生意，反而有效地吸引了顾客。一些带着七岁儿童的家长进门，想看看里面到底"卖的是什么商品"，而一些带其他年龄孩子的家长也谎称孩子只有七岁，进店选购商品，致使菲尔的生意越做越红火。

后来，菲尔又开设了20多家类似的商店，如新婚青年商店、老年人商店、孕妇商店、妇女商店等。妇女商店，谢绝男顾客入内，因而使不少女性很感兴趣；孕妇可以进妇女商店，但无孕妇女不得进孕妇商店；戴眼镜商店只接待戴眼镜的顾客，其他人只得望门兴叹；左撇子商店只提供各种左撇子专用商品，但绝不反对人们冒充左撇子进店。这些反常派的做法，反而都起到了促进销售的效果。

案例9-2：网友借《江南皮革厂倒闭》事件大量销售钱包

2016年初，微信朋友圈里响彻了一个神曲"浙江温州江南皮革厂倒闭了！"，歌曲大意是：温州江南皮革厂倒闭了，厂长带着小姨子跑了，欠了工人3.5亿工资，我们没有办法，只能把厂里的皮包拿出来卖，原价100多、200多、300多的钱包，现在只卖20元。此神曲歌词与之前在全国多地出现的劣质皮具摊贩招揽生意用的"江南皮革厂倒闭"录音内容一致，但编曲为当下火爆的"鬼畜版"。据说，有人竟然听其百遍也不厌倦，完全被其洗脑，一整天脑子里都是这首神曲的背景音乐！而很多人利用这首神曲销售钱包，多的时候一天销售额能够达到几万元（见图9.3）。

图9.3　卖家利用"江南皮革厂倒闭"在销售产品

笔者经过广泛探秘，对这首神曲有了比较全面的了解。

歌曲里说的"厂长黄鹤"和"温州江南皮革厂"都是真实存在的，而且在当地还很著名。2011年5月6日《21世纪经济报道》还做了一篇专题报道了"江南皮革3亿债务悬疑：董事长黄鹤神秘消失"的新闻。2011年，因为厂长黄鹤欠巨额赌债跑路，他的叔叔，也是江南皮革厂的大股东黄作兴拿出了近1.3亿元，偿还了工厂的担保款和工人工资；另外，江南皮革厂是生产皮革的，是制包的成卷材料，而不是生产成品皮包的，所以"拿钱包抵工资"一说并不具真实性。

但敏锐的商家嗅到了这里面的大商机，据笔者考证的最准确初始是，2012年一名三四十岁貌似很悲惨的男人，拿着一张皱皱巴巴的歌词找到成都一家录音棚老板，请其录制这首歌，老板感觉此人像是江南皮革厂走投无路的员工，出于同情，他帮忙接下了这首歌，录制了一个1分钟左右的样带，而且还没收钱，神曲"浙江温州江南皮革厂倒闭了！"第一版诞生。但后来该老板却发现自己录制的歌曲竟然在街边钱包摊位流行开来，而且来找他录这首神曲的络绎不绝，差不多接了100多单。此后，网络上进行改编、再创作的版本源源不断，直到最近都还有新版的"黄鹤录音"见诸于网络，有些甚至还配上了视频和文字。

笔者还在淘宝中搜索"江南皮革厂"，结果虽然不多，但也还是发现了这种地摊 style "火烧钱包"，每个只要6~7元钱，而且还赠送"黄鹤出逃"的电子版广告录音。成功可以轻松复制！据说从2012年开始"黄鹤录音"在全国大街小巷火了起来，有的商户一天就可以卖出两万块钱！

2013年开始，温州商人们认为此神曲严重影响温州商人和温州产品形象，他们在各地自发地组织打假活动，并与当地的工商、城管、公安部门进行联络，希望对这类摊点进行清理。

在2016年年初，还发生了一个插曲，那个跑路的黄鹤老板居然在微博上出现了，而且被微博官方认证为"浙江温州江南皮革厂厂长"，他调侃自己称："我的厂没有倒，小姨子也没有跑。"同时还发出工厂照片，力证自己。很快黄鹤老板的微博被广大网友发现，接着就是纷纷转发、评论，其中相当多的就是关心小姨子的下落和玉照。但没想到，这位已经火起来的网红很快被微博撤V、封号。微博管理员称原因是："这名网友通过伪造材料、提供虚假信息，获取新浪微博个人认证身份，构成'身份虚假'，且情节恶劣。现根据《微博社区管理规定》第三十条，对该用户处理如下：撤销认证，冻结账号。"

案例点评：

笔者很佩服这次营销事件的策划，下面一起分析一下它的成功之处。

（1）首先它抓住了当时"江南皮革3亿债务悬疑：董事长黄鹤神秘消失"这个新闻热点，迅速利用，借着新闻不花一分钱让社会大众将销售的商品和新闻连接在一起，绝！

（2）同时神曲所述也很符合近些年工厂倒闭的现实，让大众很快产生信任！

（3）简洁、上口的歌词在最短时间给人们描绘了工厂因老板原因倒闭，工资拖欠只能用产品抵债的凄惨故事，再加上"最大皮革厂江南皮革厂倒闭了！"，暗示着不是产品不行，而是老板不行，高档的钱包现在如此便宜是非常有道理的。

（4）神曲的传播和有效力比简单的语言宣传会强烈很多，特别是节奏鲜明、歌词朗朗上口、不断重复的歌曲，更适合做为街头销售推广使用。

（5）神曲中巧妙地使用了落差式数字，先使用 3.5 亿这个天文数字来抓住受众的耳朵和好奇心，接着不断重复着两三百元和现在二十元极低价格，极大的落差让受众产生强烈的不买就太亏的心理暗示。三百多、两百多、一百多，通通二十块，太绝了！

（6）笔者也在成本上进行了大致核算，广场音箱 100～300 元，现成的叫卖录音在淘宝只要 2～10 元不等，甚至你还可以根据喜好定制，这样你就算不卖钱包还可以卖点其他东西，钱包 100 个就可以批发，如果你在阿里巴巴搜索一下，还能发现大批低至 3～4 元的钱包、化妆包等"外贸好货"，简直是空手套白狼，利润率极高呀！成功可以复制！

传播时请注意可能存在法律风险：

"这首曲子中，歌词有一定的侮辱性。不管是用作广告，还是纯粹的网络传播，凡是对某个特定公民有侮辱性或降低个人评价的内容，都可能涉嫌侵犯当事人名誉权，传播者、传播平台需要承担相应责任。2016 年 2 月 19 日，浙江蓝汇律师事务所主任吴建胜表示："黄鹤是否欠下 3.5 亿债务等并未被证实，不应指名道姓地传播，哪怕是事实，用录音、歌曲等反复播放、网络转发，也涉嫌侵犯公民的隐私权。"

9.5 事件营销的 9 个操作要点

虽然事件营销有各种好处，也被无数企业应用，但并不是所有事件营销都会有很好的效果，有些事件营销不仅达不到营销的目的，还有可能会惹上官司，所以我们在策划事件营销时，也需要注意一些要点。

1. 不能盲目跟风

成功的事件营销有赖于深厚的企业文化底蕴，不是盲目跟风学来的。再延伸一点说，做网络营销推广也是如此，不能看到某个方法火，就盲目去用，关键要看自己是不是适合，针对自己的情况，如何有效结合实施。比如前两年事件营销正火，各种网络红人当道时，"红本女"横空出世。

2. 符合新闻法规

事件营销不论如何策划，一定要符合相关的新闻法规，不能越位。

2015 年 11 月月初，有网友在国贸附近看到一群裸女，只穿着丁字裤，把广告贴在后背上。

单就事件营销本身而言，非常有传播点，可惜还没进行完，警察叔叔就赶来了，结果是草草收场。

新《广告法》第三条规定，广告应当真实、合法，以健康的表现形式表达广告内容，符合社会主义精神文明建设和弘扬中华民族优秀传统文化的要求。第九条亦规定，广告不得有"妨碍社会公共秩序或者违背社会良好风尚"内容。此类营销行为，轻则可以处 20 万元以上 100 万元以下罚款，情节严重的话，还可以吊销营业执照。

3. 事件与品牌关联

事件营销不论如何策划，一定要与品牌有关联，最后一定是能对品牌起到宣传作用。比如前面提到的海尔厂长砸冰箱、老板喝涂料等案例，都是与品牌诉求紧紧联系在一起的：砸冰箱是为了突出企业重视产品质量，喝涂料是为了表明产品安全环保。

4. 控制好风险

在策划一个营销方案之前，一定要充分考虑到风险因素，控制好风险，不能给企业造成负面影响，所有的推广都应该是为品牌加分。一个典型的失败案例是 2010 年轰动一时的"KFC 秒杀门事件"。

2010 年 4 月 5 号，"超值星期二特别秒杀哦优惠券"活动在肯德基的淘宝旗舰店隆重推出：

秒杀活动共分为三轮，在 4 月 6 日 10 时、14 时、16 时分别进行三轮秒杀，最受欢迎的 32 元半价全家桶在最后一轮。

4 月 6 日上午 10 时，第一轮"上校鸡块"的秒杀活动正常进行，顾客持优惠券都买到了 6 块钱的鸡块，但下午 4 点手持"优惠券"去购买全家桶的顾客却遭到拒绝，工作人员称活动已取消。

针对二三轮优惠活动暂停一事，肯德基没有给出正面回应，却在官网上于 3 时 54 分发表了《肯德基优惠网"秒杀"活动声明》，称"个别网站上已出现后两轮秒杀活动假电子优惠券，为此肯德基临时决定停止第二轮、第三轮秒杀活动"。

大家都对 KFC 单方面取消活动表示强烈不满，结果是吐槽的贴子飞遍整个网络。本来挺好的一个网络营销活动，结果由于当初策划时风险意识不够，考虑得不够周全，给企业带来了一场严重的公关危机。

5. 曲折的故事情节

好的事件营销，应该像讲故事一样，一波三折，让人们看了大呼过瘾，看了还想看，这样新闻效应才能持久。例如著名的事件营销案例"武汉动物园砸大奔"，从 2001 年 12 月中旬到 2002 年 3 月下旬，在整整三个多月的时间里，中国的媒体几乎都被"砸奔驰"事件所深深吸引，并为之进行了连篇累牍的报道。之所以媒体和公众对该事件如此关注，就是因为该事件如电视连续剧一样，几波几折、高潮迭起，让人们反复回味。

这种带故事、带情节的"砸奔三步曲"，在传播效果上要比直奔主题砸车有效得多，此案例以其过程之曲折、角度之多、篇幅之大、持续时间之长、传播范围之广和宣传效果之好，当之无愧地成为事件营销的一个经典案例。

6. 事件营销要想好借力点

不是每一个事件营销都需要自己从头到尾策划出来，借助热点事件进行营销往往能达到更好的效果，但要注意一点，一定不能牵强附会，要和自己品牌顺畅地结合。

2015年6月，一篇"女孩子能反手摸到肚脐眼就是身材好"的帖子出现，之后，杨幂、蓝盈莹、张嘉倪、许飞等明星纷纷晒照秀身材，迅速引发了一场"反手摸肚脐"热。从微博到微信甚至网游都在热议，网友的亲身实践也催生了无数段子和笑料。当然所谓的"美国科学家研究"根本就不存在，"反手摸到肚脐"就等于好身材也完全没有科学根据，网友跟风验证最终也只能证明自己是"炫腹"一族还是"腹愁"而已，但该事件引起大量网友竞相模仿。

就在这个时候，大众点评网向所有反手摸不到肚脐的美女们发了一封致歉信（见图9.4）。

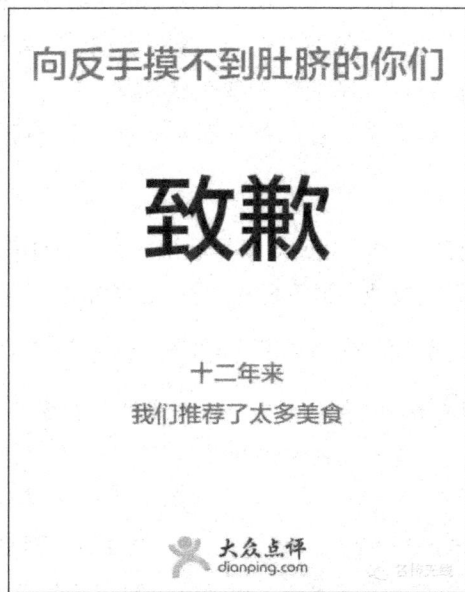

图9.4　大众点评借势营销

本来反手摸肚脐与大众点评网是不太靠边，但大众点评网成功利用了一封道歉信将自己与反手摸肚脐事件结合起来，多么成功的事件营销借力案例！

7. 吸引媒体关注

事件营销，最早也叫新闻营销，可见事件营销与媒体是密不可分的，没有媒体的关注和跟踪报道，单靠企业和自媒体自己炒作，是没有效果的。纵观各类事件营销，都能找到媒体的影子，大多数事件都是因为有媒体的介入而火的。所以在策划事件营销的过程中，一定要有目的的引入媒体，包括平面媒体、电视媒体、互联网及现在比较火的自媒体。在这方面做的好的，当属最近罗辑思维与 papi 酱的结合。

2016 年 papi 酱突然蹿红，已成为各路媒体争相报道的对象；

突然得到罗辑思维投资，又是媒体关注的热点；

刚结合后就抛出要拍卖 papi 酱处女秀，又是一个热点；

正当大家翘首以待拍卖价的时候，又整出了个拍卖会，想参加？先交 8 000 元门票再说。有人觉得贵，有人觉得不贵，老罗（罗振宇）要的就是这个效果，有争议媒体才会关注。

拍卖还没开始，媒体就已经关注了好一段时间了，不得不说，作为媒体人出身的老罗，确实知道媒体的关注点在哪里，一戳即中。

8. 不要认为事件营销只是临时性的战术

不要把事件营销当成临时性的战术，随性而为之，要将它当成一项长期战略工程来实施，并要注意事件短期效应与品牌长期战略的关系。例如，芙蓉姐姐长盛不衰的重要原因之一，就是其深谙媒体之道，经常制造新的事件及话题，因此一直保持着足够的曝光率和媒体关注度。而反观其他网络红人，往往都是因一件事火了之后，就再无下文了。

9. 不断尝试

在事件营销的实施过程中，不一定都是顺风顺水的，大众对事件的关注程度，不一定会像策划时想得那么高。所以想成功，很重要的一条还是要戒骄戒躁、坚持实施、不断尝试。

案例 9-3：柏拉图 APP 微信 7 天吸粉 1 000 万

2016 年 7 月，微信朋友圈被"柏拉图 APP"一张图片刷爆了，短时间内给公众号吸引了 1 000 万粉丝。遗憾的是，随后就被腾讯封了。

1. 事件起因

有一个叫作"柏拉图 APP"的公众号做了一个星座测试的裂变活动。进入这个公众号，打开链接输入姓名，生日等信息，就可以自动生成一幅自己性格的图片，可以分享到朋友圈。图片左下角有公众号二维码，用户关注以后，也可以生成一个属于自己的性格图以供分享（见图 9.5）。

不过腾讯以"给用户带来骚扰，破坏朋友圈的体验"为名，把公众号封了，好在只是封了 7 天，删除所有通过活动增加的粉丝。这次事件营销，得分两步来看，虽然微信公众号被打回原型，但"柏拉图"这个 APP 却是出名了，苹果 APP Store 的社交类免费软件的排行中，柏拉图 APP 位列第 15 位，第 16 位是豆瓣，第 14 位是 Facebook，这么一对比，这次公众号事件的影响力是不是就能看出点端倪了？

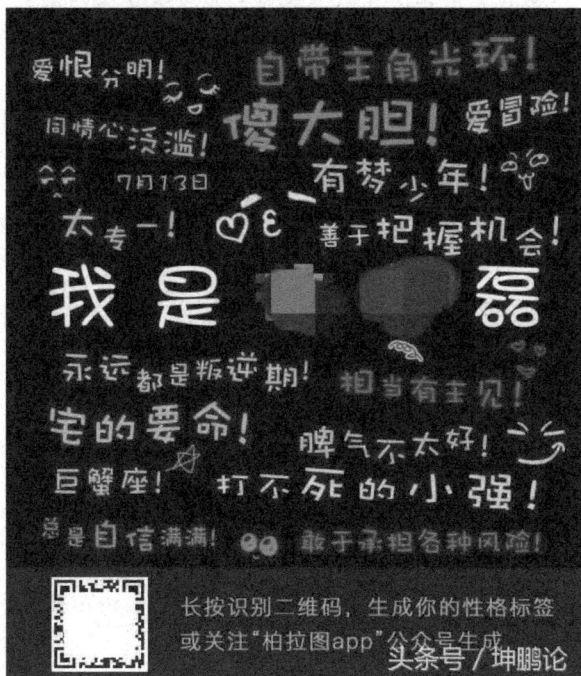

图 9.5 "柏拉图 APP" 微信朋友圈活动

这件事情的影响力是主办方始料未及的，笔者认为，如果只是公众号封 7 天，通过活动吸引的粉丝归零，这仍然是一次非常成功的营销。明显这个活动并没有太多资金上的投入，公众号 7 天后也会解封，但其对 APP 下载量的贡献是巨大的。而其运营公众号的目的，不也是为 APP 做推广吗？

2. 该事件为什么会传播这么快

这个问题是笔者刚听说这件事情后第一个反应出来的问题。后来找了多张图片对比了一下，用同事的一句话说，这个图片之所以能火，就是因为满足了用户好奇的心理。图片用大量放之四海而皆准的流行语给每个参与的人打了多个标签，这些标签中，会有用户自己认同的词，以及想让其他人知道的标签。于是，这么一张看似简单的图片就在无数个好奇的心理活动下得到广泛传播。连带着就是给公众号增加了 1 000 万粉丝。

这张图片之所以能在短时间内迅速传播，还是抓住了用户的心理。对于营销人员而言，我们都想策划出一个有影响力的活动，但通过这个案例可以看出来，活动不需要复杂，抓住用户心理才是最关键的。

3. 腾讯为什么要封杀

在笔者看来，腾讯在公众号定位这方面，自己也挺纠结的，既想让大家把公众号用好，又不想让朋友圈过度营销。朋友圈是公众号营销的重要阵地，所以控制公众号过度营销，腾讯也是势在必行。微博就是前车之鉴摆在那里，微信肯定不想重蹈覆辙。

案例点评：

这次事件营销给柏拉图 APP 带来了巨大好处是，在不花费一分钱的情况下让 APP 的下载量有了非常大的提高。虽然公众号被封了 7 天且活动本身增加的粉丝数全部删除，但这仍然是个非常划算的事件营销。

不过这类有擦边球性质的事件营销，我们在策划的时候一定要注意，避免出现得不偿失的局面。

9.6　简单的事件营销方案

下面和大家说说简单的事件营销方案，一般是如何操作的。

第一步：准备账号。前面说过，事件营销不是独立存在的，需要其他平台的辅助，自媒体是非常好的渠道，除了自媒体以外，论坛也是不错的渠道。所以通常在策划实施一个事件营销前，先要准备大量的账号。论坛一般都是免费的，可以提前注册马甲。像百度贴吧、天涯论坛、MOP 论坛等传统的事件营销引爆平台是一定要多注册一些马甲的。

第二步：策划事件。在准备账号的过程中，开始策划事件，并组织成自媒体文章、论坛帖子等形式。

第三步：用图文的形式发布到相关渠道。事件策划好后，选取黄道吉日，将内容发布到所有能发布的渠道。通常内容都是图文并茂、富有争议。

第四步：跟进炒热。用事先准备好的多个自媒体账号对事件进行跟踪报道，在论坛里使用马甲将帖子炒热。

第五步：转载。将内容转载到其他自媒体渠道和论坛中。

第六步：引入媒体。如果前面几步实施得比较顺利，这个时候媒体就会主动关注我们，并和我们取得联系进行采访报道。而通过媒体，事件将会推向一个新的高潮。当然，前提是事件本身具有新闻性，而且要符合法律法规。

9.7　事件营销的 9 个特点

事件营销有 9 个显著的特点，我们在策划事件营销之前，一定要先了解这些特点。

1. 目的性

事件营销应该有明确的目的，这一点与广告的目的性是完全一致的。策划事件营销的第一步就是要确定自己的目的，然后明确通过怎样的新闻达到自己的目的。

通常某一领域的新闻只会有特定的媒体感兴趣，并最终进行报道。而这个媒体的读者群也是相对固定的。

2. 风险性

事件营销的风险来自于媒体的不可控制和新闻接受者对新闻的理解程度。虽然企业的知名度扩大了，但如果一旦市民得知了事情的真相，很可能会对该公司产生一定的反感情绪，从而损害了公司的利益。

3. 成本低

事件营销一般主要通过软文的形式来表现，从而达到传播的目的，所以事件营销相对于平面媒体广告来说成本要低得多。事件营销最重要的特性是利用现有的非常完善的新闻机器来达到传播的目的。由于所有的新闻都是免费的，在所有新闻的制作过程中也是没有利益倾向的，所以制作新闻不需要花钱。事件营销应该归为企业的公关行为而非广告行为。虽然绝大多数的企业在进行公关活动时会列出媒体预算，但从严格意义上来讲，一件新闻意义足够大的公关事件应该充分引起新闻媒体的关注和采访的欲望。

4. 多样性

事件营销是国内外十分流行的一种公关传播与市场推广手段，它具有多样性的特性，它可以集合了新闻效应、广告效应、公共关系、形象传播、客户关系于一体来进行营销策划，多样性的事件营销已成为营销传播过程中的一把利器。

5. 新颖性

事件营销往往是通过当下的热点事件来进行营销的，因此它不像许多过剩的垃圾广告一样让用户觉得很反感。事件营销更多地体现了它的新颖性，从而吸引用户点击。

6. 效果明显

通常一个事件营销就可以聚集很多用户一起讨论这个事件，然后很多门户网站都会进行转载，营销效果显而易见。

7. 求真务实

网络把传播主题与受众之间的信息不平衡彻底地打破了，所以事件营销，不是恶意炒作，必须首先做到实事求是，不弄虚作假，这是对企业网络事件营销最基本的要求。这里既包括事件策划本身要"真"，还包括由"事件"衍生的网络传播也要"真"。

8. 以善为本

所谓"以善为本"，就是要求事件的策划和网络传播都要做到：自觉维护公众利益，勇于承担社会责任。

　　随着市场竞争越来越激烈，企业的营销管理也不断走向成熟，企业在推广品牌时策划事件营销就必须走出以"私利"为中心的的误区，不但要强调与公众的"互利"，更要维护社会的"公利"。自觉考虑、维护社会公众利益也应该成为现代网络事件营销工作的一个基本信念。而营销实践也证明自觉维护社会公众利益更有利于企业实现目标。反之，如果企业只是一味追求一己私利，反倒要投入更多的精力和财力去应付本来可以避免的麻烦和障碍。

9. 力求完美

　　所谓"完美"就是要求网络事件策划要注重企业、组织行为的自我完善，要注意网络传播沟通的风度，要展现策划创意人员的智慧。

　　在利用网络进行事件传播时，企业应该安排专门人员来把控网络信息的传播，既掌握企业的全面状况，又能巧妙运用网络媒体的特性，还能尊重公众的感情和权利，保护沟通渠道的畅通完整，最终保护企业的自身利益。